Zu diesem Buch

Der dritte Band «Alltag unterm Hakenkreuz» schildert:
– wie die Kultur braun eingefärbt und unbequeme Kunst gebrandmarkt wurde; wie aber auch Nischen blieben, in denen einige mutig weitergearbeitet haben;
– wie die Christen der evangelischen und der katholischen Kirche zu den Nazis und deren Politik standen, wie sie sich anpaßten oder widersetzten;
– wie die Nazis die Presse verboten, gleichschalteten oder enteigneten, wie sich Journalisten in den Dienst der Propaganda stellten oder auf Distanz zum Regime gingen;
– wie Richter, Staatsanwälte und Verteidiger mit Recht und Gesetz umgingen, wie die Justiz Unrecht zu Recht erklärten und versuchten, von den Nazis Verfolgte vor der Unbarmherzigkeit der Mächtigen zu bewahren.

Harald Focke (geb. 1950) und Monika Strocka (geb. 1948) sind Lehrer an einem Hamburger Gymnasium.

Harald Focke / Monika Strocka

Alltag der Gleichgeschalteten

Wie die Nazis Kirche, Kultur, Justiz und Presse braun färbten

«Alltag unterm Hakenkreuz»

Band 3

rororo

Rowohlt

rororo aktuell – Herausgegeben von Freimut Duve

Originalausgabe
Redaktion Barbara Neinass

Veröffentlicht im Rowohlt Taschenbuch Verlag GmbH,
Reinbek bei Hamburg, März 1985

Quellennachweise über die einzelnen Texte auf Seite 263

Umschlagentwurf Werner Rebhuhn (Foto: Garnisionskirche in der
Hasenheide in Berlin 1934/Bilderdienst Süddeutscher Verlag)
Satz Times (Linotron 202)
Gesamtherstellung Clausen & Bosse, Leck
Printed in Germany
980-ISBN 3 499 15256 8

Inhalt

Kultur

Kirche

Presse

Vorbemerkung

Nach der Machtübertragung an Hitler am 30. Januar 1933 war bald klar, daß die Nazis alles daran setzen würden, das Leben der Deutschen von Grund auf umzugestalten. Sie erstrebten dabei die Kontrolle über alle öffentlichen Bereiche, um sie entsprechend ihrer Ideologie zu formen. Meist erreichten die Nazis ihr Ziel: Für individuelle Entscheidungen blieb nur wenig Raum. Welche Folgen das hatte, zeigt schon der erste Band «Alltag unterm Hakenkreuz»:

– Die Nazis preßten die Jugendlichen in ihre Organisationen, schafften ihre Freizeit ab und stopften sie mit ihrer «Weltanschauung» voll;
– um die Indoktrination komplett zu machen, krempelten sie die Schulen um, wechselten die Lehrer aus und ließen die Schüler nach neuen Plänen lernen;
– den Arbeitern entrissen sie deren mühsam erkämpfte gewerkschaftlichen Rechte und steckten sie gemeinsam mit den Unternehmern in die «Deutsche Arbeitsfront», um schließlich durch neue Arbeitsplätze und höhere Löhne auch den letzten «Volksgenossen» für das Regime zu gewinnen;
– sie machten Geld für kinderreiche Ehepaare locker, förderten die Familie und trieben die Frauen aus ihren Berufen zurück an den heimischen Herd.

Der zweite Band «Alltag der Entrechteten» beschreibt, wie die Nazis mit ihren Gegnern umgingen. Er schildert, wie

– die Anti-Nazis den Widerstand organisierten; ihre Erfolge, ihr Scheitern;
– die Juden aus dem öffentlichen Leben verdrängt und erniedrigt wurden und wie sie damit fertig wurden;
– die Verfolgten des Regimes in den Konzentrationslagern lebten und wie sie sich gegen den Terror wehrten;
– die Nazis in Polen ihre grausame Besatzungspolitik betrieben; wie sie die Polen versklavten und was die Opfer ihnen entgegensetzten.

In dem vorliegenden dritten Band wollen wir zeigen,

– wie die Kultur braun eingefärbt und unbequeme Kunst gebrandmarkt wurde; wie aber auch Nischen blieben, in denen einige wenige zurechtkommen konnten.
– wie die Christen der evangelischen und der katholischen Kirche zu den Nazis und deren Politik standen; wie sie sich anpaßten und/oder widersetzten;
– wie die Nazis die Presse verboten, «gleichschalteten» oder enteigneten; wie sich Journalisten in den Dienst der Propaganda stellten oder auf Distanz zum Regime gingen;

– wie Richter, Staatsanwälte und Verteidiger mit Recht und Gesetz umgingen, wie die Justiz Unrecht zu Recht erklärte oder versuchte, von den Nazis Verfolgte vor der Unbarmherzigkeit der Mächtigen zu bewahren.

Wie schon die beiden ersten Bücher ist auch dies ein Lesebuch mit einem vielfältigen Angebot anschaulicher Darstellungen und keine systematische Analyse zum jeweiligen Thema. Grundlage waren wissenschaftliche Spezialwerke, Quelleneditionen, Erinnerungen. Ohne die Vorarbeit anderer hätte dieser Band so nicht entstehen können. Dazu verweisen wir im einzelnen auf die Anmerkungen.

Harald Focke / Monika Strocka

Kultur

«Und wegen so etwas setzt unser Herr Papa den guten Ruf der Familie aufs Spiel!»

Aus: Kurt Halbritter, ‹*Adolf Hitlers Mein Kampf*›

Mundtot, verhaftet, emigriert

Schriftsteller nach dem 30. Januar 1933

Gegen Mittag unterbrach der Rundfunk das laufende Programm, die Unterhaltungsmusik verstummte. Ein Sprecher verlas die schier unglaubliche Nachricht: «Der Führer der Nationalsozialisten, Adolf Hitler, ist soeben von dem Herrn Reichspräsidenten zum Reichskanzler ernannt worden, auf Grund einer längeren Besprechung, die der Herr Reichspräsident mit Herrn Hitler sowie Herrn von Papen hatte.»[1]

Es war der 30. Januar 1933. Am Nachmittag fand in Berlin eine schon länger geplante Versammlung des Schriftstellerverbandes statt. In den «Kammersälen» nahe dem Halleschen Tor war es gerammelt voll. Noch mehr als früher suchte man das Gespräch mit den Kollegen, wollte hören, was andere über die Ernennung Hitlers dachten. Wie würde es in Deutschland weitergehen, im allgemeinen und mit der Kultur im besonderen?

Unter den zahlreichen Schriftstellern und Publizisten, die in die «Kammersäle» gekommen waren, befand sich auch Axel Eggebrecht, damals 33. Er arbeitete für liberale Tageszeitungen, schrieb in der *Literarischen Welt* und in Carl von Ossietzkys kulturpolitischer Wochenzeitschrift *Die Weltbühne* – gegen Kapital und Bürokratie, Kirche und Militär, Rassenhetze und übersteigerten Nationalismus. «Nebenbei» veröffentlichte er Bücher und sprach im Rundfunk. Der Kampf gegen den wachsenden Nazi-Terror in den letzten Jahren der Weimarer Republik stand im Mittelpunkt seiner journalistischen Arbeit und seines politischen Handelns. Für die Nazis war Eggebrecht ein Mann, der nicht zum «Volksgenossen» taugte. Die SA hatte seinen Namen längst in ihrer schwarzen Liste.

Eggebrecht erinnert sich an das Schriftstellertreffen am Tage der «Machtergreifung»: «Zum erstenmal erlebte ich Carl von Ossietzky in diesem Kreis. Die Rechtsradikalen fehlten fast ganz, sie nahmen wohl am Fackelzug teil, der zur selben Stunde dem Sieger huldigte. Alle standen unter dem Eindruck des Donnerschlages, die Tagesordnung wurde hastig erledigt, es entspann sich eine politische Debatte. Erich Mühsam, der liebenswerte Anarchist mit dem struppigen Bart, forderte mit feurigen Worten zur Standhaftigkeit auf. Die meisten rieten zu vorsichtigem Abwarten, der Spuk würde rasch vorübergehen. Ossietzky stand auf, es wurde still, mit seiner leisen Stimme sagte er scharf pointierend wenige Sätze. So ungefähr endete er:

‹Das alles wird länger dauern, als Sie meinen. Vielleicht Jahre. Dagegen sind wir machtlos. Aber jeder von uns kann sich vornehmen, denen, die nun die Macht haben, niemals auch nur den kleinen Finger zu reichen!›

Beifall klang auf, verebbte rasch. Alles drängte hinaus.»

Von Protest war nichts zu sehen

Mit einer kleinen Gruppe Gleichgesinnter schloß sich Eggebrecht Ossietzky an. Mit der U-Bahn ging es in den Berliner Norden, wo Ossietzky vor der «Liga für Menschenrechte» ein Referat halten wollte: «Unterwegs beschlossen wir, uns den Nazirummel anzusehen. Am Bahnhof Kaiserhof stiegen wir aus und hinauf zur Straße.

Da zogen sie vorüber, in unabsehbaren Reihen. Parolen wurden gebrüllt und von der dichtgedrängten Menge aufgenommen.

Im Fackelschein glichen die Gesichter unter dem SA-Käppi fast jenen martialischen Recken, die ‹Mjölnir› im *Angriff* zeichnete. Über die nordischen Profile hatten wir oft gelächelt, wir kannten die stumpfen Visagen unserer Gegner besser. Und nun marschierten sie doch leibhaftig vorbei, berauscht vom Sieg, und grölten ihr grausiges Lieblingslied: ‹Wenn das Judenblut vom Messer spritzt, dann geht's noch mal so gut!›

Schweigend sahen wir einander an. Ossietzky preßte die Lippen fest zusammen, wendete sich brüsk ab, verschwand im U-Bahnhof, so sah ich ihn zum letztenmal.

Ich konnte mich nicht losreißen von dem barbarischen Schauspiel, bewußt wollte ich es in mich aufnehmen. Nirgends ein Anzeichen des Protests, den mußte es doch noch geben, wenn nicht in diesem Augenblick, dann bestimmt in den nächsten Tagen!

Darüber stritten wir nachher bis in die Nacht.»

Eggebrecht wohnte damals in einer Künstlerkolonie am Laubenheimer Platz – zusammen mit einer bunten Mischung aus Künstlern, Literaten und Publizisten, allesamt politisch interessiert und vielfältig links engagiert. Trotz unterschiedlicher Überzeugungen hielt man zusammen; gegen die Nazis stand man geschlossen. Die neuen Machthaber wußten das und handelten entsprechend:

«Die Lage in unserem Viertel wurde im Laufe des Februar hoffnungslos», erinnert sich Eggebrecht.

«Die zur Hilfspolizei ernannte SA nahm Haussuchungen vor, dabei kam es zu Diebstählen und sinnlosen Verwüstungen. Als bei mir zwei der Burschen klingelten, dachte ich, nun sei ich dran, sie fragten aber nur nach Freunden, die schon fortgereist waren, ich stellte mich dämlich, sie zogen wieder ab. Es war eine Frage der Zeit, wann auch ich abhauen müßte. Ein paar Wochen gab ich mir noch. Inzwischen zwang ich mich zum Arbeiten und schrieb einen langen Beitrag für die *Weltbühne*, die vorläufig ungehindert herauskam.

Dieser Artikel beschrieb in vier Abschnitten meine Verwundung im April 1918 und alle ihre Folgen, ausführlich vor allem die spät gewonnenen Erkenntnisse, die Wandlung vom abenteuerlustigen Fähnrich zum Revolutionär. Der Schluß des herausfordernden Manifests lautete:

‹Die lauten Barden des blinden Heldentums haben ganz recht: Erst jenseits eines Stromes von Blut liegt die Zukunft. Aber nicht wir werden es sein, die darin ertrinken.›

Das erschien am 14. Februar, in der dritten Woche des Dritten Reiches. Diese letzten gedruckten Sätze von mir, vor einem zwölfjährigen Schweigen, haben mir dann oft den Rücken gestärkt, sie freuen mich noch heute.

Am 27. Februar brannte der Reichstag. Nun wurde es ernst.

Gleich in derselben Nacht wurden Tausende verhaftet, auch Ossietzky holten sie ab. In drohenden Reden verkündeten Hitler und Göring die ‹Ausmerzung› des Kommunismus, alle Linken waren de facto von nun an vogelfrei. Immer mehr Nachbarn verschwanden, oft wußte man nicht, ob in ein sogenanntes ‹Schutzhaftlager› oder ins Ausland. Noch einmal traf ich Lukács in einem Wilmersdorfer Café, er war im Begriff abzureisen. Die Situation beurteilte er pessimistisch, er rechnete mit dunklen Jahren, die vor uns lägen.»

Dann kamen besorgte, warnende Briefe. Sollte er Berlin verlassen, sich aus der Schußlinie bringen? Eggebrecht: «Noch war ich unschlüssig, da führte ein günstiger Zufall die Entscheidung herbei. Eine politisch ahnungslose Operettenschauspielerin suchte eben in dieser Zeit eine Wohnung im verfemten Künstlerblock. Wir wurden schnell einig, ich wollte nichts daran verdienen, es kam vor allem darauf an, die Bibliothek zu retten. Am 5. März, dem Wahltag, war ich bei meinem Vater in Leipzig. Er stimmte erleichtert zu, daß ich für einige Zeit bei ‹Tante Lene›, einer alten Freundin in Lückendorf in den Lausitzer Bergen, untertauchen wollte.»

Den Ausschlag gab schließlich die Tatsache, daß das Haus nur wenige hundert Meter von der tschechischen Grenze entfernt lag. Wenn es brenzlig wurde, konnte man in fünf Minuten drüben sein. – Nach langer Unterbrechung ging Eggebrecht wieder an sein altes Projekt, einen Parteiroman, heran: «Ich dachte mir, die Irrtümer vergangener Jahre müßten eines Tages lehrreich sein, wenn der braune Spuk wieder verflogen war.»

Die SA klopft an die Tür

Es dauerte nicht lange, da war die scheinbare Ferienidylle beendet: «Unten im Haus höre ich lärmende Stimmen, polternde Schritte kommen näher, die Tür wird aufgerissen. Da sind sie, drei SA-Männer und ein Polizeibeamter.

‹Haben Sie Waffen?›

Ich lache laut los, der Plural ist zu komisch, sie aber nehmen's ernst, durchsuchen Schränke und Schubladen, schneiden sogar die Matratze auf. Sämtliche Papiere werden eingesammelt, auch das Romanskript, das ich nie wiedersehe. Die ganze Zeit überlege ich, wieso man mich hier oben gefunden hat. Dann heißt es: Nachtzeug und Wäsche einpacken! Auf alle Fälle.

‹Ist das eine Verhaftung?›

‹Fragen können Sie in Zittau stellen.›

Schon sitzen wir in einem großen, offenen Auto, nur flüchtig kann ich mich von ‹Tante Lene› verabschieden.

Eine halbe Stunde später werde ich in eine undefinierbare ‹Dienststelle› eingeliefert, stehe lange auf einem Flur herum unter vielen anderen, Gespräche sind möglich, klären nichts. Dann hinein, Fingerabdrücke werden abgenommen. Also bin ich verhaftet?

‹Denkst du, du bist zu Besuch hier?›

Ein Stoß vor die Brust, er bleibt, um das gleich zu sagen, die einzige Gewaltanwendung. Später werden wir truppweise ins nahe Amtsgerichtsgefängnis geführt, ich komme in eine Einzelzelle. Dann geschieht wochenlang gar nichts.»

Was folgte, war die quälende Eintönigkeit in der Gefängniszelle: «Angenehme Abwechslung bedeutet es, daß ich endlich zu einer Vernehmung geführt werde. Längst habe ich mir dafür meine Taktik zurechtgelegt. Da sitzt ein blutjunger Assessor, vielleicht erst Referendar, das Parteiabzeichen am Sakko, ich frage sofort mit gespielter Entrüstung, weshalb ich hier säße. Er tut verwundert, ach, das wisse ich nicht? Kramen in Papieren. Er liest vor: Teilnahme an einer verbotenen Demonstration. Bruch der Berliner Bannmeile. Und – er wird pathetisch, als könne er's nicht fassen – schwere Beleidigung des Führers und Reichskanzlers.

‹Sie haben gerufen: Hitler verrecke! Und Sie wollen ein gebildeter Mensch sein!›

Darauf ich, achselzuckend: ‹Juda verrecke› sei auch kein Zeichen für Bildung ... Keine Antwort.»

Wenig später wurde Eggebrecht ins «Schutzhaftlager» umquartiert, doch nur für kurze Zeit: «Eines Tages hieß es: Der Schriftsteller aus Berlin – ins Büro! Mit allen Sachen!

In der Schreibstube warteten schon zwei andere. Jedem von uns wurde ein Revers vorgelegt, auf dem wir zu bescheinigen hatten, daß wir gut behandelt worden waren und, grotesker Widerspruch, daß wir unter Androhung schwerer Strafe uns verpflichteten, keinerlei Greuelnachrichten über die Schutzhaft zu verbreiten.

Selbstverständlich unterschrieben wir ohne Zögern. Zehn Minuten später pilgerten wir zu dritt die Landstraße entlang.

In Zittau trennten wir uns. Im Autobus nach Lückendorf sah ich mir meinen kostbaren Entlassungsschein an und mußte lachen:

‹Der sich in Schutzhaft befindliche A. E. wird hiermit aus derselben entlassen.›

Ein stilistischer Volltreffer. In törichtem Hochmut zog ich daraus den tröstlichen Schluß: Ein System, das so blamables Deutsch drucken läßt, kann sich unmöglich lange halten ...»

Eggebrecht zog es nach Berlin: «Noch würde ich gleichgesinnte

Freunde treffen, die mich fürs erste bei sich wohnen ließen. Es galt erst einmal abzuwarten. Am besten in Lückendorf, meinte mein Vater, er selbst würde bald für immer dorthin übersiedeln. Ich widersprach.

Hinter meiner Ablehnung steckte ein Grund, den ich mir selber kaum eingestand: Es mochte in Deutschland so unerträglich werden, daß ich doch emigrieren müßte. In Sichtweite der Grenze konnte die Versuchung von einem Augenblick zum andern übermächtig werden, davon sollte mein Schicksal nicht abhängen. Der Übertritt in die Tschechoslowakei blieb immer als letzter Ausweg. Zunächst wollte ich mich in Berlin umsehen, dort konnte ich sicher eine Zeitlang unbeachtet leben. Seufzend gab mein Vater nach; daß ich vorerst wieder auf seine materielle Hilfe angewiesen war, fand er selbstverständlich.

Auf seine Weise war er ein ebenso unbedingter Gegner des Regimes wie ich. Nichts erregte ihn so sehr wie die schon Monate zurückliegende Bücherverbrennung; ich hörte davon erst jetzt, die Kunde war nicht ins Lager gedrungen.»

Wieder in Berlin rechnete Eggebrecht so selbstverständlich mit einer kurzen Dauer der Nazi-Herrschaft, daß er sich zunächst um kein festes Quartier kümmerte. Monatelang hauste er bei Freunden, dann fand er eine billige Wohnung hoch unterm Dach in der Sächsischen Straße. Aus seiner alten Wohnung in der Bonner Straße holte Eggebrecht nur seine Bibliothek, Möbel hatte ihm ein Freund überlassen. Seine Bücher blieben lange eine wichtige Einnahmequelle. Verbotene Bücher waren gesucht, der Antiquar Kerckhoff am nahen Olivaer Platz zahlte gut. Eggebrecht: «Da an irgendeine sinnvolle Arbeit nicht zu denken war, hatte ich Zeit, mich gründlich umzusehen ...

Die aktiven Gegner des Nazisystems waren untergetaucht, verhaftet, emigriert, es dauerte lange, ehe ich wieder ein paar Verbindungen aufnehmen konnte. Ich hielt mich an unpolitische jüdische Bekannte, die ich begreiflicherweise als meine Verbündeten ansah. Da erlebte ich Überraschungen.

Hoffnungen und Illusionen

Der offiziell als Staatsdoktrin verkündete Antisemitismus hielt sich zunächst in Grenzen, jedenfalls in Berlin. Seit dem Boykott jüdischer Geschäfte am 1. April kam es hier kaum mehr zu Ausschreitungen. Über den infamen *Stürmer*, der allenthalben in Schaukästen aushing, amüsierte man sich wie über ein pornographisches Witzblatt, ein arger Fehlschluß. Vorerst praktizierten jüdische Ärzte und Anwälte; Theater und Film beschäftigten noch zahlreiche Künstler, die den Nachweis arischer Abstammung nicht erbringen konnten. Damit war es erst aus, nachdem im Herbst 1935 die Nürnberger Rassegesetze erlassen wurden.

Selbst danach blieb der ‹jüdische Kulturbund› tätig, der seit Sommer 1933 Aufführungen, Konzerte und Vorträge veranstaltete. Das gebildete jüdische Bürgertum war mit Recht stolz auf seinen Anteil an der deutschen Kultur. Ausgeschlossen aus der ‹Volksgemeinschaft›, pflegte man um so entschiedener ein eigenes Geistesleben. Ein erstaunliches Zeugnis dafür besitze ich noch, das ‹*Philo-Lexikon – Handbuch des jüdischen Wissens*›, Ausgabe von 1936. An diesem Nachschlagewerk haben Dutzende literarischer und wissenschaftlicher Koryphäen mitgearbeitet. Ein heute gespenstisch anmutendes Kuriosum fällt mir beim Durchblättern ins Auge: Auf Seite 711 heißt es, der Reichssportführer habe den Reichsausschuß jüdischer Sportverbände als ‹alleinige Vertretung des jüdischen Sportes in Deutschland anerkannt›.

Da wird verständlich, daß auch gescheite Leute die wahre Lage nicht erfaßten. Ich habe es Dutzende Male erfahren. So zeigte mir, kurz nach meiner Rückkehr, Kurt Schwabach, erfolgreicher Textautor von Filmschlagern, ein Papier, das ihn als ‹Förderer der SS› auswies. Er war ganz sicher, eine erpreßte Spende hätte ihn von jeder Verfolgung freigekauft ...»

Refugium für Nazi-Gegner

Wer Distanz zum Regime wahrte, zog sich zurück: «Ein wahres Refugium für Nazi-Gegner war in den ersten Jahren nach 1933 der ‹Grüne Zweig› im Hause des Scala-Varietés, Lutherstraße. Wirtin war dort Maria Fein, sie verband die Grandezza der ehemaligen Reinhardt-Tragödin mit einer Kameraderie, auf die man sich verlassen konnte. Um sie sammelte sich eine Gemeinschaft Gleichgesinnter; es war ein Wunder, daß die Gestapo nie argwöhnisch wurde, um so mehr, als wir gern ein Stockwerk höher ins Kabarett ‹Katakombe› stiegen. Hier führte Werner Finck seine rasch populär gewordene Wortakrobatik vor, über die halsbrecherischen Anzüglichkeiten amüsierten sich anfangs auch uniformierte Nazis; später kam der Spötter doch zu weltanschaulicher Umerziehung ins KZ, bekehrt wurde er nicht.

Bei manchem andern versuchte man das gar nicht erst. Als ein Wunder erscheint es mir, daß Erich Kästner nicht für Jahre in einem Lager verschwand. Er war verhaßt wie kaum ein zweiter, doch holte ihn die Gestapo nur zweimal für jeweils wenige Stunden ab. Seine Bücher waren verbrannt worden, in Deutschland durfte er keine Zeile mehr veröffentlichen; Übersetzungen aber kamen in aller Welt heraus, das brachte dem Reich Devisen. Hieraus erklärt sich die sonderbare Lage des Verfemten, der über all die Jahre hin sein gewohntes Leben führte, ein soignierter Herr mit bescheidenen Ansprüchen, zu keiner Konzession bereit. Er residierte im ‹Café Leon›, Halensee, an einem stets für ihn reservierten Tisch.

Wollte sich dort ein ahnungsloser Gast setzen, dann stand schon ein Kellner da: Pardon, das ist der Tisch vom Herrn Doktor ... Vielleicht meinte der Weggescheuchte, es handle sich um Privilegien irgendeines Parteibonzen. Über den braven Untertanengehorsam freute man sich in Kästners vertrauter Runde.

Zu der gehörten auch zwei seiner Jugendfreunde, die gleich ihm Erich hießen. Der eine war Erich Ohser, als satirischer Zeichner dem Regime verdächtig; doch konnte er unter dem Pseudonym e. o. plauen in der *Berliner Illustrirten* die reizende Bilderserie *Vater und Sohn* über lange Zeit hin publizieren.

Der dritte Namensvetter war Erich Knauf, den ich seit langem kannte. Er war vor 1933 der literarische spiritus rector der sozialistischen ‹Büchergilde Gutenberg› gewesen, die von den Nazis natürlich sofort unterdrückt wurde. Er selber kam eine Zeitlang ins KZ.

Danach verfaßte er, um sich das Leben zu verdienen, Texte zu Filmschlagern. Einer davon wurde im Krieg populär, ein durchaus unpolitisches, recht sentimentales Lied: ‹*Heimat, deine Sterne* ...› Das liebten die U-Boot-Leute draußen auf den Ozeanen, und so brachten es die deutschen Sender unaufhörlich. Auch noch im Sommer 1944, als Knauf schon nicht mehr lebte.

Mit seinem Freund Ohser hatte er im Luftschutzkeller allzu offenherzig über die wahre Kriegslage geredet, ein Denunziant zeigte sie an. Ohser beging in der Haft Selbstmord, Knauf wurde vom Volksgerichtshof des berüchtigten Freisler wegen Wehrkraftzersetzung zum Tode verurteilt.

Sein Sehnsuchtslied wurde erst nach Hitlers Ende verboten – von den Siegern, die es für ein Nazi-Machwerk hielten. Sinnlose Schlußpointe eines zerstörten Lebens.»

Treffen in der Bierstube

Durch Rowohlt-Autor Ernst von Salomon kam Eggebrecht in eine kleine Bierstube am Olivaer Platz. Stammgast war auch Ernst Rowohlt. Eggebrecht erinnert sich:

«Um ihn saß am blankgescheuerten Holztisch ein vertrauter Kreis. Die Gespräche drehten sich oft um den verbissenen Kampf des großen Büchermachers zur Rettung seines Lebenswerks. Bald war die Hälfte aller deutschen Rowohlt-Autoren verboten, auch die großen Ausländer wurden immer unbeliebter. Er plante gewitzt, eine schützende Kulisse aus militärwissenschaftlichen Werken aufzubauen; die Zerstörung seines Verlages durch das braune Gesindel war auf die Dauer nicht aufzuhalten.

Den Prozeß der langsamen Abwürgung konnte ich am Beispiel Hans Falladas beobachten. ‹*Kleiner Mann, was nun?*›, der Welterfolg, paßte schon nicht in die Richtlinien der Schrifttumswarte. Der Gefängnisroman

‹*Wer einmal aus dem Blechnapf frißt*› forderte den Zuchthausstaat förmlich heraus; da half auch ein zaghaft beschwichtigendes Vorwort des Verfassers wenig. Zwei Jahre später gab er, so sehe ich es, alle Anbiederungsversuche auf. Sein bedeutendster Roman ‹*Wolf unter Wölfen*› stellt die düstere Unterwelt reaktionärer Konspirationen in der Weimarer Zeit, der Ernst von Salomon entronnen war, mit genialischer, zuweilen nihilistischer Freude dar. Kritik an der schwachen, korrupten Demokratie konnte das Wesentliche nicht verdecken: Den Abgrund, dem dann das große Unheil entstieg.

Erstaunlich war es, daß dies damals erscheinen konnte. Man erzählte sich eine vielleicht erfundene Äußerung von Goebbels: Er überlege, ob dieser Fallada einen Preis verdiene oder das KZ.

An Rowohlts Tisch ... saß oft auch der bemerkenswerte Walther Kiaulehn, ein Berliner Proletarier, autodidaktisch hochgebildet, vor 1933 Redakteur im Ullstein-Haus. Sein hochgescheites Buch ‹*Die eisernen Engel*› war ein Hymnus auf die weltverändernden Maschinen. Als der Verlag lärmend ‹gleichgeschaltet› wurde, hatte er mutig protestiert, eine Ausnahme unter ängstlich Kapitulierenden. In den folgenden Jahren wanderte er mit Rowohlt oft gemeinsam durch Deutschland, das ihnen, das uns fast nicht mehr gehörte.

In der Künstlerkolonie wohnten nur noch wenige der Freunde aus besseren Tagen. Kurt Hiller war verhaftet, Kantorowicz im Exil. Ernst Buschs Stimme hörte ich einmal aus dem Radio Hilversum, er sang Brechts Solidaritätslied auf holländisch, es klang komisch, und doch war's die Stimme der freien Welt.»

Publikumsliebling von der Bühne verbannt

Aus der Sommerfrische wird Exil

Der Sturz war tief: Innerhalb weniger Wochen machten die Nazis aus dem Publikumsliebling einen verbotenen Autor. Dabei hatte sich das Jahr 1933 für Carl Zuckmayer so gut angelassen: «In diesen beiden Monaten, Januar-Februar 1933, liefen von mir in Berlin drei Stücke in den Spielplänen der Theater: eine Neuinszenierung des ‹*Schinderhannes*› unter Heinz Hilpert an der ‹Freien Volksbühne›, mit Attila Hörbiger, eine neue Inszenierung des ‹*Hauptmann von Köpenick*› in Berlins volkstümlichem ‹Rose-Theater› – eine ‹Schulaufführung› der ‹*Katharina Knie*›, gleichfalls neu inszeniert, im staatlichen Schiller-Theater», berichtet Zuckmayer.[2]

«Mit Ludwig Berger plante ich für die TOBIS einen Märchenfilm nach

Wilhelm Hauffs Schwarzwaldgeschichte ‹*Das Kalte Herz*›. Meine kurz vor Weihnachten vollendete Erzählung ‹*Eine Liebesgeschichte*› war in der *Berliner Illustrirten* in Fortsetzungen angelaufen und wurde als Buch vorbereitet. Ich arbeitete an einem neuen Stück, ‹*Der Schelm von Bergen*›, auf dessen Regie Hilpert, auf dessen Rollen die Dorsch, Krauß, Klöpfer, Kayßler warteten. Mehr konnte Berlin einem Autor nicht bieten. Mehr konnte einem Menschen in seiner besten Arbeitszeit nicht genommen werden.

In den ersten paar Wochen lief das alles noch wie eine mechanische Welle funktionell weiter. Die Gewaltherrschaft brauchte Zeit, sich zu formieren, ihre Reihen zu schließen, ihre Maßnahmen zu treffen. Max Reinhardt inszenierte, als ob nichts wäre, im ‹Deutschen Theater› das ‹*Große Welttheater*› von Hofmannsthal.»

Nutznießer, Denunzianten und Verräter

Als nach dem Reichstagsbrand Ende Februar die Verfolgungen der Nazi-Gegner einsetzten, zeigte Zuckmayer Mut in eigener Sache. In «einer furiosen Attacke» setzte er beim Ullstein-Verlag durch, «daß die aus schierer Angst vorzeitig abgebrochenen Fortsetzungen meiner ‹*Liebesgeschichte*› wieder aufgenommen wurden – das offizielle Verbot meiner Arbeiten kam erst später heraus ...»

Jetzt mehrten sich «die Anzeichen der direkten persönlichen Gefährdung ... Viele meiner Bekannten waren bereits verschwunden. Meine Frau konnte keine Nacht mehr schlafen – sie erwartete das harte Pochen an unserer Tür, sooft sie den Hauslift gehen hörte. Warnungen kamen von allen Seiten, selbst von solchen früheren Freunden, die sich auf den neuen Kurs eingestellt hatten, aber uns doch eine Art von Treue hielten. Die meisten Menschen, die man verehrte, hatten Deutschland bereits verlassen.

Die meisten jener Freunde und Bekannten, vom Theater, vom Film, von der Literatur, die keine persönliche Verfolgung zu fürchten hatten und daher in ihrem Land bleiben konnten, hielten zu uns, den Verfemten, und ließen uns auf alle mögliche Weise wissen, daß es zwischen uns keine Trennung gäbe. Einige wenige, sehr wenige, wurden in dieser Stunde zu Nutznießern, Denunzianten und Verrätern. Arnolt Bronnen, Brechts alter Freund ... verschaffte sich eine eidesstattliche Aussage seiner Mutter, daß sie ihren Mann mit einem ‹Arier› betrogen habe und er also nicht der Sohn jenes Israeliten Bronner sei, sondern ein rassenreiner Fehltritt. Das verschaffte ihm eine zeitweilige, beschämende Duldung unter den Nationalsozialisten, denen seine Werke, in der ‹Judenrepublik› mit emphatischen Erfolgen überhäuft, viel zu ‹entartet› waren. Es half ihm auch nicht viel, daß er antisemitische Artikel publizierte: in einem Aufsatz im *Berli-*

ner Lokalanzeiger über die ‹*Säuberung des Deutschen Theaters*› leistete er sich den Satz (wörtlich): ‹Jetzt aber nicht mehr Reinhardt, sondern rein und hart!› Er verschwand in ruhmloser Versenkung und tauchte nach dem Zusammenbruch des Tausendjährigen Reiches wieder auf: als kommunistischer Redakteur.

Von Hanns Johst, der wie ich bei Pfemferts linksradikaler *Aktion* angefangen hatte, wußte man längst, daß er – aus Talentmangel – Nazi geworden war. Jetzt wurde sein ungutes ‹*Schlageter*›-Drama vom Staatstheater gespielt, in dem er der Welt den Satz hinterließ: ‹Wenn ich das Wort Kultur höre, entsichere ich meinen Revolver.› »

Als Zuckmayer – wie alljährlich im Frühling – mit einem zahmen Dompfaffen im Reisekäfig, seiner Gitarre und seinen Manuskripten in die Sommerfrische ins österreichische Henndorf abreiste, behielt er wie selbstverständlich seine Berliner Wohnung bei. Er wollte nicht glauben, daß es – abgesehen von ein paar gefährlichen Kurzbesuchen – ein Abschied auf Dauer war. Das Aufführungsverbot für seine Stücke verschaffte ihm jedoch bald Gewißheit. – Nach dem Einmarsch der Wehrmacht in Österreich emigrierte Zuckmayer 1938 über die Schweiz in die USA.

Kulturbetrieb braun eingefärbt

Ziel der NS-Kulturpolitik war es, alle kulturellen Regungen zu «erfassen», zu «betreuen» oder «auszuschließen» durch die Gründung von beruflichen Zwangsorganisationen, den Kammern. Dort Mitglied zu sein, war Voraussetzung für die Berufsausübung im Nazi-Reich:

«Die Reichskulturkammer hat die Aufgabe, durch Zusammenwirken der Angehörigen aller von ihr umfaßten Tätigkeitszweige unter der Führung des Reichsministers für Volksaufklärung und Propaganda die deutsche Kultur in Verantwortung für Volk und Reich zu fördern, die wirtschaftlichen und sozialen Angelegenheiten der Kulturberufe zu regeln und zwischen allen Bestrebungen der ihr angehörenden Gruppen einen Ausgleich zu bewirken ... Die Aufnahme in eine Einzelkammer kann abgelehnt oder ein Mitglied ausgeschlossen werden, wenn Tatsachen vorliegen, aus denen sich ergibt, daß die in Frage kommende Person die für die Ausübung ihrer Tätigkeit erforderliche Zuverlässigkeit und Eignung nicht besitzt.»

Eines der bekanntesten Opfer dieses Erlasses war der Kabarettist Werner Finck. Ihn schloß Goebbels Anfang 1939 endgültig aus der Reichskulturkammer aus. Damit war ihm jedes weitere öffentliche Auftreten in Deutschland verboten. Die Begründung:

Abzeichen für Mitglieder der Reichskulturkammer[3]

«Der Schauspieler und Schriftsteller Werner Finck wurde bereits im Mai 1935 bei der Schließung des Kabaretts ‹Die Katakombe› ernstlich verwarnt, weil er in seinen Darbietungen Einrichtungen der Partei und des Staates öffentlich lächerlich zu machen versucht hatte. Trotz dieser Verwarnung hat er neuerdings in seinem Auftreten jede positive Einstellung zum Nationalsozialismus vermissen lassen und damit in der Öffentlichkeit und vor allem bei den Parteigenossen schwerstes Ärgernis erregt.»

Die Reichskulturkammer war die Dachorganisation für alle freischaffenden Künstler. Ihr Präsident war Joseph Goebbels, der Reichspropagandaminister. Ihre Untergliederungen umfaßten alle in dieser Branche Tätigen.

So waren in der Reichsschrifttumskammer nicht nur der «Reichsverband Deutscher Schriftsteller» und der «Verein Deutscher Bibliothekare» zusammengefaßt, sondern auch der «Börsenverein der Deutschen Buchhändler», die «Arbeitsgemeinschaft der Buchgemeinschaften» und die der Stiftungen und Verteiler literarischer Preise. Auch amtliche, parteiamtliche, städtische, studentische und privatwirtschaftliche Buchbeschaffungsämter mußten Mitglieder werden. «Dichterkreise» hatten sich

In der Zwangsjacke

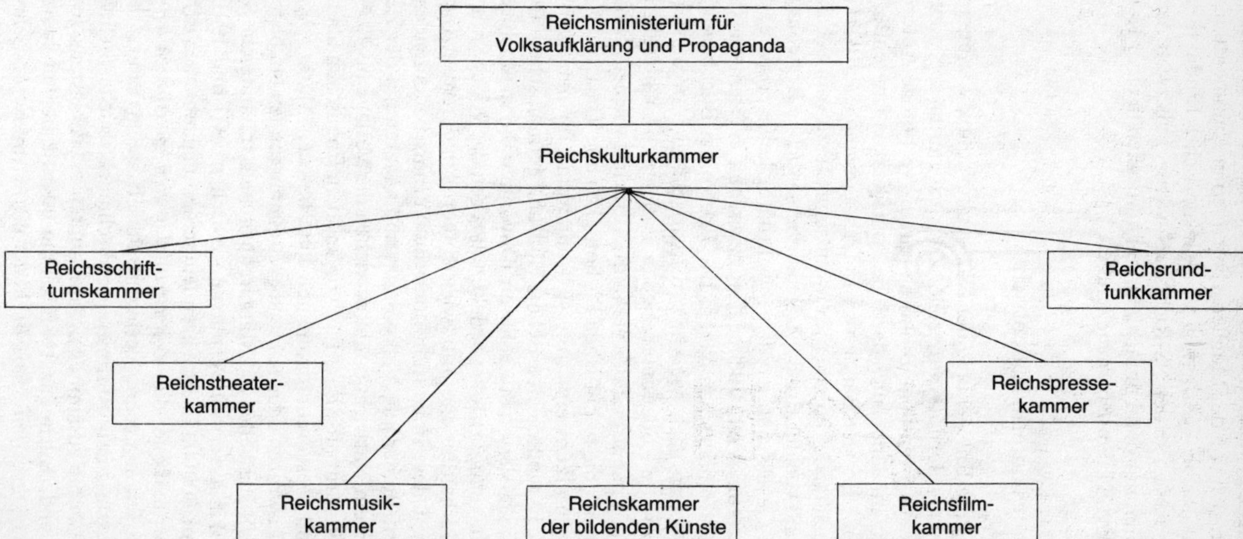

mit Aufgabenstellung, Mäzenen und Mitgliedern anzumelden. Die Möglichkeit, sich von der Mitgliedschaft in einer Kammer befreien zu lassen, bestand nur bei «geringfügiger» künstlerischer Produktion. Ein Schriftsteller müsse – so der NS-Richtsatz – weniger als zwölf Aufsätze im Jahr schreiben; nur dann brauchte er nicht Mitglied in einer Kammer zu sein. Aber davon konnte man nicht leben.

Verfemtes unterm Ladentisch

Die weitere Entwicklung der Nazi-Kulturpolitik war uneinheitlich.[4] Ein Beispiel aus der Literaturszene: Zwar existierten sogenannte «Schwarze Listen» für öffentliche Bibliotheken, die verbotene Autoren und Werke führten, auf denen auch der Jude Franz Kafka nicht fehlte, aber dennoch konnten 1935 vier Bände von Kafkas *‹Gesammelten Werken›* offiziell in den Buchhandel kommen, obwohl seine Texte vom Scheitern des Menschen und von der Brüchigkeit aller persönlichen Beziehungen in der modernen Gesellschaft handeln – wahrhaftig keine positive, nationale Aufbauliteratur. Auch Bücher des inzwischen «verfemten» Thomas Mann waren 1936 überall zu haben. Die Erklärung: Buchhandel und Verlagswesen waren nach wie vor privatwirtschaftlich organisiert. Unmöglich konnte hinter – oder unter – jedem Ladentisch ein literaturkundiger Nazi über die Linientreue der verkauften Bücher wachen. Strikt kontrolliert wurden nur die öffentlichen Bibliotheken und Theater.

Das Publikum erwärmte sich nur wenig für nationalistisch gefärbte Werke. Es wollte von arischem Blut und germanischem Boden weder in Prosa noch Versen etwas hören. Davon bot die staatlich gelenkte Presse ohnehin genug. Erfolge erzielten dagegen die Verlage mit anspruchsvoller Unterhaltungsliteratur, wie sie überall in der Welt Anklang fand. Da es wegen der Emigration oder des Verbots bedeutender Autoren wie Kästner, Remarque, Vicky Baum und anderen mit der Zeit an deutschsprachigem Nachschub fehlte, wichen die Verlage bis 1939 auf ausländische Literatur aus. Eine Flut von aus dem Englischen übersetzter Kriminal- und Gesellschaftsromanen kam auf den Markt. Agatha Christie, D. H. Lawrence oder Somerset Maugham fanden ein begeistertes Publikum. US-Bestseller wie Margaret Mitchells tränenreiche Südstaatensaga *‹Vom Winde verweht›* erreichten zwischen 1937 und 1941 eine Auflage von rund 300000 Exemplaren, ein schier unglaublicher Erfolg.

Zwar mäkelte die *Zeitschrift für den neusprachlichen Unterricht*: «Wenn schon unsere Verleger mit seltsamem Eifer Übersetzung um Übersetzung herausbringen (der Weihnachtsbüchertisch von 1938 brach fast darunter zusammen), dann sollten es wenigstens gesunde, starke, aufbauende Bücher sein.» Doch diese Kritik fiel auf keinen fruchtbaren Boden. Der *‹Jahresbericht 1940›* des «Amtes für Schrifttumspflege» mußte nämlich feststellen, der im Verlauf des Krieges einsetzende Rückgang an Übersetzungen aus dem angelsächsischen und französischen Sprachraum habe keinerlei weltanschauliche Gründe, sondern sei «rein kriegsbedingt»: Die ersten Folgen des Papiermangels setzten ein.

Wachhunde ohne Kunstverstand

Die Beurteilung der Musik machte den Nazis Probleme. Igor Strawinskys *‹Feuervogel›* wurde auf der Ausstellung «Entartete Kunst» im Sommer 1937 als übles Beispiel für «Kulturzersetzung» angeprangert. Dennoch gehörte der Komponist weiter zu den populärsten und am häufigsten gespielten ausländischen Musikern in Deutschland. 1938 waren immerhin fünfzehn Schallplattenaufnahmen mit seinen Werken im Handel. Von den modernen, atonalen Komponisten waren die Juden Gustav Mahler und Arnold Schönberg verboten, später auch der «arische» Paul Hindemith. Die zwar arischen, aber ebenso unharmonischen «Neutöner» Carl Orff, Boris Blacher und Gottfried von Einem konnten dagegen noch während des Krieges ihre Werke aufführen, wenn auch äußerst selten.

Auch in der Unterhaltungsmusik gab es kein einheitliches Konzept: 1935 wurde «Neger-Jazz» aus dem Reichsrundfunk offiziell verbannt, aber das Swing-Idol Teddy Stauffer spielte noch zwischen 1936 und 1939 regelmäßig in deutschen Städten. Bis zur Kriegserklärung an die USA Ende 1941 konnte man im Reich sogar noch Platten vom «King of Swing» Benny Goodman kaufen.

Vielfalt selbst im Krieg

Selbst während des Krieges mußten die Nazis eine größere Vielfalt der Kultur hinnehmen, als es strammen Parteigenossen lieb war. Schließlich bemühten sie sich aber, besonders in Frankreich, nicht als analphabetische Hinterwäldler zu erscheinen, sondern als «abendländische Kulturschutzmacht» gegen den «feindlichen, bolschewistisch-jüdischen Zerstörungswillen». Um diesen Schein aufrechtzuerhalten, kam es sogar vor, daß ein Drama wie Jean-Paul Sartres *‹Fliegen›*, das von der Auflehnung gegen die Tyrannei handelt, «mitverteidigt» wurde und erscheinen durfte.

Trotzdem: der näherrückende Krieg ließ es zu, im Reich die Daumenschrauben stärker anzuziehen. 1938 ergoß sich die letzte Exilwelle ins Ausland, dann war auch dieser Ausweg versperrt. Der Krieg machte es möglich, genehme wie unliebsame Künstler einzuberufen, günstigenfalls zu Kasernendienst und Truppenbetreuung, und wenn man Pech hatte zum Einsatz an der Front. Im Reich verbreitete sich Angst vor der willkürlichen Einberufungspraxis. Das verstärkte die innere Zensur, die «Schere im Kopf», bevor sich die Zensoren nach 1940 auch offiziell immer kleinlicher verhielten. Der Krieg bewirkte ein übriges: zerstörte Verlage und zugeteilte Papiermengen ließen Bücher knapp und begehrt werden wie Schnaps und Zigaretten. Der Kriegseinsatz aller Künstler ab 1943/44 in der Industrie oder an der Front machte der Kunst ein Ende.

Bücher auf dem Scheiterhaufen

Wie die Nazis die deutsche Kultur zerstörten

Die Professoren der Frankfurter Universität erhielten Post von ihrem Rektor: Seine Magnifizenz kündigte ihnen die bevorstehenden Aktionen zur «Erneuerung der deutschen Literatur» und «wider den undeutschen Geist» an, besser bekannt als Bücherverbrennung:

«Das Studentenfreikorps lädt die Gesamtheit des Professorenkollegiums zu der Verbrennung der marxistischen und korruptionistischen Schriften ein, die Mittwochabend, den 10. Mai, auf dem Römerberg stattfinden wird. Die Studenten würden es im Hinblick auf die große symbolische Bedeutung dieser Zeremonie begrüßen, die Gesamtheit der Professorenschaft dort zu sehen. Ich lade daher die Kollegen ein, zahlreich daran teilzunehmen. Abmarsch: von der Universität auf den Römerberg Mittwoch, 20 Uhr, mit Musik. Die Korporationen werden in Uniformen daran teilnehmen, ebenso die SA-Bataillone.»[5]

Auf dem Mistkarren zum Römerberg

Unter dem ironischen Titel «Der Kulturakt in Frankfurt» meldete die *Prager Presse* über die Durchführung der Aktion:

«Die Studentenschaft der Frankfurter Universität versammelte sich heute abend vor der Universität, um die aus den Büchereien entfernten ‹zersetzenden Schriften› zu verbrennen. Um 20 Uhr setzte sich der Zug der Studenten, SA und SS in Bewegung und zog unter Vorantritt einer Musikkapelle zum Römerberg. Dem Zuge folgten die Bücher auf einem von *zwei kräftigen Zuchtochsen* gezogenen *Mistwagen.*

Auf dem Römerberge war ein Scheiterhaufen errichtet und Benzinkannen bereitgestellt. Etwa 15000 Zuschauer hatten sich eingefunden, um dem erhebenden Akte beizuwohnen. Gegen 21 Uhr näherte sich der Zug dem Römerberg unter den Klängen eines Trauermarsches. Nach ver-

Studenten und Bürger

Würzburgs!

Pflegt deutsche Kultur und zerstört minderwertiges und zersetzendes Schrifttum un deutscher Schriftsteller. Die Stundentenschaft veranstaltet in diesen Tagen einen Feldzug gegen jedes undeutsche Schrifttum. Es ist Pflicht jedes Deutschen, diesen Kampf zu unterstützen.

Reinigt

Euere Büchereien!

Schreiberlinge: wie Mann Heinrich, Polgar, Sinclair, Toller, Tucholsky, Asch, Barbusse, Doeblin, Edschmid, Feuchtwanger, Glaeser, Hasenclever, Kaestner, London Jack, Ludwig Emil, Mann Klaus, Neumann, Remarque, Schnitzler, Wassermann Jakob, Zweig Arnold, Zweig Stephan, u. ä. dürfen in ihr keinen Platz finden.

Die ausgesonderten Bücher werden von der Studentenschaft gesammelt.

Abgabestelle: Studentenhaus, Zimmer 70.

Die Bücher werden später feierlich verbrannt!

Eine ausführliche Liste liegt im Studentenhaus, Zimmer 70 zur Einsicht auf.

Die Studentenschaft an der Universität Würzburg
gez. Gerhard Linde, Studentenschaftsführer

Verantwortlich für den Inhalt: Gerhard Linde, Würzburg.
Buchdruckerei L. Popp, Würzburg Sanderstraße 27, Telefon 2362. Dissertationen aller Art gut und billig.

Flugblatt für Würzburg

schiedenen Reden wurden unter den begeisterten Heilrufen der Menge die Bücher in die Flammen geschleudert.»[6]

Überall im Reich, besonders in den Universitätsstädten, türmten sich die Scheiterhaufen. In Berlin brannte einer der größten: rund 20000 «politisch und moralisch undeutsche Schriften» wurden hier ein Raub der Flammen. Der Korrespondent der *Neuen Zürcher Zeitung* berichtete über den Abend des 10. Mai unter der Schlagzeile «Autodafé in Berlin»:

«Am Mittwoch gegen Mitternacht bot sich den Berlinern eines der erstaunlichsten Schauspiele, die man im zwanzigsten Jahrhundert noch erleben kann. Mitten in der Stadt loderte ein brennender Scheiterhaufen mit 20000 Büchern zum Himmel empor. Der Erfolg, den die deutsche Studentenschaft mit ihren Requisitionen bei den Leihbibliotheken und Buchhändlern erzielte, entspricht der Länge der schwarzen Liste, die gegen 200 Namen von Dichtern und Schriftstellern aufzählt. Die Verfasser belletristischer Werke allein sind schon mit 125 Namen auf der von Kultusminister Rust genehmigten und für sämtliche Volksbüchereien Preußens verbindlichen Fassung der schwarzen Liste vertreten. Abends 9 Uhr am historischen Tage bildete die Studentenschaft in der Umgebung der Universität einen Fackelzug und holte von dort aus im Studentenhaus die Lastwagen mit den verurteilten Büchern ab, um sie vorerst auf einem 5 km weit ausgedehnten Umzug durch die Stadt und im Triumph durch das Brandenburger Tor zu führen. Unter den Linden rückte der seltsame Umzug bis zu dem als Richtstätte auserwählten Opernplatz gegenüber der Universität vor, wo ungezählte Kinooperateure und Pressephotographen ihres Amtes walteten und die SA-Abteilungen sich in Front stellten. Eine Reihe von Jupiterlampen strahlten ihr grelles Licht aus, und eine Musikkapelle begleitete die ganze Verbrennungszeremonie mit nationalen Märschen.

Die auf der Mitte des großen Platzes aufgefahrenen Lastwagen ließen die Hakenkreuzfahne flattern, während die Bücher stoßweise in die Glut geworfen wurden. Das Feuer loderte bald meterhoch empor und verbreitete einen gelben Schein auf die umliegenden Paläste der Wissenschaft, Kunst und Finanz. Romane und Novellen, Dramen und Geschichtsbücher, die Schriften der großen Theoretiker des Sozialismus, volkswirtschaftliche und zeitgeschichtliche Werke, Völkerbund und Paneuropa flogen auf den Feuerhaufen, wo die Hitze die Seiten umblätterte und glühende Papierfetzen zwischen den Rauchwolken in die Höhe trieb. Das Publikum, das sich im ganzen Umkreis herandrängte, geriet an einigen Stellen, wo es besonders aufgeregt zuging, in Kollision mit der Polizei, die daraufhin handgreifliche Mittel anwendete. Auf der Fahrbahn vor der Universität sorgten berittene Polizeitruppen für die Abwicklung des Verkehrs. In später Stunde ergriffen der Führer der Berliner Studentenschaft und der Propagandaminister Dr. Goebbels das Wort zu Ansprachen, die aber trotz der Anwendung eines Lautsprechers auf einem Teil des Platzes

Feuersprüche

1. Rufer: «Gegen Klassenkampf und Materialismus, für Volksgemeinschaft und idealistische Lebenshaltung! Ich übergebe der Flamme die Schriften von Marx und Kautsky.»

2. Rufer: «Gegen Dekadenz und moralischen Verfall! Für Zucht und Sitte in Familie und Staat! Ich übergebe der Flamme die Schriften von Heinrich Mann, Ernst Glaeser und Erich Kästner.»

3. Rufer: «Gegen Gesinnungslumperei und politischen Verrat, für Hingabe an Volk und Staat! Ich übergebe der Flamme die Schriften von Friedrich Wilhelm Foerster.»

4. Rufer: «Gegen seelenzerfasernde Überschätzung des Trieblebens, für den Adel der menschlichen Seele! Ich übergebe der Flamme die Schriften des Sigmund Freud.»

5. Rufer: «Gegen Verfälschung unserer Geschichte und Herabwürdigung ihrer großen Gestalten, für Ehrfurcht vor unserer Vergangenheit! Ich übergebe der Flamme die Schriften von Emil Ludwig und Werner Hegemann.»

6. Rufer: «Gegen volksfremden Journalismus demokratisch-jüdischer Prägung, für verantwortungsbewußte Mitarbeit am Werk des nationalen Aufbaus! Ich übergebe der Flamme die Schriften von Theodor Wolff und Georg Bernhard.»

7. Rufer: «Gegen literarischen Verrat am Soldaten des Weltkrieges, für Erziehung des Volkes im Geist der Wehrhaftigkeit! Ich übergebe der Flamme die Schriften von Erich Maria Remarque.»

8. Rufer: «Gegen dünkelhafte Verhunzung der deutschen Sprache, für Pflege des kostbarsten Gutes unseres Volkes! Ich übergebe der Flamme die Schriften von Alfred Kerr.»

9. Rufer: «Gegen Frechheit und Anmaßung, für Achtung und Ehrfurcht vor dem unsterblichen Volksgeist! Verschlinge, Flamme, auch die Schriften der Tucholsky und Ossietzky!»

nur stückweise aus dem zerhackten Echo, das die Häuserfronten zurückwarfen, verständlich waren. Aus einem dieser Fragmente konnte man auf jeden Fall vernehmen, daß mit den ‹jüdischen Volksverführern› abgerechnet werde. Mit erhobenen Armen sang man zum Schluß das Horst Wessel-Lied: ‹*Die Straße frei den braunen Bataillonen!*›»[7]

Nicht nur in den Großstädten des Reiches loderten die Feuer. In

Verbrannte Autoren

Bertolt Brecht, Alfred Döblin, Lion Feuchtwanger, Jaroslav Hašek, Erich Kästner, Irmgard Keun, Egon Erwin Kisch, Jack London, Heinrich Mann, Klaus Mann, Robert Neumann, Erich Maria Remarque, Ringelnatz, Joseph Roth, Arthur Schnitzler, Anna Seghers, Upton Sinclair, Ernst Toller, Kurt Tucholsky, Jakob Wassermann, Franz Werfel, Arnold Zweig, Stefan Zweig und viele andere

Worms war Hans Blut Augenzeuge, damals Buchhändler im zweiten Lehrjahr:

«Gegen elf Uhr stellte sich das Musikkorps der SA auf dem Vorplatz des Amtsgerichts auf und spielte Märsche. Vom Hof der Buchhandlung konnten wir den ganzen Platz überblicken. Bei Stenzel holte man die verbotenen Bücher ab. SA- und SS-Leute brachten kistenweise Bücher und warfen sie zusammen auf einen Haufen. Dann wurden die Bücher mit vielen roten Fahnen mit Hammer und Sichel, mit Reichsbannerfahnen, Gewerkschaftsfahnen und anderen überdeckt, mit Benzin übergossen und angezündet. Die Lieder ‹*Flamme empor*› sowie NS-Kampflieder wurden gesungen.

Die Uniformierten blieben noch lange da. Von den Bürgern in Zivil blieb kaum einer länger stehen. Sie schwiegen. Langsamen Schrittes gingen sie weiter. An ihrer Haltung konnte man die innere Abneigung erkennen.»[8]

Wendige Buchhändler

Eine unrühmliche Rolle bei der «Säuberung» der deutschen Literatur spielten die Buchhändler. Ihre Standesorganisation, der Börsenverein, und sein Vorsteher, Dr. Hellmut Langenbucher, gingen ohne Druck von Parteistellen und Ministerien auf Nazikurs. Allerdings lagen sie damit nicht quer zur Linie der Mitglieder, fragten doch täglich etliche Buchhändler aus dem ganzen Reich an, wann mit den Veröffentlichungen der

«Schwarzen Listen» zu rechnen sei. Man wollte sein Sortiment rechtzeitig umstellen ...

Aufgemuckt wurde selten: Die Heidelberger Buchhändler allerdings wehrten sich dagegen, in ihren Schaufenstern ein Plakat aufzuhängen, das zur Sammlung marxistischer, jüdischer und pazifistischer Bücher aufrief.

Das schnelle und wendige Einschwenken auf die Nazi-Linie zeigt die Stellungnahme des Vorstandes zu «undeutschen» Autoren just am Tage nach der «Bücherverbrennung»:

«Der Vorstand des Börsenvereins der Deutschen Buchhändler ist sich», so hieß es im *Börsenblatt für den Deutschen Buchhandel*, «mit der Reichsleitung des Kampfbundes für deutsche Kultur und der Zentralstelle für das deutsche Bibliothekswesen darin einig geworden, daß die zwölf Schriftsteller

Lion Feuchtwanger – Ernst Glaeser – Arthur Holitscher – Alfred Kerr – Egon Erwin Kisch – Emil Ludwig – Heinrich Mann – Ernst Ottwalt – Theodor Plivier – Erich Maria Remarque – Kurt Tucholsky alias Theobald Tiger, Peter Panter, Ignaz Wrobel, Kaspar Hauser – Arnold Zweig

für das deutsche Ansehen als schädigend zu erachten sind. Der Vorstand erwartet, daß der Buchhandel die Werke dieser Schriftsteller nicht weiter verbreitet.

Leipzig, den 11. Mai 1933.

Der Gesamtvorstand des Börsenvereins der Deutschen Buchhändler zu Leipzig

Dr. Friedrich Oldenburg,
Heinrich Boysen,
Dr. Hellmuth v. Hase,
Ernst Reinhardt,
Paul Nitschmann,
Friedrich Alt,
Herbert Hoffmann,
Albert Diederich.»[9]

Auftrag «Schwarze Liste»

Schon im März 1933, nur wenige Wochen nach der «Machtübernahme» und ein paar Tage nach dem Reichstagsbrand, hatte das neugegründete «Reichsministerium für Volksaufklärung und Propaganda» unter seinem Leiter Joseph Goebbels begonnen, die Scheiterhaufen des 10. Mai vorzubereiten. Der Nazi-Bibliothekar Dr. Wolfgang Herrmann erhielt über den «Verband Deutscher Bibliothekare» den Auftrag, für die «Säuberung» der Bibliotheken von «zersetzendem Schrifttum» und die Verbrennung marxistischer und jüdischer Bücher «Schwarze Listen» anzufertigen. Nach Abstimmung mit dem vom NS-Chefideologen Alfred Rosenberg 1928 gegründeten «Kampfbund für Deutsche Literatur» entstand die «Vorläufige Liste der Deutschen Studentenschaft» Nr. 1 für «Schöne Literatur» mit 71 Autoren, die im April an die Studentenschaften der Hochschulen verteilt wurde.

Am 6. April lud das frisch gegründete «Hauptamt für Presse und Propaganda der Deutschen Studentenschaft» der «Bewegung» nahestehende Schriftsteller zu einer Unterstützung der «vierwöchigen Gesamtaktion gegen den jüdischen Zersetzungsgeist und für volksbewußtes Denken und Fühlen im deutschen Schrifttum» ein. Auch die deutschen Studentenschaften wurden zur Teilnahme aufgerufen.

Ab 13. April verkündeten weiße Plakate mit schreiend roter Schrift die Thesen der Deutschen Studentenschaft *‹Wider den undeutschen Geist›* überall im Lande. Im Zentrum stand der Kampf gegen das Judentum.

So motiviert, machten sich die NS-Bücherstürmer an die Arbeit ...

«Undeutsches» bringt Devisen

Zehn Tage nach den Säuberungen übergab die Berliner Polizei der Presse einen vorläufigen Bericht:

«In Berlin hat die politische Polizei schätzungsweise etwa 10000 Zentner Bücher und Zeitschriften beschlagnahmt und in die Ställe der ehemaligen berittenen Schutzpolizei geschafft. [...] Die Durchführung der Beschlagnahme ging nicht immer reibungslos vonstatten. Bald nach dem Bekanntwerden der Aktion schafften viele Büchereien ihre Bücher in Schlupfwinkel, um sie dem Zugriff der Polizei zu entziehen. Die meisten Verstecke wurden jedoch ausfindig gemacht. Viele Büchereien wurden in Remisen, Kellern, Gartenlauben, Böden und in Privatwohnungen verteilt, vorgefunden.» [10]

Nicht alle Exemplare eines Werks wurden vernichtet. 25 von ihnen sollten in Ministerien und Staatsbibliotheken für spätere Ausleihe an «zuverlässige» Personen zu «Studienzwecken» verfügbar sein. Nach Aussage der Deutschen Studentenschaft in Berlin waren ... «mehrere Doktoren verschiedener Fakultäten mit der Durchsicht der abgegebenen Werke beschäftigt, um auf jeden Fall zu vermeiden, daß wichtige wissenschaftliche Werke, die vielleicht nur einmal in der Welt existieren, der Vernichtung zum Opfer fallen.» [11]

Das war schlichte Schönfärberei. Zum ersten wurde nie bekannt, wer diese Doktoren beauftragt hatte, zum zweiten hatten sie am allerwenigsten die Aufgabe, Bücher für die Wissenschaft zu retten. Sie sortierten vielmehr Brauchbares für die ausländischen Antiquariate aus, wie der emigrierte Schriftsteller F. C. Weißkopf berichtet: «Von den geächteten

Werken wurden nur wenige Exemplare tatsächlich ins Feuer geworfen; alles übrige wanderte in die Tschechoslowakei, nach Österreich, in die Schweiz und einige andere Länder, um dort zu Schleuderpreisen auf den Markt geworfen zu werden. Die Autoren wurden dadurch empfindlich geschädigt, und die Bücherverbrenner steckten ein paar zusätzliche Diebesgroschen ein.»[12] So wurden in Basel Heine-Ausgaben mit Berliner Besitzerangaben zu Schleuderpreisen verhökert, um die schmale Devisenkasse der Nazis aufzufüllen.

Protokolliert und bestätigt

Wie pingelig die Sammelaktion für die Scheiterhaufen durchgeführt wurde, zeigen zwei Dokumente aus Würzburg. In sogenannte Bücherprotokolle wurde jedes Buch eingetragen, das man einer Bibliothek entnommen hatte. – Vermutlich war es ein Jurastudent, der auf die Idee kam, die Inhaber der ausgeplünderten Leihbüchereien «freiwillig» eine «Bestätigung» unterschreiben zu lassen, daß sie mit der Verbrennung der entnommenen Bücher einverstanden seien – eine Sicherung gegen Regreßansprüche, von denen niemand erwartete, daß sie jemals gestellt würden. Die Macht der Nazis hatte das Recht längst gebrochen, und den Inhabern der Leihbüchereien blieb ohnehin keine Wahl, als die studentischen «Stoßtrupps» ihre Räume stürmten – sie mußten unterschreiben:

Bestätigung

Hiermit erkläre ich mich mit der Verbrennung der meiner Leihbücherei entnommenen Bücher einverstanden.

J. Frank's Buchhandlung
u. Antiquariat

Ludwig Lazarus

Würzburg – Adolf Hitlerstr. 17
gegenüber d. Stadt-Theater[13]

Sportler als Vandalen

Die Plünderung des Instituts für Sexualwissenschaften

Der Auftakt war spektakulär: Während kurze Zeit später studentische «Stoßtrupps» die Leihbüchereien «säuberten», hatten am Morgen des 6. Mai, einem Sonnabend, ausgerechnet die Kommilitonen des «Instituts für Leibesübungen» einen Sonderauftrag zu erledigen. Sie nahmen sich das «Institut für Sexualwissenschaften» vor, dessen Leiter, der Jude Magnus Hirschfeld, insbesondere durch sein Engagement für Homosexuelle die Feindschaft konservativer und antisemitischer Kreise auf sich gezogen hatte. Jetzt wurde abgerechnet ...

Als am Morgen des 6. Mai der *Berliner Lokalanzeiger* den Hinweis brachte, daß die «Säuberungsaktion» in den Berliner Bibliotheken mit einem Paukenschlag im Hirschfeld-Institut beginnen sollte, versuchten die Mitarbeiter schnell noch, einige besonders kostbare Privatbücher und Manuskripte in Sicherheit zu bringen. Doch offenbar war das Gebäude schon in der Nacht umzingelt worden: Die Bewachung stellte den jungen Mann, der den Abtransport der Bücher übernommen hatte, und beraubte ihn seiner Habe.

Einzug mit Blasmusik

Der Bericht eines Augenzeugen war die Grundlage für einen Artikel der Baseler Monatsschrift *Unsere Zeit*, der am 15. Juni unter dem Titel ‹*Vandalen*› erschien und die Plünderung des Instituts schilderte:

«... um 9.30 Uhr erschienen vor dem Institut einige Lastautos mit ca. 100 Studenten und einer Kapelle mit Blasinstrumenten. Sie nahmen vor dem Hause militärische Aufstellung und drangen dann unter Musik in das Haus ein. Da das Büro noch geschlossen war, befand sich kein eigentlicher Vertreter des Hauses dort; nur einige Frauen vom Hauspersonal sowie ein dem Hause nahestehender Herr waren anwesend. Die Studenten begehrten Einlaß in sämtliche Räume und soweit diese verschlossen waren, wie die bereits seit einiger Zeit stillgelegten Repräsentationsräume im Parterre sowie das frühere und jetzige Büro der Weltliga für Sexualreform, schlugen sie die Türen ein. Nachdem ihnen die unteren Räume nicht viel boten, begaben sie sich in das erste Stockwerk, wo sie in den Empfangsräumen des Instituts die Tintenfässer über Schriftstücke und Teppiche ausleerten und sich dann an Privatbücherschränke machten. Sie nahmen mit, was ihnen nicht einwandfrei erschien ...

Aus dem Archiv entfernten sie dann die großen Wandtafeln mit den Darstellungen intersexueller Fälle, die seinerzeit für die Ausstellung des

Internationalen Ärzte-Kongresses im Londoner Kensington-Museum im Jahre 1913 angefertigt worden waren. Sie warfen diese Tafeln zum großen Teil aus dem Fenster ihren vor dem Hause stehenden Kameraden zu.

Bilder als Fußball

Die meisten der anderen Bilder, Fotografien wichtiger Typen, nahmen sie von den Wänden und spielten mit ihnen Fußball, so daß große Haufen zertrümmerter Bilder und Glasscherben zurückblieben. Auf die Einwände eines Studenten, daß es sich um medizinisches Material handle, antwortete ein anderer, darauf käme es nicht an, es wäre ihnen nicht um die Beschlagnahme von ein paar Büchern und Bildern zu tun, sondern um die Vernichtung des Instituts ...

Ferner raubten sie eine Bronzebüste von Dr. Hirschfeld, die von dem bekannten Bildhauer Isenstein verfertigt war und auf mehreren Kunstausstellungen in Deutschland als Kunstwerk viel Anerkennung gefunden hatte. Sie war vor fünf Jahren zum 60. Geburtstag Dr. Hirschfelds dem Institut geschenkt worden. Auch sonst wurden viele Kunstwerke mitgenommen ...

Aus der Institutsbibliothek nahmen sie zunächst nur einige hundert Bücher mit.

Während der ganzen Zeit wurde das Personal bewacht und immer wieder spielte die Musik, so daß sich große Scharen von Neugierigen vor dem Hause ansammelten. Um 12 Uhr hielt der Anführer eine größere Schlußansprache, und unter Absingung eines besonderen Schmutz- und Schundliedes sowie des Horst Wessel-Liedes zog der Trupp ab.

Die Bewohner des Instituts hatten angenommen, daß es mit dieser Plünderung sein Bewenden haben würde, aber um 3 Uhr nachmittags erschienen abermals mehrere Lastautos mit SA-Leuten und erklärten, daß sie die Beschlagnahme fortsetzen müßten, da der Trupp am Morgen nicht genügend Zeit gehabt hätte, um gründlich aufzuräumen.

... sämtliche Werke und Bilder wurden drei Tage später auf dem Opernplatz zusammen mit vielen anderen Werken verbrannt. Die Zahl der aus der Spezialbibliothek des Instituts vernichteten Bände betrug über 10000. Im Fackelzuge trugen die Studenten die Büste von Dr. Magnus Hirschfeld, die sie auf den Scheiterhaufen warfen ...»[14]

«Verbrennt auch mich!»

Die «völkische Erneuerung» der Kunst wurde nur selten so mutig, deutlich und früh abgelehnt wie von Oskar Maria Graf, einem seiner bayerischen Heimat im besten Sinne verbundener Dichter, den die Nazis zu gerne zu einem ihrer «Blut und Boden»-Barden umstilisiert hätten. Entsetzt stellte er in Wien, der ersten Station seines Exils fest, daß er von der «Nationalsozialistischen Reichsstelle zur Förderung des deutschen Schrifttums» auf die Liste empfohlener Autoren gesetzt worden war. Auf der Stelle protestierte er:

«Verbrennt mich auch! Laut *Berliner Börsenkurier* stehe ich auf der weißen Liste des neuen Deutschlands, und alle meine Bücher, mit Ausnahme meines Hauptwerkes ‹*Wir sind Gefangene*›, wurden empfohlen. Ich bin also dazu berufen, einer der Exponenten des neuen deutschen Geistes zu sein. Vergebens frage ich mich, womit ich diese Schmach verdient habe ... Nach meinem ganzen Leben und nach meinem ganzen Schreiben habe ich das Recht, daß meine Bücher der reinen Flamme des Scheiterhaufens überantwortet werden ... Verbrennt die Werke des deutschen Geistes! Er selbst wird unauslöschlich sein wie eure Schmach!»[15]

In der *Wiener Arbeiterzeitung* wurde er noch deutlicher: «Wie fast alle linksgerichteten, entschieden sozialistischen Geistigen in Deutschland habe auch ich etliche Segnungen des neuen Regimes zu spüren bekommen: Während meiner zufälligen Abwesenheit aus München erschien die Polizei in meiner dortigen Wohnung, um mich zu verhaften. Sie beschlagnahmte einen großen Teil unwiederbringlicher Manuskripte, mühsam zusammengetragenes Quellenstudienmaterial, meine sämtlichen Geschäftspapiere und einen großen Teil meiner Bücher. Das alles harrt nun der wahrscheinlichen Verbrennung. Ich habe also mein Heim, meine Arbeit und – was vielleicht am schlimmsten ist – die heimatliche Erde verlassen müssen, um dem Konzentrationslager zu entgehen.

Die schönste Überraschung aber ist mir erst jetzt zuteil geworden: laut *Berliner Börsencourier* stehe ich auf der ‹weißen Autorenliste› des neuen Deutschlands, und alle meine Bücher, mit Ausnahme meines Hauptwerkes ‹*Wir sind Gefangene*›, werden empfohlen: Ich bin also dazu berufen, einer der Exponenten des ‹neuen› deutschen Geistes zu sein!

Vergebens frage ich mich: Womit habe ich diese Schmach verdient?

Das ‹Dritte Reich› hat fast das ganze deutsche Schrifttum von Bedeutung ausgestoßen, hat sich losgesagt von der wirklichen deutschen Dichtung, hat die größte Zahl seiner wesentlichsten Schriftsteller ins Exil gejagt und das Erscheinen ihrer Werke in Deutschland unmöglich gemacht. Die Ahnungslosigkeit einiger wichtigtuerischer Konjunkturschreiber und der hemmungslose Vandalismus der augenblicklich herrschenden Gewalthaber versuchen all das, was von unserer Dichtung und Kunst Weltgeltung hat, auszurotten und den Begriff ‹deutsch› durch engstirnigsten Nationalismus zu ersetzen. Ein Nationalismus, auf dessen Eingebung selbst die geringste freiheitliche Regung unterdrückt wird, ein Nationalismus, auf dessen Befehl alle meine aufrechten sozialistischen Freunde verfolgt, eingekerkert, gefoltert, ermordet oder aus Verzweiflung in den Freitod getrieben werden. Und die Vertreter dieses barbarischen Nationalismus, der mit Deutschsein nichts, aber auch rein gar nichts zu tun hat, unterstehen sich, mich als einen ihrer ‹Geistigen› zu beanspruchen, mich auf ihre sogenannte ‹weiße Liste› zu setzen, die vor dem Weltgewissen nur eine schwarze Liste sein kann!

Diese Unehre habe ich nicht verdient!

Nach meinem ganzen Leben und nach meinem ganzen Schreiben habe ich das Recht, zu verlangen, daß meine Bücher der reinen Flamme des Scheiterhaufens überantwortet werden und nicht in die blutigen Hände und die verdorbenen Hirne der braunen Mordbanden gelangen.

Verbrennt die Werke des deutschen Geistes! Er selber wird unauslöschlich sein wie eure Schmach!

Alle anständigen Zeitungen werden um Abdruck dieses Protestes ersucht.

Oskar Maria Graf»[16]

Auf einer Sonderveranstaltung der Münchner Universität tat man ihm den Gefallen und verbrannte seine Werke. 1933 emigrierte der «undankbare» Heimatdichter zunächst nach Österreich, 1934 in die Tschechoslowakei und 1938 nach New York. Dort interessierte seine Art Literatur nur wenig – wer kannte schon Bayern? Die englische Sprache lernte er mehr schlecht als recht. Vergeblich suchte er nach Verlegern. Als er 1967 starb, war er fast vergessen.

Hitler, Goebbels und Courths-Mahler

Berliner Leihbüchereien im Mai 1933

Ende Juni 1933 erschien in der Berliner Zeitschrift *Die neue Weltbühne* ein kurzer Bericht von Käthe Merten. Sein Titel klang blaß: *‹Berliner Leihbibliotheken 1933›*[17]; sein Inhalt aber war aufschlußreich, erfuhr man doch, wie sich die Bücherverbrennung auf die Bestände der gewerblichen Leihbüchereien in Berlin ausgewirkt hatte.

Heute so gut wie verschwunden, hatten private Büchereien im Deutschland der frühen dreißiger Jahre eine bedeutende kulturelle Funktion. Hier holten sich gegen eine geringe Gebühr jene Deutschen ihr Lesefutter, denen der karge Lohn oder ein paar Arbeitslosengroschen bei weitem nicht für eigene Bücher reichten. In den Jahren der Wirtschaftskrise seit 1929 war es mit den Leihbibliotheken bergauf gegangen; rund 15000 zählte man im Reich um 1933. 30 Millionen Bände sollen damals in ihren Karteien registriert gewesen sein; zwei bis drei Millionen kamen jährlich neu hinzu. Gefragt war nicht nur seichte Unterhaltung von Courths-Mahler, auch Heinrich Mann, Ernst Toller und Kurt Tucholsky fanden ihre Leser.

Schon 1932 hatte sich Käthe Merten dafür interessiert, ob die Nörgelei der Kulturkritiker über den angeblichen Schund in den Leihbibliotheken berechtigt war; am 18. Mai 1933 ging sie erneut vor Ort. Eine gutgehende Bücherei am Kurfürstendamm hatte 1932 viele moderne Romane im Angebot: Thomas Mann, Stefan Zweig, Jakob Wassermann, Egon Erwin Kisch und Erich Maria Remarque waren zum Teil mit ihren neuesten Werken in je 10 bis 100 Exemplaren vertreten. Im Mai 1933 war der Bibliothekar, mit dem die *Weltbühnen*-Journalistin im Jahr zuvor gesprochen hatte, nicht mehr da ... Die Lücken, die durch die am 10. Mai verbrannten Bücher entstanden waren, wurden durch ebenso viele Exemplare zweier Neuerwerbungen geschlossen: Hitlers ‹*Mein Kampf*› und Goebbels' ‹*Kampf um Berlin*›. Auch schien sich der Publikumsgeschmack den Zeitläufen angepaßt zu haben: Nationale Bücher waren jetzt ein Renner, allerdings auch Kriminalromane und Unterhaltungsliteratur.

Anders sah es in einer Leihbücherei im Berliner Zentrum aus, deren Kundschaft hauptsächlich aus Geschäftsleuten und Angestellten bestand. Sie hatte schon 1932 nicht floriert; zu viele Angestellte waren ohne Arbeit und mußten jeden Pfennig zusammenhalten. Bücher der verfemten Autoren hatte es hier mangels Nachfrage nie gegeben. Eine Säuberung war also überflüssig gewesen. Jetzt, 1933, waren auch hier Hitlers und Goebbels' Bücher gern gelesen; selbst das NS-Parteiprogramm wurde häufig ausgeliehen. Doch ein Geschäft war auch damit nicht zu machen.

In einer Leihbücherei im Proletarierviertel Wedding ergab die Umfrage, daß das meist arbeitslose Publikum ebenfalls auf Unterhaltungsliteratur zurückgriff. Politische Literatur verstaubte im Regal. Die sozialkritischen Romane des Amerikaners Upton Sinclair dagegen erwiesen sich als Renner: 30 Exemplare standen zur Verfügung! «Ich habe mit verschiedenen SA-Leuten gesprochen», erklärte der Inhaber Käthe Merten, «mit Arbeitern, die auch jetzt noch bei mir lesen. Die sind mit der Vernichtung dieser Bücher ganz und gar nicht einverstanden.»

Abdankung der «Dichterfürsten»

Die Preußische Akademie der Künste schaltet sich gleich

Schon im März 1933 hatten die neuen Machthaber dafür gesorgt, daß aus der Preußischen Akademie der Künste, einer Gründung des ersten preußischen Königs, «verjudete» Dichter wie Heinrich Mann, Georg Kaiser, Alfred Döblin und Franz Werfel ausgeschlossen wurden. Nun gehörten zu den durch die Wahl zum Akademiemitglied ausgezeichneten berühmten Autoren nur noch Gerhart Hauptmann, Gottfried Benn und Oskar Loerke, denn Ricarda Huch trat aus Protest freiwillig aus. Schnell wollte man sich mit neuen Namen schmücken, aber Stefan George und Hans Carossa verzichteten dankend auf die nun zweifelhaft gewordene Ehrung. Die NS-Zeitschrift *Neue Literatur* kommentierte den «Reinigungsprozeß»:

«Man traut seinen Augen nicht, welch brave Leute eigentlich im Grunde alle diese Burschen waren, die mit der Jauche ihrer Literatur seit einem Jahrzehnt unser Volkstum vergifteten, mit ihrer Verhöhnung alles dessen, was einem Volk heilig sein muß, mit ihrer Zersetzung aller Bindungen und Gesetze, mit ihrer alle Lebenswerte pervertierenden Schnoddrigkeit, ihrer Lustmord- und Bordellatmosphäre, ihren homosexuellen Widerlichkeiten, mit ihrem bolschewistischen, nihilistischen Snobismus. Über Nacht sind aus all diesen Saulussen, diesen Mördern und Verfolgern und Vergiftern des deutschen Geistes, Paulusse geworden – wahrhaftig nicht aus innerer Erleuchtung, sondern weil der Blitzschlag des Volksgerichts ihnen in die Knochen gefahren ist.»[18]

Gottfried Benn bereitete derweil beflissen die «Erneuerung» der Dichtersektion der Akademie vor: Er legte am 13. März den Text einer Erklärung vor, die klarstellen sollte, daß man «an der Zukunft der Nation mitgestalten» wollte.

Dieser Text wurde allen Mitgliedern der Akademie zur Beantwortung zugeschickt:

> «Vertraulich!
> Sind Sie bereit, unter Anerkennung der veränderten geschichtlichen Lage weiter Ihre Person der Preußischen Akademie der Künste zur Verfügung zu stellen? Eine Bejahung dieser Frage schließt die öffentliche politische Betätigung gegen die Regierung aus und verpflichtet Sie zu einer loyalen Mitarbeit an den satzungsgemäß der Akademie zufal-

lenden nationalen kulturellen Aufgaben im Sinne der veränderten geschichtlichen Lage.

Ja Nein

(Nichtzutreffendes bitte zu durchstreichen)

Name: Ort und Datum:»[19]

Doch nicht viele Literaten waren so übereifrig, diese Ergebenheitsadresse zu unterschreiben. Rund 2500 schwiegen oder emigrierten lieber. Bereits vor dem Reichstagsbrand am 27. Februar, dem Auftakt der Verfolgung Mißliebiger, hatten die Zeichen der Zeit verstanden und Deutschland verlassen: Robert Neumann, der sofort nach Hitlers Ernennung zum Reichskanzler ausreiste; Wilhelm Herzog, der in der Nacht vom 13. zum 14. Februar nach Frankreich floh; Alfred Kerr, der am 15. Februar in die Tschechoslowakei ging; Heinrich Mann, der, mehrfach gewarnt, sich am 21. Februar entschloß, nach Toulon zu gehen; Walter Mehring, der am 27. Februar nach Frankreich floh.

Andere befanden sich aus dienstlichen oder privaten Gründen im Ausland und kehrten nicht wieder nach Deutschland zurück:

Fritz Kortner, seit dem 31. Januar auf einer Tournee durch Skandinavien und Osteuropa; Thomas Mann, nach seinem Wagner-Vortrag (am 10. Februar in München) auf einer Vortragsreise, dann zum Urlaub in der Schweiz; Ernst Toller und Erich Weinert, zu Vortragsreisen in der Schweiz; Hanns Eisler zu Theaterarbeiten in Wien; Oskar Maria Graf, seit dem 17. Februar auf einer Vortragstournee durch Österreich; Walter Hasenclever, als Korrespondent in Paris; Joseph Roth ging am 30. Januar nach Paris.

Politisch engagierte Akademiemitglieder wie die Malerin Käthe Kollwitz machten sich keine Illusionen über ihre Lage:

«Am 15. Februar müssen Heinrich Mann und ich aus der Akademie austreten. Verhaftungen und Haussuchungen. Ende März auf zwei Wochen nach Marienbad. ... Mitte April kommen wir zurück in der festen Absicht, zu bleiben. Vollkommene Diktatur.»[20]

Für diejenigen Künstler, die sich nicht anbiedern wollten, aber vor einer Emigration zurückschreckten, wurde das Gefühl unerträglich, auf verlorenem Posten zu stehen. Oskar Loerke, der kurz nach der Machtübernahme entlassene Sekretär der Akademie, vermerkte in seinem Tagebuch:

«Ich stehe zwischen den Terroristen von rechts und links. Möglicherweise muß ich zu Grunde gehen. Die Nerven halten nicht mehr. Trauer, vor furchtbare Konsequenzen gestellt zu sein, ohne das mindeste begangen oder auch nur gewußt zu haben.»[21]

«Stolzes Geisteserbe»

Das *Börsenblatt für den deutschen Buchhandel* hatte offensichtlich eine andere Optik:

«Stolzes, mächtiges Geisteserbe Deutschlands, Weltruhm des Vaterlandes, letzter, höchster Hort der geistigen Freiheit der Welt – glaubt denn einer, das Heilige Dritte Reich würde das vertun, verschleudern, verspielen! Etwa weil im erschütternden Aufbruch der neuen Zeit beim Ansturm der Feinde von allerwärts Volker von Alzey die Fidel an den Haken hing und dann zum Schwerte griff? Oder weil unbekümmerte Soldaten des Umbruchs einmal derb danebenhauen im Urteil? Auf der Tenne der Welt ist wieder einmal das Korn geworfelt – was liegt daran, ob beim Auskehren der Spreu auch eine Handvoll goldener Körner verlorengeht, die heilige Ernte wird doch geborgen werden! Deutschland, das Herz der Völker, ist verschwenderisch wie alle echten Herzen, stürmisch und siegfriedhaft jagt sein Puls – laßt es stürmen und brausen –, die Stunde kommt doch (und sie steht schon vor der Tür!), da auch heute noch die Feinde erkennen, daß dieser Kampf, wie alle deutschen Kämpfe, ein Kampf für die geistige Freiheit der Welt war! Die geistige Freiheit der Welt aber ist beschlossen in der deutschen Sendung: Hort des Schrifttums der Welt zu sein.»[22]

Nach den «Reformen» des Jahres 1933 gab es nun eine deutsche Exilliteratur, eine reine Nazi-Literatur und eine «innerlich emigrierte» Literatur, zu der sich jeder – zumindest nach 1945 – rechnete, der keine Nazi-Literatur geschrieben hatte, aber in Deutschland geblieben war.

Geistige Enthauptung

«Untaugliche» Hochschullehrer werden aus dem Amt gejagt

Parallel zur Vernichtung der deutschen Literatur begann der Kampf gegen «untaugliche» Hochschullehrer. Geführt wurde er vom neuen «Amt für Hochschulreform». Studenten dienten als Spitzel; sie machten Angaben über ihre Professoren, teilten mit, ob sie Juden, Kommunisten, Liberale oder Pazifisten waren. Lehrveranstaltungen nicht NS-gefälliger Hochschullehrer wurden von Studenten in Braunhemd und mit Hakenkreuzbinde lautstark gestört.

Schnelle Entlassungen «ungeeigneter» Dozenten waren auf Grund des noch druckfrischen «Gesetzes zur Wiederherstellung des Berufsbeamtentums» vom 7. April kein Problem. Es richtete sich nicht nur gegen Juden, sondern alle, «die nach ihrer bisherigen politischen Betätigung nicht die Gewähr dafür bieten, daß sie jederzeit rückhaltlos für den nationalen Staat eintreten», konnten von ihren Posten entfernt werden.

Allein 400 Professoren und 1500 weitere Wissenschaftler verloren bis 1934 ihr Amt. Manche umgingen eine Entlassung oder eine Konfrontation mit den neuen Herren, indem sie sich beurlauben ließen. Viele emigrierten, so der Physiker Albert Einstein, der Theologe Paul Tillich und der Soziologe Max Horkheimer. Bis 1939 wurde fast die Hälfte der deutschen Hochschullehrer durch neue Leute ersetzt, nazitreu und «rassisch einwandfrei».

Die «Säuberung» betraf nicht nur Personen. Ganze Fächer verschwanden aus den Universitäten. Psychoanalyse war den Mächtigen ebenso entbehrlich wie Soziologie. Neue Disziplinen wie «Wehrwissenschaft» und «Rassenhygiene» hingegen eroberten sich bevorzugte Plätze.

Der Forschung diente dieser Kahlschlag nicht: Manche Bereiche näherten sich international gesehen bald der Bedeutungslosigkeit. Erst mit der Rückkehr der entlassenen und emigrierten Forscher nach Kriegsende fand die deutsche Wissenschaft allmählich wieder Anschluß an den Rest der Welt.

Viele kleine Fluchten

Das alltägliche Exil

Die meisten Wissenschaftler und Journalisten, die Deutschland verlassen mußten, hatten mindestens zwei Makel, die ihr Exil belasteten: Sie waren nicht weltberühmt und – noch schlimmer – nicht oder nicht mehr reich. Bibliotheken, Bilder, Teppiche waren kaum unauffällig mitzunehmen, Konten meist beschlagnahmt.

Oft kam ein dritter Fehler hinzu: Man sprach nur Deutsch. Manche Länder, wie die USA, ließen einen Exilanten erst gar nicht einreisen, wenn nicht jemand für ihn mit einem «Affidavit» bürgte, einer eidesstattlichen Erklärung, daß der Exilant nicht der Wohlfahrtspflege zur Last fallen würde und im Notfall der Antragsteller für dessen Lebensunterhalt aufkäme. Wer konnte sich das leisten?

Bekannt, aber nicht berühmt, nie wohlhabend, doch mehrsprachig war Elisabeth Castonier, Dresdnerin des Jahrgangs 1885. Während der Weimarer Zeit arbeitete sie als Feuilletonjournalistin für verschiedene Zeitschriften, veröffentlichte Kurzgeschichten und einen Roman, der 1932 einen Preis erhielt. Seine Dramatisierung wurde drei Wochen nach der

Machtergreifung uraufgeführt. Sie gehörte zum Kreis der Autoren und Lektoren des Fischer-Verlages, deren Treffpunkt das «Romanische Café» an der Berliner Gedächtniskirche war. Eher unpolitisch, aber kritisch und angriffslustig, kannte sie einfach zu viele nach 1933 unerwünschte Leute, war selber «Dreivierteljarierin». Ein dänischer Paß, durch einen dänischen Ex-Ehemann erworben, ließ sie noch eine Weile ungefährdet erscheinen.

Anstecknadel als Signal

Zu dieser Zeit arbeitete Frau Castonier an einem neuen Roman, den sie dem Ullstein-Verlag anbot: «Daraufhin erhielt ich eine Anfrage nach meiner Mitgliedsnummer, da es jetzt Vorschrift wäre, diese jedem Angebot beizufügen. Nachdem ich sie dem Lektorat mitgeteilt hatte, erhielt ich einen Brief von Ernst von der Decken, der einmal mit Dorothea Wieck verheiratet gewesen war, daß er bedauere, nichts mehr von mir bringen zu können. Als ich ihn kurze Zeit darauf traf, sagte er mir, wie schwer ihm dieser Brief gefallen wäre. Ich gehörte mit der Zahl 45 zu Beginn meiner Mitgliedsnummer zu den ‹Verfemten›.»[23]

Frau Castonier fiel aus allen Wolken. Gutwillig hatte sie einige Zeit zuvor einen Fragebogen vom «Schutzverband Deutscher Schriftsteller» ausgefüllt und ehrlicherweise vermerkt, daß sie einen halbjüdischen Vater hatte. Daraufhin erhielt sie die Mitgliedskarte mit der Nummer 4597 sowie eine Anstecknadel mit dieser Nummer und die Aufforderung, die Nadel immer zu tragen. So war sie in jeder Nazi-Redaktion gebrandmarkt, ohne es zu wissen. Der Gedanke zu emigrieren lag nahe. Niemand würde ihre Arbeiten mehr drucken. Viele ihrer Freunde waren schon weg. Aber wie so manche hoffte Elisabeth Castonier, daß dieses Regime sich noch ändern würde. Außerdem hatte sie ein Wochenendbesuch bei Emigranten in Prag abgeschreckt.

«Ich sah zum erstenmal, was Emigration, was Exil bedeutete. Das Hotel, in dem die beiden verwöhnten Menschen wohnten, war ein altmodischer, unsauberer Bau. Mein Zimmer trug die Spuren von abertausend Menschen, die hier gewohnt hatten. Der Läufer war durchlöchert, die Tapeten schmutzig, die Bettdecke war unsauber, die Bettwäsche morsch und grau. Schaben huschten schattengleich die Wände entlang und verschwanden, wenn ich das Licht einschaltete.

Carola und Gustafs elegante Wohnung war nur noch Erinnerung. Carola hatte, obwohl die Wachtposten auf dem Bahnhof jedermann festnahmen, der zuviel Gepäck trug, eine kleine Perserbrücke, in den *Völkischen Beobachter* eingewickelt, mitgenommen – vielleicht war sie deshalb unbelästigt geblieben, denn sie hatte die Schlagzeile: *‹Die Juden sind unser Unglück›* sichtbar nach außen gepackt.

Jetzt wohnten sie in einem engen Zimmer. Er hatte eine kärglich bezahlte Redakteurstellung an der kleinen deutschen Zeitung *Bohemia*. Carola versorgte den ‹Haushalt›. Ihr Herd war ein Spiritusapparat, der zum Kochen in die Waschschüssel gestellt wurde.

Sie konnte nur ein Gericht auf einmal kochen – das andere wurde unter dem Federbett warm gehalten, bis alles fertig war. Emigranten, die schon längere Zeit in Prag im Hotel lebten und noch ärmer waren, liehen sich den Kocher.

Emigrantenkinder spielten in den Korridoren, in der kleinen Halle, mit der Drehtür. Es roch nach Zwiebeln, Feuchtigkeit und Armut. Die Angestellten waren mürrisch, weil die Emigranten keine Trinkgelder geben konnten.»

Neue Existenz mit zwanzig Mark

Nach der Rückkehr aus Prag wurde die Bedrohung allerdings auch massiver. Anonyme Anrufe erreichten sie: «Du hast für Judenblätter geschrieben, verschwinde, sonst hilft dir auch keine künstliche Atmung mehr. Heil Hitler.» Bei ihren Vermieterinnen, drei alten Damen, wurde nachgefragt, ob diese «Person» noch da wohne. Mit der Zeit waren auch ihre Ersparnisse aufgebraucht. Sie mußte sich einfach entschließen auszuwandern und wählte Wien, «wo die Presse noch frei war und die Umgebung an Bayern erinnerte». Nachdem sie ihre Fahrkarte dritter Klasse gelöst hatte, blieben ihr noch zwanzig Mark zur Gründung einer neuen Existenz.

In Wien versetzte sie gleich ein goldenes Armband, um ein winziges Zimmer zu bezahlen. Im «Café Sacher» las sie gierig alle ausländischen Zeitungen, die sie im Reich so sehr vermißt hatte. Aber Arbeit?

«Ich war in diesen ersten Tagen in Wien unfähig zu arbeiten, nahm bloß ein paar ältere Feuilletons aus dem ‹*Massengrab*›, schob sie in Umschläge und gab sie beim Hausmeister der verschiedenen Redaktionen ab, die früher schon Beiträge von mir gebracht hatten. Ich erhielt alle mit dem gedruckten Zettel zurück, in dem hochachtungsvoll bedauert wurde, daß die Redaktion für längere Zeit mit Beiträgen eingedeckt wäre.»

Elisabeth Castonier versuchte einen Krimi, der nach etlichen Mühen auch endlich fertig wurde. «Ich gab ihn beim Hausmeister der Zeitungsverlage ab, mit ein paar Groschen, sagte eindringlich, es wäre wichtig – und verkaufte ihn schließlich für eine bescheidene Summe an die *Grazer Tagespost* ...

Wenn ich ein Feuilleton verkauft hatte, aß ich im Hotel Sacher eine Torte ‹mit Schlag› und trank zwei Kapuziner verkehrt. Dann sagte der Kellner, der alle seine Gäste kannte und um ihre Sorgen Bescheid wußte: ‹Aha, gratuliere, etwas hat geklappt.›»

Die nächste Zeit meinte es mit Elisabeth Castonier gut in Wien. Einige Arbeiten wurden verkauft, so daß sie sogar eine kleine Reserve von zweihundert Schilling behielt, «nachdem ich meine Miete für drei Monate vorausbezahlt und meine Garderobe etwas aufgefrischt hatte, als eine Postkarte das brachte, was man als ‹Wendung des Schicksals› bezeichnet. Sie war von meiner Stiefmutter aus Berlin und enthielt nur zwei Zeilen ohne Überschrift: ‹Teile Dir hierdurch mit, daß Dein lieber Vater in Gott verschieden ist. Wir haben ihn vorige Woche zur ewigen Ruhe bestattet. Miesche.› Am folgenden Tag kam der Brief eines Anwalts aus Berlin, mein Erbteil würde mir überwiesen, sobald alle notwendigen Schritte erledigt wären.»

Bahnfahrt als Alptraum

Diese Erbschaft legte sie in österreichischen Aktien an und lebte relativ sorgenfrei von 1936 bis zum «Anschluß» Österreichs ans Reich im März 1938. Als sie nun Österreich verlassen mußte, stand sie finanziell wieder vor dem Nichts. Die österreichischen Aktien fielen ins Bodenlose, weil alle Welt plötzlich verkaufte. Die übriggebliebenen Devisen wurden ihr im Zug nach Florenz noch in Österreich abgenommen. Die Bahnfahrt nach Italien wurde zu einem einzigen Alptraum:

«Vor der Sperre mußte ich wieder anstehen. Der Zug ging in zwei Stunden, das Gittertor war noch geschlossen. Der Gepäckträger gab mir meinen Handkoffer, meine Schreibmaschine, erklärte, er könnte nicht mit anstehen, und verschwand.

Eine Stunde vor Zugabgang erschien der Kontrolleur, öffnete das Gatter. Gestoßen, gezwängt quollen wir auf den Bahnsteig, kämpften uns in den ersten besten Waggon – mit einemmal war alles besetzt. Geruhsame Engländer beobachteten aus Schlafwagenfenstern das Treiben.

In einem Erste-Klasse-Abteil war noch ein schmaler Spalt frei. Ich wollte mich setzen, aber ein Herr sagte: ‹Ich halte ihn für meine Frau frei›, legte die Hand schützend auf die leere Stelle. Ein Herr am Fenster rückte zur Seite, sagte: ‹Wenn Ihnen das genügt, ist besser als nichts.›

Ich zwängte mich auf die Bank. Es war seltsam still im Abteil, seltsam still auf dem Bahnsteig, als wollten alle so unbemerkt wie möglich fliehen. Wir saßen wie in Charons Nachen und warteten auf die Überfahrt zu unbekannten Ufern. Der Herr am Fenster sagte leise: ‹Der letzte Zug, wenn er überhaupt abfährt.›

‹Meine Frau müßte längst hier sein, man hat sie an der Kontrolle festgehalten, ich mußte weiter›, sagte der Herr, der auf seine Frau wartete.

Eine ältere Dame weinte lautlos vor sich hin. Ein SA-Mann stampfte durch den Gang, sah herein, sagte: ‹Einbahnstraße nach Jerusalem, dös ist recht, nur fort mit euch.› …

Dann ruckte der Zug zögernd an, fuhr langsam aus der Halle.

Ich weiß nicht mehr, wie lange wir gefahren waren, schweigend zusammengedrängt wie eine verängstigte Herde, der Gang gefüllt mit schweigend aneinandergedrängten Menschen, als der Zug auf freier Strecke hielt. Der Herr am Fenster sagte: ‹Ich wußte es ja, wir kommen nicht mehr durch.›

Eine Männerstimme schrie: ‹Kontrolle, Ausweise vorzeigen, Heil Hitler! Devisenabgabe.› Drei schwerbewaffnete junge Burschen in neuen Uniformen, neuen Stiefeln, mit breiten Hakenkreuzarmbinden, umgehängten Gewehren und Pistolen in neuen breiten Ledergürteln erschienen im Gang.

Der Herr am Fenster begann zu zittern, die alte Dame mir gegenüber hielt ihre Hände vor das Gesicht. Der Herr, der auf seine Frau gewartet hatte, legte seinen Arm um sie. Ein junges Paar, das kein Wort gesprochen hatte, krampfte die Hände.

Die drei Burschen musterten jeden Reisenden, fragten nach dem Reiseziel. Die Pässe wurden kontrolliert, betont langsam durchgeblättert.

‹Rosenstein?› sagte der eine, als der Herr am Fenster seinen Paß vorzeigte. ‹Wieviel ausländische Währung haben Sie?›

Der Herr am Fenster antwortete mit versagender Stimme: ‹Zweihundert Lire, drei englische Pfund, hundert Schilling.›

‹Fremde Valuta muß abgegeben werden.›

Der Herr am Fenster händigte seine Valuta aus, erhielt seinen Paß zurück, die österreichischen Schillinge wies der Bursche zurück: ‹Die hundert Schilling können Sie sich in den Arsch stecken, jetzt gilt nur noch die deutsche Mark, Heil Hitler!›

Wie im Wilden Westen

Der Zug fuhr langsam an. ‹Auf freier Strecke Züge anhalten – wie im Wilden Westen›, sagte der Herr, der auf seine Frau gewartet hatte und sich nach der Grenze als sozialdemokratischer Abgeordneter vorstellte, die von österreichischen Nazis besonders gehaßt wurden.

Ich weiß nicht, wie lange wir unheimlich langsam gefahren waren, als der Zug wieder mit jähem Ruck an einer kleinen Station hielt. Erregte Stimmen schwirrten aus allen Abteilen. Dann schrie eine Stimme: ‹Alles aussteigen!›

Der Herr am Fenster sagte: ‹Ich kann das nicht mehr aushalten›, riß die Scheibe herunter und sprang mit dem gewandten Hechtsprung eines Gymnasten hinaus in die Dunkelheit, verschwand. ‹Da rennt einer›, rief jemand. Ein Schuß krachte, dann war alles wieder still.

Ein Schaffner erschien, sagte: ‹Die Achsen sind heißgelaufen, bitte alles aussteigen, ein anderer Waggon wird angehängt.› Es war vier Uhr morgens und sehr kalt. Eine breite Hakenkreuzfahne verdeckte den Namen der Station. Wir standen frierend auf dem Bahnsteig.

Was wurde aus dem Herrn, der am Fenster gesessen hatte? Die Engländer standen mit entrüsteten Gesichtern neben ihren Skiern. Es dauerte eine Ewigkeit, bis ein uralter Waggon mit Holzsitzen angehängt wurde. Der Abgeordnete meinte: ‹Haben *die* Sorgen, unsereiner ist froh, überhaupt fortzukommen.›

Der Zug hielt erst wieder in Graz, der Bahnsteig war von SA besetzt, von jedem Pfeiler hing eine breite Hakenkreuzfahne. Wieder wurde kontrolliert und nach Valuta gefragt. ‹Ihre Kameraden haben sie bereits abgenommen›, sagte der Abgeordnete ...

Nach der Grenze begann jeder mit jedem zu sprechen. Wir hatten alle ein Ziel – fortzukommen. Als wir übernächtigt in Mailand ankamen, wurden wir von Reportern umringt, die uns fragten, was in Österreich wirklich vorging, die telefonische Verbindung wäre unterbrochen.

Am Zeitungsstand hing der *Figaro* mit einer Zeichnung auf der ersten Seite: ein Spinnennetz aus Hakenkreuzen hielt eine zarte, hilflos verstrickte Austria umgarnt.»

Fremdenhaß treibt sie nach England

Wenn man ohne Geld in die Fremde kommt, versucht man zunächst, bei Freunden zu logieren, über sie Beziehungen zu knüpfen. Elisabeth Castonier traf in Italien einen wirklich nützlichen Freund, der ihr ein monatliches 30-Dollar-Stipendium verschaffte.

Dreißig Dollar – davon konnte man in italienischen Dörfern damals leben. Dieser warme Regen kam von der «League for German Cultural Freedom», mit Sitz in den USA, gegründet 1936 von Hubertus Prinz zu Löwenstein-Wertheim-Freudenberg. Dieser hatte sich in jungen Jahren ganz unstandesgemäß als Organisator der linkskatholischen Jugend im republikanischen «Reichsbanner» hervorgetan. Jetzt vertrieb er Streitschriften gegen den Nationalsozialismus. Dafür wurde er auch gleich 1933 ausgebürgert. US-Bürger und reiche Emigranten wie Albert Einstein und Thomas Mann spendeten an die «League for German Cultural Freedom». Diese Gelder wurden als Stipendien an deutschsprachige Wissenschaftler und Schriftsteller gegeben.

Im September 1938, während der Krise ums Sudetenland, wurde in Italien eine von der Presse geschickt eingeleitete fremdenfeindliche Atmosphäre bemerkbar.

Elisabeth Castonier wurde von den sonst so freundlichen Ortsgendarmen dauernd nach dem Paß gefragt. Die Geschäftsleute bedienten sie nur noch widerwillig. Bisher friedliche Mitmenschen fingen an, die Ausländer auf offener Straße zu beschimpfen. Kein Klima mehr für Exilanten!

Frau Castonier packte zum drittenmal ihre Siebensachen. Sechs Monate hatte das italienische Landleben gedauert. Nun wollte sie über Frankreich nach England.

Eine wahre Flut von heimkehrenden Engländern und Exilanten füllte die Züge nach Boulogne. Die Menschen standen wie Ölsardinen gedrängt in den Gängen. Die Verschiffung in Boulogne verzögerte sich. Man munkelte von englischen Truppentransporten.

«Nach stundenlangem Warten durften wir uns einschiffen. Der kleine altmodische Dampfer mit den plüschbezogenen Mahagonimöbeln war ebenso überfüllt wie der Zug. Der Lautsprecher gurgelte, alle Ausländer müßten sich bei der Fremdenkontrolle melden, die an Bord stattfinde. Erst als ich vor der Kabinentür stand, an der ein Plakat ‹Aliens› hing, sah ich, wie viele Emigranten nach England flüchten wollten. Wir waren eine schweigend-verängstigte Gruppe, an der die Engländer vorüberschlenderten, als sähen sie uns nicht.

In der Kabine saßen zwei dürre, blasse Beamte hinter einem Tisch. Sie fragten, wie lange ich in England bleiben wollte, und ob ich genügend Geld hätte, um hier zu leben. Ich gab ihnen das Schreiben der Westminster Bank, die mir mein Guthaben vom Verkauf meiner Papiere meldete. ‹Davon können Sie nicht lange leben›, meinte der Beamte und stempelte meinen Paß mit Aufenthaltserlaubnis für drei Monate und dem Verbot ab, bezahlte Arbeit anzunehmen.»

In England herrschte Vorkriegsstimmung. In Frau Castoniers Pension richtete der Butler «mit gedämpfter Stimme beim Nachtisch aus, es würde gebeten, die Gasmasken stets mitzunehmen, wenn man das Haus verließe: ‹Der Krieg kann jeden Augenblick ausbrechen, Madam.›»

Sie versuchte wieder, Artikel unterzubringen. Einer regelmäßigen anderen Arbeit durfte sie ja nicht nachgehen. Aber ob Wien oder London, überall abschlägige Bescheide: zu viele Emigrantenschriftsteller. Eine kleine, selbst übersetzte Tiergeschichte sicherte bei allersparsamster Lebensführung zunächst ihr Überleben für ein Vierteljahr.

Als der Krieg 1939 ausbrach, dachte sie, sich wenigstens als Übersetzerin und Dolmetscherin nützlich machen zu können. Das britische Außenministerium antwortete höflich, man werde später Bescheid geben. In diesem Fall bedeutete später, daß drei Jahre lang weitere Tiergeschichten und gelegentliche Zeitungsartikel über Hitler-Deutschland ihr ein bescheidenes Auskommen sicherten.

Broterwerb durch Landarbeit

1942 meldete sich endlich das Foreign Office. Elisabeth Castonier sollte zur Dolmetscherprüfung erscheinen. Als sie nach der Prüfung den Bescheid erhielt, «daß ich als Dolmetscherin angenommen sei und mich zur endgültigen Besprechung einfinden solle, hatte ich bereits einen anderen Entschluß gefaßt. Freie Uniform, Unterkunft, Verpflegung und ein für meine Armut unvorstellbares hohes Gehalt – all dies hätte ich noch vor kurzer Zeit begeistert angenommen. Aber jetzt lockte mich das Neue, vor allem das Land, das ich so entbehrt hatte.»

Elisabeth Castonier hatte durch eine Bekannte die Gelegenheit bekommen, auf einem Bauernhof für ein Wochenende auszuspannen. Aus diesem Wochenende sollten nun zehn Jahre werden. Der Grund:

«Es war eine totale physische und psychische Umstellung. Sie verscheuchte die böse Zeit, lange, dunkle Nächte, Einsamkeit, Hunger, Furcht vor den tödlichen Leuchtkugeln, die auf London herabsanken, Furcht vor dem Aufheulen der Warnung, vor dem Einschlag der Bomben. Ich verließ meine Wohnung, nahm zur Erinnerung nur den braunglasierten Krug mit, der mir als Lampe gedient hatte. Es war keine Flucht, sondern der Beginn eines neuen Lebens, als wäre ich in geheimnisvoller Wandlung neugeboren.»

Fünfzig Jahre war sie alt, als sie Landarbeiterin wurde, «für einen Wochenlohn von zwei Pfund, in abgeschnittenen Hosen und Gummistiefeln.» Mit sechzig war Elisabeth Castonier wieder in der Lage zu schreiben: über ihr Landleben auf der Mill Farm, über «Ein Menschenleben mit Tieren», das ein Bestseller wurde.

Ihr Exil war typisch bis zu dem Tag, an dem sie sich auf etwas völlig Neues als Landarbeiterin einließ: Zunächst bestrebt, möglichst nahe an der Heimat, der Muttersprache, im eigentlichen Beruf zu bleiben, dann durch die Ereignisse doch weiter vertrieben, an die Ränder Europas oder nach Übersee. Auch dort im Grunde unerwünscht und überflüssig, wenn nicht die eigenen Konten ein ordentliches Leben garantierten. Irgendwann stand dann jeder Exilant vor der Alternative: Bleibe ich hier auf Abruf, oder werde ich Einwanderer, Neubürger. Frau Castonier entschloß sich zu einem radikalen Neuanfang.

Rückzug in die neuen Medien

Eine ganze Reihe mehr oder weniger berühmter Künstler, die nicht emigriert waren, wollten arbeiten, ohne auf Nazi-Kurs schwenken zu müssen. Einige hatten bei ihrer Suche nach einem stillen Plätzchen im Kulturapparat des Dritten Reiches soviel Glück, daß sie sogar recht komfortabel leben konnten. Besonders die neuen Medien Film, Funk und Schallplatte halfen dabei, denn sie ermöglichten eine Tätigkeit, in der man nicht unbedingt namentlich auftauchen mußte.

Willy Sommerfeld zum Beispiel komponierte Hörspielmusik für den Rundfunk, statt zu dirigieren; Hans Heinz Stuckenschmidt vertauschte seine Kritikerrolle mit der eines Klappentexters, und Axel Eggebrecht schlug sich als Drehbuchautor für Unterhaltungsfilme durch, statt den Mächtigen in kritischen Essays die Leviten zu lesen.

Wunschkonzert statt Opernhaus

Unterschlupf für Musiker beim Rundfunk

Gerade 30jährig, stolperte der aufstrebende Kapellmeister Willy Sommerfeld über die Forderung seines Intendanten am Staatstheater Braunschweig, für Applaus mit dem «Deutschen Gruß» zu danken: Als er zum erstenmal nach dieser Anordnung eine Oper dirigierte und nach gelungener Ouvertüre herzlich geklatscht wurde, verbeugte er sich – wie immer – freundlich nach allen Seiten. Am nächsten Tag wurde er zum Intendanten zitiert, der ihn anschnauzte, ob er seine Anordnung nicht kenne. Sommerfeld: «Wenn ich musiziere, denke ich nicht an solchen Firlefanz.»

Die Folgen dieser Begegnung beschreibt er so: «Ich wurde nicht entlassen. So etwas hatte man gar nicht nötig, da mein Vertrag nur bis zum Sommer 1934 lief. Ich bekam einfach keine Aufführungen mehr, und mein Vertrag wurde nicht verlängert.»

An Karriere war nun nicht mehr zu denken. Sommerfeld hatte sich nicht nur einmal in die Nesseln gesetzt, sondern ihm fehlte vor allem das für eine führende Position notwendige NS-Parteibuch. Sommerfeld war zwar Mitglied der Reichsmusikkammer, doch das hieß ja nur, daß er beruflich musizieren, d. h. arbeiten durfte.

Vorübergehende Engagements fand Willy Sommerfeld zunächst bei verschiedenen Privattheatern, die einen größeren Spielraum hatten als die großen staatlichen Häuser. Er berichtet: «Über Gastspiele versuchte ich, Kontakte zu bekommen. Man konnte ja nie wissen, wozu die noch mal gut sein würden. Ein guter Freund war es denn auch, der mich an den neuen Deutschen Kurzwellensender vermittelte. Seit 1936 konnte ich dort mit Musik zu Hörspielen meinen Lebensunterhalt verdienen. Gute, d. h. anspruchsvolle Arbeiten waren nicht gefragt. Die blieben in der Schublade, später in einem bombensicheren Keller bei meinem Bruder. Aber leider war der Keller nicht russensicher. Von den Sachen hatte ich nach 1945 kein Blatt mehr.

Seichte Melodien waren sehr gefragt

Gefragt war seichte, volkstümliche Musik. Sie wurde gut bezahlt. Ich lebte nicht schlecht, und als freier Mitarbeiter brauchte ich weder Verbeugungen zu machen noch die Arme hochzureißen. Mich kannten namentlich nur die Mitarbeiter im Rundfunk. Für die anderen hieß der Komponist, auch von einigen Filmmusiken, W. S. Feld. So konnte keiner, der mich beschäftigte, ins falsche Licht geraten. Schließlich gefährdete man nie nur sich selbst, sondern die ganze Gruppe, mit der man arbeitete. Außerdem: War man selbst erst einmal in Funk oder Film eingeführt, holte man Freunde nach.

So wußte man, auf wen man sich verlassen konnte, und hielt dann fest zusammen. Die wenigen echten Nazis gehörten nie dazu, Unterhaltungen verstummten schon, wenn man sie sah.»

Der Kriegsausbruch 1939 bot dann Willy Sommerfeld sogar eine legale Möglichkeit, die Einberufung zu umgehen: Er meldete sich gleich freiwillig zur «Wehrmachtsbetreuung».

«Ich hatte mir geschworen, nie, und für die Nazis schon gar nicht, eine Waffe in die Hand zu nehmen», erzählt Sommerfeld. «Sechs Jahre schlägt man sich anständig durch die Nazi-Zeit und sollte nun noch schießen? Dann wäre für mich alles umsonst gewesen. So war ich nun viel unterwegs. Anfragen der Militärverwaltung schickte ich zurück mit dem Vermerk: ‹Unzustellbar wegen Wehrmachtstournee›. Da sollte mich erst einmal einer ausfindig machen!

1944 brannte meine Berliner Wohnung aus. Da dachte ich, das ist die Gelegenheit, aus den Akten zu verschwinden. Ich meldete mich polizeilich nirgendwo mehr an, bis zur Kapitulation. Jetzt hatte ich nur noch Angst, an irgendeiner Ecke nach Papieren gefragt zu werden, zum Volkssturm oder Schlimmerem einfach mitgenommen zu werden. Aber merkwürdigerweise wollte mich keiner. Niemand vermißte mich! Wie ich das durchgehalten habe, die Patrouillen auf Bahnhöfen und so, das weiß ich heute wirklich nicht mehr.»[24]

Vom Feuilleton zur Plattenhülle

Ein Musikkritiker wird Ghostwriter

Seit 1929 wurden die Musikkritiken in der Berliner Zeitung *B. Z. am Mittag* von einem engagierten Verteidiger der Zwölftonmusik geschrieben: Hans Heinz Stuckenschmidt, gerade 28 Jahre alt. Ein fabelhafter Posten

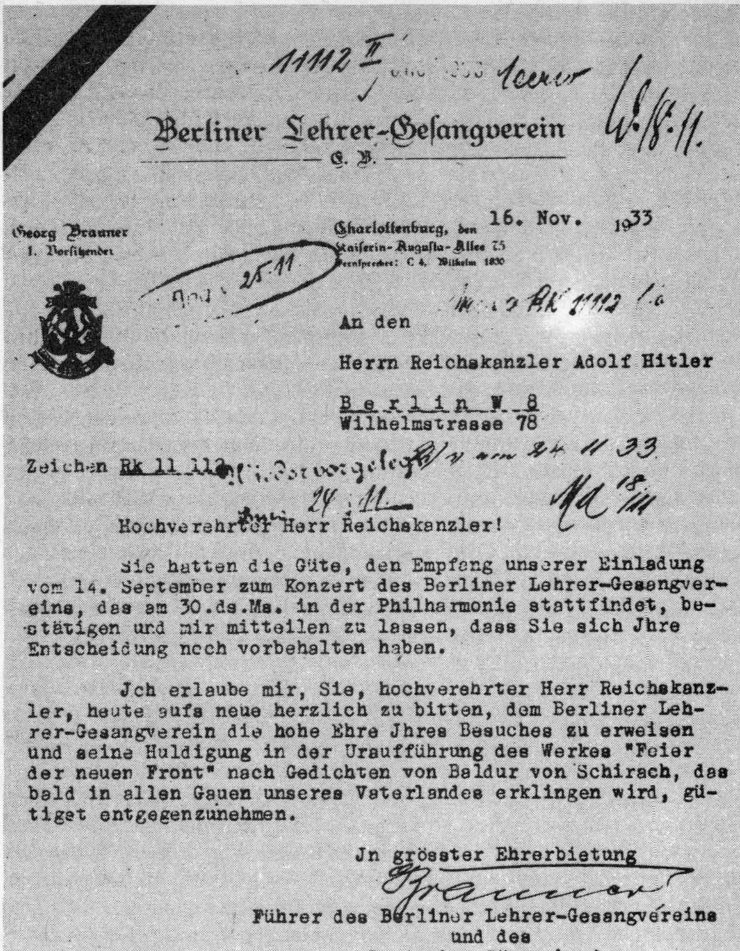

Berliner Lehrer-Gesangverein

E. V.

Georg Brauner
1. Vorsitzender

Charlottenburg, den 16. Nov. 1933
Kaiserin-Augusta-Allee 35
Fernsprecher: C 4, Wilhelm 1830

An den

Herrn Reichskanzler Adolf Hitler

B e r l i n W 8
Wilhelmstrasse 78

Zeichen Rk 11 112

Hochverehrter Herr Reichskanzler!

Sie hatten die Güte, den Empfang unserer Einladung vom 14. September zum Konzert des Berliner Lehrer-Gesangvereins, das am 30.ds.Ms. in der Philharmonie stattfindet, bestätigen und mir mitteilen zu lassen, dass Sie sich Jhre Entscheidung noch vorbehalten haben.

Jch erlaube mir, Sie, hochverehrter Herr Reichskanzler, heute aufs neue herzlich zu bitten, dem Berliner Lehrer-Gesangverein die hohe Ehre Jhres Besuches zu erweisen und seine Huldigung in der Uraufführung des Werkes "Feier der neuen Front" nach Gedichten von Baldur von Schirach, das bald in allen Gauen unseres Vaterlandes erklingen wird, gütiget entgegenzunehmen.

Jn grösster Ehrerbietung

Brauner

Führer des Berliner Lehrer-Gesangvereins
und des
Deutschen Sängerbundes

Anbiederung des Berliner Lehrer-Gesangvereins[25]

für einen jungen Mann an einer der großen Hauptstadtzeitungen! Sein Herz schlug auch für fortschrittliche linke Autoren und Komponisten wie Brecht/Weill und ihre *‹Dreigroschenoper›*. Mit dieser Einstellung stand er schon 1930 als «Kulturbolschewist» im Zentrum der Attacken des NS-Blattes *Der Angriff*. Die üble Polemik gipfelte in der deutlichen Drohung: «Wie lange noch, Herr Stuckenschmidt?»

Nach der Machtübernahme wurde Stuckenschmidt vorläufig in die Fachgruppe Musikkritik der Reichsschrifttumskammer aufgenommen. Es fanden sich aber schnell einige mißgünstige Kollegen unter der Führung eines gewissen Fritz Stege, die versuchten, Stuckenschmidt mundtot zu machen. Anfang 1934 war es dann soweit:

«Als ich eines Morgens in die *B. Z.*-Redaktion kam, erfuhr ich, Stege habe dem Verlag mitgeteilt, eine Anzeige gegen mich bei der Geheimen Staatspolizei gemacht zu haben. Ich fuhr sofort heim. Wir mußten mit Hausdurchsuchung rechnen. Es war ein kalter Märztag, und unsere großen Anthrazitöfen strahlten Glut aus. Ich holte aus meinem Bücherregal alle belastende Literatur: Stöße von *Weltbühne*-Heften, Schriften von Marx und Lenin, die *‹Kulturgeschichte des Proletariats›* von Rühle, alte Nummern der *Aktion* und der *Sozialistischen Monatshefte*. All das steckten wir in unsere Öfen, in der naiven Annahme, es würde brennen. Aber Bücher brennen nicht, und Zeitschriften verstopfen nur die Abzugswege für den Rauch. Wir hatten in wenigen Minuten verqualmte Zimmer, mußten die angesengten Bücher aus den Öfen holen und lüften. In diesem Moment läutete die Türklingel. Ich lief hinaus und erwartete die Polizei. Es war der Geldbriefträger.»

Stuckenschmidt wurde das belastende Material schließlich doch noch los. Er warf es ins Gebüsch. Der Besuch der Gestapo blieb zwar aus, aber der Kleinkrieg in der Fachgruppe ging weiter.

«Sittlich ungeeignet»

Steges Vorwürfe: «Mangelnde sittliche Eignung, mangelnde fachliche Eignung, Verbreitung lügnerischer Kritiken, Verächtlichmachung des eigenen Berufsstandes, Beschimpfung der deutschen Musikkultur, Verächtlichmachung des Nationalsozialismus und Irreführung der öffentlichen Meinung.» Stuckenschmidts Antwort vor der Fachgruppe: er sähe «nach wie vor in Schönberg eine der bedeutendsten Erscheinungen der Musik der Gegenwart» und teile diese Ansicht mit den meisten Musikern der Welt. Ein Vertreter der atonalen Musikrichtung sei sogar in den Führerrat deutscher Komponisten berufen worden. So könne man ihm sein Eintreten für die Neutöner doch nicht vorwerfen.

In diesem Tohuwabohu einander widersprechender ästhetischer Meinungen blieb der Fall Stuckenschmidt zunächst unerledigt. Aber da er den Mund nicht halten konnte, war es nur eine Frage der Zeit, wann er sich ihn endgültig verbrannte. Am 30. November 1934 wurde die ‹*Lulu*›-Symphonie des bei den Nazis verhaßten Zwölftonmusikers Alban Berg vor ausverkauftem Haus in Berlin uraufgeführt. Stuckenschmidts Kritik war – wie die Reaktion des Publikums – positiv, ganz im Gegensatz zu den Artikeln der sonstigen gleichgeschalteten Nazi-Presse. Das Faß lief über. Zwei Tage nach dem Erscheinen der Kritik schickte «der ‹Reichsverband der deutschen Presse› mir die Mitteilung, meine Eintragung in die Berufsliste der Schriftleiter sei gestrichen, und ich hätte mich jeder journalistischen Tätigkeit in Deutschland zu enthalten. Begründung: Ich sei wegen meiner kulturpolitischen Haltung und des Eintretens für eine ‹zweifellos jüdischerseits beeinflußte Richtung› nicht geeignet, am Aufbau der nationalen Kultur mitzuwirken. Einspruch gegen diese Entscheidung gab es nicht. Der Schlag traf uns nicht unvorbereitet. Wir hatten unseren Lebensstandard vorsorglich eingeschränkt. Der Verlag Ullstein hielt die gesetzliche Kündigungsfrist ein und zahlte mein Gehalt bis 31. März 1935 weiter. Bis dahin war ich beurlaubt ... Wir hatten etwas Geld gespart, und ich ließ mir auszahlen, was der Verlag zusammen mit mir für die Altersversorgung zurückgelegt hatte ... Damit konnten wir bescheiden ein paar Jahre auskommen.»

Stuckenschmidt hatte aber nicht damit gerechnet, daß nach seinem Verbot kaum ein Dirigent mehr bereit war, seine Frau, eine Sopranistin, zu engagieren. Es wurde finanziell also schneller eng als befürchtet. Emigrierte Freunde halfen; sie empfahlen seine Artikel ausländischen Zeitungen. Außerhalb des Geltungsbereiches der NS-Gesetze durfte er zwar publizieren, das karge Zeilenhonorar besserte seinen Lebensunterhalt jedoch kaum auf. Sein Einkommen sank von 1934 auf 1935 um drei Viertel.

Texter bei der «Grammophon»

Die Stuckenschmidts prüften nun die Möglichkeit, in den USA zu arbeiten. Aber die befragten Freunde winkten ab. Das schien keine Alternative. Doch dann gab es eine freudige Überraschung:

«Eines Tages rief mich eine mir unbekannte Dame aus der Deutschen Grammophon Gesellschaft an und bat um meinen Besuch. Sie hieß Erna Elchlepp und hatte mit ernster Musik zu tun. Ich fand eine gütige Frau in mittleren Jahren, die mir sagte, sie wünsche mich als Mitarbeiter für Texte über symphonische und musikdramatische Schallplatten. Auf meine Entgegnung, ich hätte Schreibverbot, sagte sie lächelnd: ‹Das weiß ich, und darum habe ich Sie hergebeten.›

Aus dem ersten Kontakt wurde eine enge Mitarbeit. Die Texte erschienen ohne Verfassernamen. Sie behandelten Werke von Schubert, Beethoven, Verdi, Mozart und Wagner. Ich hielt auch für das Verkäuferpersonal der Grammophon-Filialen einführende Vorträge über Schallplatten.

Alle diese Arbeiten machten das Leben leichter. Aber sie befriedigten nicht.»

Ein Telefonanruf aus Prag ließ im Sommer 1937 wieder hoffen. Der Feuilletonchef des *Prager Tageblatts* brauchte einen neuen Mitarbeiter. Stuckenschmidt: «Spontan sagte ich ja. In unserer damaligen Lage war ein solcher Anruf etwas ähnliches wie die Nachricht, man habe das große Los gezogen. Prag galt 1937 als sicher. Die Tschechoslowakei genoß seit dem Präsidenten Masaryk und auch unter Eduard Benesch die wirtschaftliche und politische Hilfe der Vereinigten Staaten. Die deutschsprachige Presse hatte hohes Niveau.» Die Freiheit und der Reichtum des Prager Kulturlebens versöhnten ihn wieder mit seiner Arbeit.

Doch schon im März 1939 war dies Zwischenspiel zu Ende. Nazi-Stiefel marschierten jetzt auch durch die Prager Straßen. Die Tschechoslowakei war im Handstreich von den Nazis besetzt worden. Stuckenschmidt durfte zwar weiterarbeiten, weil man im «Protektorat» nicht so ans Schriftleitergesetz gebunden war wie im Reich. Der Krieg löste dann 1942 alle Schreibprobleme: Stuckenschmidt wurde eingezogen.[26]

Zuflucht beim Unterhaltungsfilm

Ein politischer Journalist sattelt um

Axel Eggebrecht, linker politischer Journalist in der Weimarer Zeit, gab nach seiner Haftentlassung im Sommer 1934 die Hoffnung auf, «das Nazi-System müsse an seinen inneren Widersprüchen binnen kurzem scheitern». Die sogenannte Röhm-Revolte hatte ihm gerade gezeigt, daß Hitler sowohl seine ehemaligen Kampfgefährten als auch verhaßte Gegner umbringen lassen konnte, ohne daß sich in der eingeschüchterten Nation etwas rührte. Nach dem Tod des Reichspräsidenten Hindenburg im August ließ sich die Wehrmacht sogar feierlich durch einen Treueeid an Hitler persönlich binden. Konsequenz der Überlegungen Eggebrechts:

«Eine Existenzmöglichkeit mußte gefunden werden. Allerlei mehr oder weniger phantasievolle Pläne wurden entworfen und verworfen. Dann entschloß ich mich für den Film, nicht gerade begeistert.

Seit meinen sporadischen Erfahrungen betrachtete ich das Schreiben von Drehbüchern als eine mindere literarische Tätigkeit. Der Autor ist Zulieferer, Regie und Technik verändern seine Arbeit willkürlich. Doch wollte ich mich dem Film ja nicht fürs Leben verschreiben, und so unterdrückte ich meine Aversionen. Zunächst mußte ich erst mal Mitglied einer der obligatorischen Kammern sein.»[27]

Dabei traf er auf unerwartete Helfer: «Da war ein Geschäftsführer in der Reichsschrifttumskammer, den ich für einen ausgemachten Widersacher hielt. Eines Tages aber nahm dieser Herr Linhard mich beiseite und gab mir einen Tip, beiläufig und ohne jede Schärfe. Ihm sei aufgefallen, daß ich Lebenslauf, Anträge usw. beharrlich ‹Mit deutschem Gruß› unterschrieben hätte; ich sollte es doch ausnahmsweise mal mit ‹Heil Hitler› versuchen, falls ich dabei keinen Schreibkrampf bekäme. Ich zwang mich zu der fatalen Floskel, und wirklich ging es dann rascher voran. Linhard gehörte übrigens, soweit ich weiß, zehn Jahre später zu denen, die nach dem 20. Juli 1944 hingerichtet wurden.

Ich wurde zugelassen, als Autor unpolitischer Filme, andere hatte ich sowieso nicht im Sinn. Doch dachte ich mir, es ließe sich vielleicht durch kleine, geschickte Pointen eine gewisse Kritik am herrschenden System verbreiten.»

Seine erste Arbeit war das Drehbuch *‹Musketier Meier III›* nach dem Bühnenstück des von den Nazis wohlgelittenen Volksschriftstellers Carl Bunje.

Ein Schlag ins Wasser

«Die harmlose, unter Frontsoldaten spielende Komödie wurde agitatorisch verschärft, Drill und Entwürdigung sollten abschreckend wirken, hochnäsige Offiziere wurden von pfiffigen Landsern an der Nase herumgeführt. Damit wollten wir die kommende Wehrpflicht madig machen, von der längst gemunkelt wurde, ehe sie im März 1935 wieder eingeführt war.

Das Drehbuch schrieb ich erst nach meiner Zulassung, gemeinsam mit dem durchaus honorigen Bunje, der von Unfrieds und meinen dunklen Absichten nichts ahnte. Leider merkte dann auch das Publikum nichts davon, es amüsierte sich über die deftige Militärklamotte, ein auf diesem Felde erprobter Regisseur hatte sie handfest inszeniert. Ein Schlag ins Wasser, aus dem ich die Lehre zog: Mit Nadelstichen war nichts auszurichten gegen ein Regime, dem die Mehrheit sich begeistert unterwarf.

Fortan beschränkte ich mich auf das Filmschreiben als Brotberuf und war darauf gefaßt, ihn wieder aufgeben zu müssen, falls irgendwelche Zumutungen an mich gestellt würden.»

Eggebrechts zunächst als Notbehelf gedachte Tätigkeit entwickelte sich ganz überraschend zu einem befriedigenden Beruf, weil er u. a. mit zwei Regisseuren zusammenarbeitete, bei denen er viel über den Film lernen konnte und die menschlich zuverlässig blieben.

Der erste war Willi Forst, erinnert sich Eggebrecht, «ein hochgescheiter Kopf und ein vollkommen unbestechlicher Charakter, der sich niemals anpaßte. Den Pressionen des heimtückischen Goebbels begegnete er mit Wiener Charme.

Die Verfilmung des Romans ‹*Bel ami*› von Maupassant muß der Minister von vornherein als Herausforderung empfunden haben. Genüßlich stellten wir den Aufstieg eines anrüchigen Parvenus und Frauenjägers zum Minister dar, Forst selber spielte großartig die zwielichtige Rolle. Und diesmal kapierte das deutsche Publikum die Anspielungen, die indessen so fein dosiert waren, daß Goebbels sich durch ein Verbot demaskiert hätte. Er verhinderte aber, daß der ungemein erfolgreiche Film nach Venedig zur Biennale geschickt wurde, was wiederum auffiel. Dem aufsässigen Österreicher vergaß er den Affront nicht.»

Bis zum ersten Kriegswinter mußte Goebbels auf seine Stunde der Rache warten. Da teilte der Regisseur des antisemitischen Machwerks ‹*Jud Süß*›, Veit Harlan, Forst mit:

«Es sei der ausdrückliche Wunsch des Ministers, daß Forst den schurkischen Juden verkörpern solle!

Die Infamie war klar, ein integrer Mann sollte diskreditiert werden als Instrument widerwärtiger Hetze. Forst reagierte bewundernswert hart. Unmöglich könne er die, sein Ton wurde sarkastisch, ‹gewiß hochinteressante› Rolle übernehmen, das sei absolut unmöglich. Soeben ginge er ins Atelier – in Wahrheit steckten wir noch mitten im Buch –, es sei nicht zu verantworten, wenn im Falle eines Abbruchs ein Haufen Geld vertan wäre! Jetzt im Kriege sei strikte Sparsamkeit geboten! ...

Der Angriff war für diesmal abgeschlagen. Was konnte Forst tun, wenn er sich wiederholte?

‹Dann schmeiße ich alles hin! Und verkrieche mich irgendwo, in Tirol gibt es abgelegene Täler, da findet mich keiner!›

Er meinte es ernst. Doch sie ließen ihn in Ruhe, aus welchen Gründen immer.»

Filme ohne Ernst der Zeit

Der andere Regisseur war Helmut Käutner, im Grunde ein Theatermensch, dort auch schon vor 1933 berühmt. Seine Filmkarriere bei den Nazis bewies nach Meinung Eggebrechts, «daß ein kluger, selbstsicherer Künstler sich gegen alle Widerstände entfalten konnte, ohne die geringste Konzession. Er kam vom Kabarett, fing als Autor an, zweimal bildeten wir beide ein Gespann, dann schrieb er sich seine Drehbücher selber. Ein Meisterstück war 1943 das amüsante, ein wenig elegische Kammerspiel ‹*Romanze in Moll*›, in dem er Marian eine schöne Rolle gab. Die von immer schwereren Bombenangriffen heimgesuchten Berliner ließen sich nur zu gern in eine vergangene friedliche Welt versetzen, von dem Film ging ohne Zweifel eine unmerkliche pazifistische Wirkung aus. Goebbels begriff das, ließ den Urheber kommen und forderte kategorisch, er müsse endlich etwas vorzeigen, was dem Ernst der Zeit entspräche. Darauf Käutner, bescheiden und treuherzig:

‹Nichts wäre mir lieber, Herr Minister! Aber Sie wissen, ich bin kein alter PG, ich muß noch viel lernen, noch fühle ich mich dafür nicht reif genug! Vielleicht in zwei, drei Jahren?› Als es soweit war, drehte er einen der ersten bedeutsamen Nachkriegsfilme: *‹In jenen Tagen›*.

Käutner wurde noch zur Marine eingezogen, dann beurlaubt, man wollte einen Seemannsfilm von ihm haben. Er machte ihn, auf seine Art: *‹Große Freiheit Nr. 7›*, die wehmütige St. Pauli-Geschichte mit Hans Albers im Mittelpunkt, wurde heftig beanstandet; von der NS-Frauenschaft als Beleidigung der deutschen Frau, von der Marineführung als Herabsetzung wackerer deutscher Matrosen. Darauf verbot Goebbels den Film. Endlich konnte er den eigensinnigen Regisseur ducken. Und mit ihm sollte der Hauptdarsteller getroffen werden, das wußten wir alle. Albers verachtete die braunen Herren offen, mehr als einmal habe ich gehört, daß er grundsätzlich vom ‹Herrn Führer› und von dem ‹Doktor Goebbels› sprach. Zudem lehnte er es ab, sich von seiner Lebensgefährtin loszusagen, einer emigrierten Jüdin. Das war unverhohlene Provokation, doch seine beispiellose Popularität schützte ihn vor Verhaftung, wie hätte man das Verschwinden des blonden Ideal-Ariers den Millionen Verehrern plausibel machen sollen!

Erst nach 1945 wurde *‹Große Freiheit Nr. 7›* aufgeführt.»

Ein Beispiel für die Solidarität der Künstler beweist, daß sie weniger unzuverlässig, wankelmütig und anfällig für die Gunst der Mächtigen waren, als das gängige Klischee es will:

«Im Frühjahr 1939 annektierte Hitler, unter Bruch feierlich gegebener Garantien, den Rest der wehrlosen Tschechoslowakei. In Prag lebten zahlreiche deutsche Emigranten, nicht alle konnten im letzten Augenblick entkommen. Die Gestapo bemächtigte sich Hunderter, manche verbargen sich bei tschechischen Freunden, so auch der frühere Berliner Theaterdirektor Carl Meinhard. Es wurde bekannt, daß er völlig mittellos in einem Prager Versteck säße.

Zwei ehrenwerte Schauspieler, der fünfundsechzigjährige Paul Wegener und der jugendliche Hans Brausewetter, organisierten eine Hilfsaktion, es kam rasch eine ansehnliche Summe zusammen.

Ehe sie durch einen zuverlässigen Mittelsmann nach Prag gebracht werden konnte, flog alles auf. Ein Beamter des Propagandaministeriums beschlagnahmte das Geld. Goebbels war für einige Tage verreist, danach hätten die beiden Initiatoren sich bei ihm einzufinden, was ihnen drohe, wüßten sie ja wohl!

Darüber war man sich überall in Ateliers und Theatergarderoben im klaren. Darauf meldeten sich Dutzende von Prominenten, unter ihnen erklärte Protegés der Mächtigen, freiwillig als Spender. Diese Selbstanzeigen retteten Wegener und Brausewetter. Hätte Goebbels sämtliche Beteiligten bestraft, dann wäre sein ganzer Kunstbetrieb, auf den er so stolz war, lahmgelegt worden.

Die beiden Hauptsünder ließen eine grimmige Standpauke über sich ergehen, weiter geschah nichts, nie kam der Minister auf die auch für ihn peinliche Affäre zurück.

Irgendwie aber wurde bekannt, wer die Sammlung verraten hatte: Ida Wüst, einst von Kurt Tucholsky in einem zärtlichen Chanson angeschwärmt, nun in Muttchen-Rollen Liebling der Berliner Kleinbürger, hatte als inzwischen bekehrte stramme ‹Nazisse› ihrer Parteipflicht genügt.

Von da ab gehörte die Denunziantin zu den vorsichtig Gemiedenen.»

Statt «Heil Hitler» hieß es «Guten Tag»

Eggebrecht merkte rasch, daß der Film nicht so drakonisch gleichgeschaltet war wie Presse und Rundfunk. Es hatte seine guten Gründe, daß der Nazi-Staat zum großen Teil keine Nazi-Filme produzierte, auch wenn das auf den ersten Blick unverständlich erscheint. Eggebrecht:

«Dieser Staat hatte das unvergleichliche Mittel ständiger Massenbeeinflussung schleunigst in seine Gewalt gebracht. Produktion und Verleih waren privatem Einfluß entzogen. Goebbels verkündete die Geburt einer ganz neuen deutschen Leinwandkunst, die dem Volke dienen sollte, nicht mehr dem schnöden Gewinnstreben einzelner.

Doch die sonst so folgsamen Untertanen machten nicht mit. Sie wollten im Kino unterhalten, nicht mit Weltanschauung überfüttert werden. Geschah das, dann sanken die Einspielergebnisse. Darum hätte sich Goebbels kaum geschert, er hatte seine Propaganda im Auge, von ökonomischen Dingen verstand er nicht allzuviel. Dafür war ein anderer zuständig, ein Mann im Hintergrund, der Bürgermeister a. D. Max Winkler. Natürlich ein treuer Diener des Regimes, erprobt bei der Arisierung jüdischer Pressehäuser und Filmfirmen. Aber er war Wirtschafts-Fachmann, sein Ehrgeiz war es, aus staatlichen Monopolen Geld herauszuholen.

Enorme Gewinne sind erzielt worden, über die selbstverständlich nie öffentlich abgerechnet wurde, das gibt es in einer Diktatur nicht. Für alle aber, die für die Filmproduktion arbeiteten, war der dubiose Herr Winkler fast so etwas wie ein Schutzengel. Ihm verdankten sie ein gut Teil ihrer Atemfreiheit, ohne die jeder Elan erstickt wäre. Hier der Beweis: Devisen waren im Hitlerreich immer knapp, jeder Export daher wichtig; auch der an sich wenig imposante von Filmen. Damit sie im Ausland verkäuflich waren, durfte man die potentiellen Abnehmer nicht vor den Kopf

Kassenschlager

Erfolgreiche Filme 1940 bis 1942

‹*Die große Liebe*› (1942) von Rolf Hansen
Liebe und Leid einer Varietédiva (Zarah Leander) und eines Fliegerleutnants.
Einspielergebnis: 8 Mio. Mark
‹*Wunschkonzert*› (1940) von Eduard von Borsody
Die Romanze zweier Menschen, die sich über die Radio-Wunschkonzerte im Krieg wiederfinden.
Einspielergebnis: 7,6 Mio. Mark
‹*Frauen sind doch bessere Diplomaten*› (1941) von Georg Jacoby
Mit den Publikumslieblingen Marika Rökk und Willy Fritsch.
Einspielergebnis: 7 Mio. Mark
‹*Wiener Blut*› (1942) von Willi Forst
Nach der gleichnamigen Operette von Johann Strauß
Einspielergebnis: 7 Mio. Mark
‹*Jud Süß*› (1940) von Veit Harlan
Antisemitischer Hetzfilm nach dem Roman von Feuchtwanger.
Einspielergebnis: 6,2 Mio. Mark
‹*Der große König*› (1941) von Veit Harlan
Über das Durchhaltevermögen des Alten Fritz im Siebenjährigen Krieg
Einspielergebnis: 6 Mio. Mark
‹*Die Entlassung*› (1942) von Wolfgang Liebeneiner
Bismarck als vorbildlicher Führer
Einspielergebnis: 6 Mio. Mark
‹*Ich klage an*› (1941) von Wolfgang Liebeneiner
Plädoyer für die Euthanasie
Einspielergebnis: 5,3 Mio. Mark
‹*Ohm Krüger*› (1941) von Hans Steinhoff.
Die Führergestalt im Burenkrieg gegen den «Erzfeind» England
Einspielergebnis: 5,5 Mio. Mark
‹*Operette*› (1940) von und mit Willi Forst
Einspielergebnis: 5 Mio. Mark
‹*Quax, der Bruchpilot*› von Kurt Hoffmann
Fliegerkomödie mit Heinz Rühmann
Einspielergebnis: 5 Mio. Mark
‹*... reitet für Deutschland*› (1941) von Arthur M. Rabenalt
Über die Erfolge eines aristokratischen Turnierreiters
Einspielergebnis: 5 Mio. Mark[28]

stoßen. Und so vermied man in deutschen Spielfilmen den Hitler-Gruß, der doch im Alltag gang und gäbe war. Dem heimischen Publikum fiel offenbar kaum auf, daß es da oben auf der Leinwand munter ‹Guten Tag› hieß, so sehr war jedermann an die Heuchelei gewöhnt.»

Heiteres statt ‹*Fabian*›

Ein verbrannter Autor bleibt in Deutschland

Als Erich Kästner im September 1934 die Filiale der Dresdner Bank am Olivaer Platz in Berlin betrat, um Geld abzuheben, teilte ihm ein Angestellter mit, sein Konto sei gesperrt, er dürfe ihm nichts auszahlen. Den Grund dafür konnte man Kästner nicht nennen, wollte sich aber auf Bitten des Schriftstellers erkundigen. Am übernächsten Tag kam er wieder. Als er den Kassenraum betrat, legte sich eine Hand auf seine Schulter: «Sie sind verhaftet! Folgen Sie mir unauffällig!» sagte der Gestapobeamte, der schnellen Schrittes eine Straßenbahnhaltestelle ansteuerte, während Kästner einem Taxi winkte. Der Beamte protestierte: «Nur wenn Sie's bezahlen.» Dafür reichte Kästners Geld noch, also ging es per Auto ins Gestapohauptquartier in die Prinz-Albrecht-Straße. Kästners Biographin Luiselotte Enderle berichtet:

«Die forschen jungen Männer im Büro, in das man Kästner führte, begrüßten ihn mit zynischem Hallo. ‹Ha! Da kommen ja Emil und die Detektive!› rief einer. Die Kumpane lachten. Dann begann das Verhör. Mit Protokollführer und Stenotypistin. Kästner wurde bezichtigt, seit längerer Zeit in Prag zu leben und von dort aus gegen die deutsche Regierung zu schreiben. Als Beweis legte man ein Gedicht vor, das in einer Prager Emigrantenzeitschrift erschienen war. Es war von Kästner. Ein altes *Montag Morgen*-Gedicht. Nur – die letzten drei Strophen, die waren nicht von ihm! Und diese zwölf Zeilen strotzten von aktuellen Eingriffen auf das Dritte Reich. Jetzt ging's um zwölf Zeilen, und um den Kopf. ‹Wie können Sie beweisen, daß die letzten drei Strophen nicht von Ihnen stammen?›

‹Glauben Sie, ich hätte die Absicht gehabt, mich dem ‹Regime› wegen drei Strophen ans Messer zu liefern? Noch dazu mit vollem Namen? Ich lebe ja nicht in Prag! Ich lebe nach wie vor in Berlin. Dafür gibt's bis zu meinem Hausmeister in der Roscherstraße Zeugen genug. Die Gestapobeamten schwiegen. Kästner fuhr fort: ‹Die einfachste Stilanalyse dürfte beweisen, daß die drei Strophen nicht von mir sind. Außerdem schlagen Sie mal in den alten Jahrgängen des *Montag Morgen* nach!› Einer der

Kriminalbeamten verließ den Raum. Es folgten bange lange Schweigeminuten. Als der Mann zurückkam, gab er Kästner seinen Paß zurück. Er sagte: ‹Sie können gehen!› Die jungen Männer brüllten munter ‹Heil Hitler!› Kästner grüßte: ‹Auf Wiedersehen!› und erschrak sogleich über den Aberwitz seines Grußes. Als er endlich alle verschlossenen Gittertüren wieder passiert hatte und vom letzten Wachtposten auf die Straße hinausgelassen worden war, atmete er tief auf, bevor er weiterschritt.»[29]

1934 erschien ein neues unpolitisches Kästner-Buch: *‹Drei Männer im Schnee›*. Offensichtlich hatte sich die Deutsche Verlags-Anstalt selbst mit diesem Unterhaltungsroman vergaloppiert; denn Kästner wurde nun endgültig verboten. Nur im Ausland durfte er noch publizieren. Gnädigerweise bot man ihm aber von der Reichsschrifttumskammer eine «Chance»: Kästner sollte in der Schweiz ein Hetzblatt gegen Emigranten herausgeben. Doch er winkte ab: Niemand von seinen Freunden würde ihm den Gesinnungswechsel abnehmen.

Erfolg mit Unterhaltung

«Der Not gehorchend und auch, weil es ihm Spaß machte, hatte Kästner sich einer ihm neuen Literaturgattung zugewandt, dem heiteren Unterhaltungsroman. Die Leser im Ausland waren begeistert. Metro-Goldwyn-Mayer kaufte die Filmrechte der *‹Drei Männer im Schnee›* und später *‹Die verschwundene Miniatur›*. In Zusammenarbeit mit einem Freund, der sich das Pseudonym Robert Neuner zulegte, entstand aus dem Roman *‹Drei Männer im Schnee›* ein Bühnenstück mit dem Titel *‹Das lebenslängliche Kind›*. Es wurde von vielen Bühnen angenommen, von einem Dutzend aufgeführt und mitten im Erfolg verboten, nachdem ein österreichischer Journalist naseweis geschrieben hatte: ‹Kästner tarnt sich ...›

1937 wurde er zum zweitenmal verhaftet. Es war nicht schwer, ihn zu finden, er wohnte nach wie vor in der Roscherstraße. Als er, nach einer mit Freunden durchzechten Nacht und zwei Stunden Schlaf, durch heftiges Klingeln geweckt wurde und öffnete, verschaffte sich, durch ‹Fuß zwischen die Tür›, ein Gestapobeamter Eintritt. Ein zweiter, der sich auf der Treppe versteckt hatte, folgte. Sie durchsuchten die Wohnung und folgten Kästner bis ins Badezimmer: Offensichtlich hatten sie Angst, er könne ihnen oder sich etwas antun ... Diesmal brauchte er kein Taxi zu bestellen. Ein großer schwarzer Mercedes stand vor der Haustür. Man raste zum ‹Alex›. Wieder wurden, wie in der Prinz-Albrecht-Straße, Gittertüren klirrend hinter ihm abgeschlossen: ‹Wo leben Sie sonst? Wovon leben Sie? In welchen Verlagen erscheinen Ihre Bücher?› Die ausländischen Verlagsnamen und Buchtitel waren kompliziert. Kästner buchstabierte sie langsam. Der Protokollführer stotterte sie in die Maschine. Das Verhör dauerte drei Stunden. Dann entließ man ihn wieder. Mit Paß.»

Der **Präsident** der
Reichsschrifttumskammer

Berlin-Charlottenburg 2, den 14. Januar 1943
Hardenbergstraße 6 — Fernruf: 31 00 17
Sprechst.: Dienstag bis Freitag von 11–13 Uhr

II-010210-Do.

Herrn
Erich K ä s t n e r,

Berlin-Charlottenburg.
Roscherstr.16

Auf Grund einer neuerlichen Entscheidung der Reichskulturkammer wird die Ihnen unter dem 25.7.1942 erteilte Sondergenehmigung widerrufen. Sie sind somit nicht mehr berechtigt, im Zuständigkeitsbereich der Reichsschrifttumskammer als Schriftsteller tätig zu sein. Zuwiderhandlungen gegen diese Berufsuntersagung können von mir gemäss § 28 der Ersten Durchführungsverordnung zum Reichskulturkammergesetz mit Ordnungsstrafen belegt werden.

Im Auftrage:

Antwortschreiben sind stets an die Reichsschrifttumskammer zu richten, nicht namentlich an den Sachbearbeiter.

C/0625

Arbeit für die Ufa

Völlig überraschend erhielt Kästner 1942 die mündliche Mitteilung, er dürfe mit Sondergenehmigung zum fünfundzwanzigsten Jubiläum der UFA ein Filmdrehbuch schreiben. Das war eine höchst erfreuliche Nachricht, denn durch den Krieg flossen Kästners Einnahmen aus dem Ausland nur noch spärlich:

«Die Ufa-Direktion wollte, mit Hans Albers, den Roman ‹*Der tolle Bomberg*› von Josef Winckler verfilmen. Kästner schlug statt dessen ‹*Münchhausen*› vor. Man war sofort einverstanden. Kästner schrieb das Drehbuch, Josef von Baky führte Regie.

Es wurde ein Film, in dem jede Rolle eine Hauptrolle war, und die von Albers eine Bombenrolle. Er wurde 1943 im Ufa-Palast am Zoo, kurz vor dessen Zerstörung, uraufgeführt. Er hatte großen Erfolg – aber er hatte keinen Autor. Der pompöse Vorspann begann mit der Mitteilung ‹Musik von Georg Haentzschel›. Denn noch vor der Premiere hatte sich Hitler einige Szenen des Films im Hauptquartier vorführen lassen. Als man ihm berichtete, wer der Autor sei, schäumte er, und Kästner wurde daraufhin sofort wieder und zwar ‹restlos› verboten, diesmal auch fürs Ausland.

Aber das erfuhr er nicht sogleich. Die Ufa-Direktion verschwieg es ihm, in der Hoffnung, den Fall ‹bereinigen› zu können.»

Kästner schrieb inzwischen an weiteren Drehbüchern. Als er mitten in der Arbeit zum *‹Doppelten Lottchen›* steckte, erhielt er die Mitteilung von dem radikalen Verbot. Er schrieb trotzdem das Exposé fertig. Die Ufa gab ihm die Rechte zurück. Die Absicht des totalen Verbots war nicht mißzuverstehen: Man wollte ihn wirtschaftlich erledigen. Daß ‹etwas los sei›, hatte Kästner längst geahnt. Denn nichts ist in einer Diktatur beredter als ein Telefon, das plötzlich schweigt. Diese drahtlose Mitteilung war kaum mißzuverstehen gewesen. Indessen lief der *‹Münchhausen›*-Film in Hitlers Europa mit stürmischem Erfolg. Und allabendlich konnte man die Warnung des alten Casanova (Gustav Waldau) an Prinzessin Isabella (Ilse Werner) hören: ‹Die Staatsinquisition hat zehntausend Augen und Arme. Und sie hat die Macht, recht und unrecht zu tun!›

Die Luftangriffe auf Berlin wurden inzwischen immer heftiger. Im Februar 1944 brannte Kästners Wohnung ab. Er wohnte nun bei Freunden in der Sybelstraße, Ecke Giesebrechtstraße, und schrieb dort an der Komödie *‹Chauvelin›* und hin und wieder ein Epigramm.

Kästner wurde zweimal gemustert und wegen des alten Herzleidens ausgemustert.

«Retten und wiederentdecken»

Der Kampfbund für deutsche Kultur

Zwei Nazigrößen stritten um den beherrschenden Einfluß auf die deutsche Kultur: Joseph Goebbels und Alfred Rosenberg, der Beauftragte des «Führers» für die «geistige und weltanschauliche Erziehung» der NSDAP. Rosenberg hatte im Dezember 1928 den «Kampfbund für deutsche Kultur» gegründet. Sein Ziel: die «seelisch-geistige Revolution». Er wollte «gegen die kulturzersetzenden Bestrebungen des Liberalismus» kämpfen und die Deutschen angesichts der kulturell verzweifelten Lage im Sinne eines «überall erwachenden nationalen Mythos» zusammenschließen. Ab März 1929 unterstanden dem Kampfbund bereits 25 Ortsgruppen. Pfingsten 1930 fand im thüringischen Weimar unter der Schirmherrschaft des ersten Nazi-Landesministers Wilhelm Frick die erste überregionale Tagung der Rosenberg-Truppe statt. Kurz zuvor hatte Frick bereits einen «Erlaß wider die Negerkultur für deutsches Volkstum» herausgegeben, der den Nazi-Kurs absteckte und darüber hinaus Bücher, Filme und Theaterstücke der sogenannten Moderne verboten.

Auch im hohen Norden, in Flensburg, fanden Rosenbergs Kulturideen eifrige Anhänger – allerdings mit Verspätung: Erst im Mai 1933 wurde die Ortsgruppe gegründet. Ihre Mitglieder wollten «retten und wiederentdecken», was durch den «Zerfall des letzten Jahrzehnts» am meisten gefährdet war: «deutsches Seelentum» und dessen Ausdruck in «geistigen und charakterlichen Werten». Laut Satzung förderten die Flensburger das «Gesamtdeutschtum» und «jede arteigene Äußerung kulturellen deutschen Lebens».

Ideologisch derart aufgerüstet verwundert der Anspruch nicht, alleiniger Träger des kulturellen Lebens in Flensburg zu sein. Aktiv waren die Kultur-Nazis in vier säuberlich getrennten Bereichen: Handwerk, bildende Kunst, Architektur und Technik; Wissenschaft und Schrifttum; Theater und Film und schließlich Musik. Die Kampfbündler schafften es, daß alle maßgeblichen Kräfte des Flensburger Kulturlebens ihre Reihen stärkten, der Museumschef ebenso wie die Musikdirektoren, der Leiter der «Niederdeutschen Bühne» und auch der Vorsitzende des «Deutschen Sprachvereins». Die kulturelle Gleichschaltung war komplett. Nach kurzer Zeit zählte der Bund in Flensburg über 400 Mitglieder. Die Ortsgruppe fühlte sich für das ganze Gebiet des ehemaligen Herzogtums Schleswig zuständig und verstand sich als das kulturelle «Kampfinstrument für das eigentliche Grenzgebiet». Besonderes Augenmerk richtete der Kampfbund auf das Theater. Statt marxistischer Zeit- und Tendenzdramen sollten gegenwartsnahe Klassiker gespielt werden, und an die Stelle eines «artistischen Konjunktur-Theaters» sollte eine «volkstümliche, heimatverwurzelte Höhenkunst» treten.

«Ein gediegener deutscher Spielplan»

Das Flensburger Theater unter Nazi-Einfluß

Das Flensburger Theater wurde seit 1912 von Ernst Bornstedt geleitet. Er war damals unter 93 Bewerbern einstimmig zum Direktor gewählt worden. Nach dem 30. Januar stieg in Bornstedts Theater die Zahl der aufgeführten NS-Stücke nicht an – kein Wunder, daß die Nazis mit dem Spielplan des alten Hasen nicht zufrieden waren – auch dann nicht, als gegen Ende der Spielzeit 33/34 ‹*Schlageter*› von Hans Johst auf dem Programm stand, von der gleichgeschalteten Presse als «das erste deutsche Schauspiel des Dritten Reiches» bejubelt.

Offenbar wurde die Spielplankritik in den *Flensburger Nachrichten* vom 25. April 1933: «Ein Vorwurf läßt sich weniger aus dem herleiten, was gespielt wurde, als daraus, was nicht gespielt wurde. Warum wurde uns die stärkste Bühnendichtung des Jahres vorenthalten, die zudem aus dem nordischen Raume erwachsen ist, Grieses ‹*Mensch, aus Erde gemacht*›? Raum muß da sein für die im Laufe der Spielzeit erscheinenden Neuheiten. Für die nächste Spielzeit scheint uns ein sorgfältiger Aufbau des Ensembles und die Gewinnung eines Spielleiters, der nicht nur das Handwerkliche beherrscht, sondern auch geistig diesem ausgeglichenen Ensemble ein Führer zu sein vermag, eine der allerersten Vorbedingungen dafür zu sein, daß – mit Hilfe einer zielbewußt arbeitenden Besucherorganisation, die unter sachverständiger Leitung Wert auf einen gediegenen deutschen Spielplan legt – das Flensburger Stadttheater die hohe kulturelle Aufgabe als Deutsches Nordmarktheater restlos zu erfüllen vermag.»

«Aufrütteln und mitreißen»

Deutlicher konnte die Kritik an Bornstedts Amtsführung nicht sein. Um die Mißstände möglichst rasch in ihrem Sinne abzustellen, handelten die Nazis nach dem Ende der Saison 1932/33:

Bornstedt mußte akzeptieren, daß ihm die Eiferer des «Kampfbundes für deutsche Kultur» in seine Pläne für die kommende Spielzeit kräftige braune Tupfer hineinmischten. Da wollte die nationalsozialistische Besucherorganisation «Die Deutsche Bühne» natürlich nicht zurückstehen, sondern ebenfalls noch mitbestimmen.

Wie Theater und Spielplan künftig auszusehen hatten, das klärte der neue 1. Spielleiter des Flensburger Theaters Dr. Hattesen am 3. August 1933 im *Generalanzeiger* ein für allemal: «Der Nationalsozialismus ordnet das Theater wieder ein in die große Kampffront, um ein äußerlich und innerlich schöneres Deutschland ... jetzt gilt es aufzurütteln, mitzureißen und lebendiger Künder des deutschen Gedankengutes zu sein ... Sowohl Spielplangestaltung als auch Darstellungsstil haben sich dem Geist dieser großen Aufgabe in hingebungsvollem Ernst zu fügen. Der Spielplan muß ganz auf die Betonung des revolutionären Zeittheaters umgestellt werden, wobei unter Zeittheater nicht nur die jüngste deutsche Dramaproduktion zu verstehen ist, sondern alle Werke wahrhaft deutschen Geistes, die in unserer nationalen Selbstbestimmung freudigen Widerhall in deutschen Herzen erwecken können ...»

All dem trug der neue Spielplan für die Saison 1933/34 Rechnung. Neun Nazi-Stücke mit insgesamt 52 Aufführungen machten über ein Drittel des Repertoires aus. Damit lag das Theater gut auf Kurs.

Am 1. April 1934 nahm die Stadt Flensburg das «Grenzlandtheater», das Intendant Bornstedt bis dahin auch in finanzieller Eigenregie geführt hatte, unter ihre Fittiche. Bornstedts Vertrag wurde nicht mehr verlängert. Offiziell schied er – inzwischen 65jährig – aus Altersgründen aus, in Wirklichkeit war er für die Nazis einfach nicht der richtige Mann – kein Parteigenosse und offensichtlich nicht bereit, den Spielplan entsprechend den Vorstellungen der neuen Machthaber zu gestalten.

Am liebsten Komödien

In den folgenden Jahren errang das NS-Drama die Stellung, die es haben sollte, doch nach einiger Zeit nahm der Anteil der Propagandawerke wieder ab: Unterhaltungsstücke beherrschten die Bühne. Zwischen den Absichten der Kulturpolitiker und den Interessen des Theaterpublikums lagen offenbar unüberbrückbare Gegensätze. Nicht die heroischen Werke der «Reichsdichter» erfreuten sich großer Beliebtheit und auch nicht die der NS-Weltanschauung angepaßten Klassiker – am liebsten sahen die Flensburger Komödien, leichte Unterhaltung.

Da traf es sich gut, wenn die Presse die Nazi-Stücke besonders ausführlich besprach, um so das Publikumsinteresse zu wecken: «Indem der Dichter die Hauptpersonen dieses Kampfes an unseren Augen vorüberziehen läßt, zwingt er uns von Szene zu Szene mit immer stärker werdender suggestiver Kraft, in dem schwedischen Befreiungskampf die großen Linien des deutschen Gegenwartsringens, in Gustav Wasa leuchtende Wesenszüge unseres eigenen Führers zu erkennen ... Hoffentlich findet das wirklich sehenswerte, weil tiefen Nachhall erweckende Schauspiel bei Wiederholungen volle Häuser, man müßte sonst an dem gesunden Urteil und guten Willen des Flensburger Theaterpublikums Zweifel hegen.»

Der Aufruf fruchtete: Das Stück wurde achtzehnmal wiederholt und war damit das mit Abstand am häufigsten gespielte NS-Drama. Ansonsten blieb die Resonanz des Publikums auf solche Werke sehr zurückhaltend – ideologischer Anschauungsunterricht war nicht gefragt.[30]

Auf der Bühne überwintert

Als junge Schauspielerin im Dritten Reich

«Politisch unzuverlässig.» Mit diesem Vermerk im Arbeitsdienstpaß verläßt die 18jährige Inge Stolten Ende Dezember 1939 Dömitz an der Elbe. Eigentlich ist sie nun frei: Abitur geschafft, Arbeitsdienst erledigt. Aber ihr Traum vom Studium ist durch diesen Eintrag in unerreichbare Ferne gerückt.

Inge Stolten stammt aus dem Hamburger Arbeiterviertel St. Georg. Sie besuchte ab 1934 die sozialistisch geprägte Staatliche Aufbauschule, die Jungen und Mädchen aus diesem Gebiet die Chance bot, aus den Hinterhöfen herauszukommen. Ihre Lehrer wurden auch ihre Vorbilder. Über aktuelle Politik wurde nicht gesprochen, die Einflüsse der NS-Diktatur blieben vor dem Schultor. Ostern 1939 machte ihr Jahrgang als letzter das Abitur. Die Nazis hatten verboten, neue Schüler aufzunehmen.

Noch während der Schulzeit wurde Inge Stolten wegen ständigen Fehlens auf den «Heimabenden» aus dem BDM, der weiblichen Hitlerjugend, ausgeschlossen. Wie jedes Mädchen, das studieren wollte, mußte auch sie ein halbes Jahr «freiwilligen» Arbeitsdienst ableisten. Die Lagerführerin bekam schnell spitz, daß Inge ohne Begeisterung nur gerade das Allernotwendigste tat. Es kam zu Reibereien und Schikanen, z. B. verhinderte die Lagerführerin auch ihre Teilnahme an einer internationalen Sportveranstaltung in Schweden. Überlegungen, dort bei dieser Gelegenheit um Asyl zu bitten, wurden so hinfällig. Und als Quittung das Etikett: «Politisch unzuverlässig.» Ins Abseits gedrängt, noch ehe alles begann? Inge Stolten: «Ich mußte irgendeinen Beruf ergreifen, um zu überleben.» Ein alter Backfischtraum fiel ihr ein, der Traum von einer Karriere als Schauspielerin. Sie meldete sich zur Eignungsprüfung vor der Reichstheaterkammer an.

Inge Stolten erinnert sich: «Professor Legband, der Intendant des Altonaer Volkstheaters, nahm sie ab. Das Vorsprechen schien ihm Eindruck gemacht zu haben, nur wunderte er sich, daß ich Abitur gemacht hatte, um zum Theater zu gehen. Ich wand mich, konnte ihm den Grund ja nicht sagen. Er nahm mich beiseite, fragte nach, und ich spürte, daß er mir helfen wollte. Eine äußerst vage Andeutung verstand er sofort und riet mir, die Aufnahmeprüfung für die Schauspielschule des Staatlichen Schauspielhauses in Hamburg zu machen. Der Intendant des Theaters, Staatsrat Karl Wüstenhagen, sei ein verständiger Mann, sagte er noch. Ich lernte ihn erst viel später näher kennen, aber ich bestand die Prüfung.» [31]

Untergetaucht im Scheinwerferlicht

Inge Stoltens Ausbildung begann im Mai 1940 an einem noch sehr liberalen Theater. Der Intendant war nicht in der Partei, er konnte es als Freimaurer nicht sein.

«Stellvertretend für ihn trug sein Chefdramaturg das Hakenkreuz am Revers, zumindest bei offiziellen Anlässen, ein Nazi war er nicht. Am Staatlichen Schauspielhaus in Hamburg hatte Jürgen Fehling noch inszenieren dürfen, als er in Berlin schon in Ungnade gefallen war. Zur Premiere von Schillers ‹*Don Carlos*› erschien Propagandaminister Joseph

Goebbels mit Gefolge. Der Satz des Marquis Posa ‹Sire, geben Sie Gedankenfreiheit!› wurde mit brausendem Beifall vom Publikum aufgenommen. Eisig ließ Goebbels die Premiere bis zum Ende über sich ergehen. Doch auch später geschah nichts, denn Fehlings berühmte Inszenierungen wurden auch im Ausland beachtet. Ein wenig von dieser Narrenfreiheit erhielt sich bis zum bitteren Ende, denn das Theater hatte seine Funktion. Erst diente es der Repräsentation, sonnten sich die hohen Herren in seinem Glanz, später nutzte man seinen Unterhaltungswert, um die Bevölkerung wenigstens für kurze Zeit das Elend vergessen zu lassen. Je weniger Brot es gab, um so wichtiger wurden die Spiele.»

Für Inge Stolten hatte sich das Berufsproblem überraschend schnell gelöst und auch ihre Sorge, ihr politisches Führungszeugnis könne bekannt werden, erwies sich als unbegründet. Das Schulgeld wurde ihr erlassen, sogar ein Stipendium genehmigte ihr der Staat, dessen Universitäten ihr verschlossen blieben.

«Ich war ihnen durch die Maschen geschlüpft. Im Scheinwerferlicht konnte man untertauchen. Von Kollegen drohte kaum Gefahr. Es gab wohl nur einen fanatischen Nazi, vor dem mich der Intendant warnte, als ich während einer Probe eine abfällige Bemerkung über den Führer machte. Mir fiel dann auf, daß die Kollegen politische Gespräche sofort unterbrachen, wenn dieser Schauspieler auftauchte. Vorsicht war auch im Theaterrestaurant geboten, besonders nach Premieren, wenn der Gauleiter und Landesherr Karl Kaufmann dort mit seinem Anhang saß. In unübersichtlichen Situationen den Mund zu halten, hatte ich inzwischen gelernt, denn jederzeit konnte man bespitzelt oder überprüft werden und erfuhr nicht einmal, wer der Kontrolleur war. So bekamen sie eines Tages heraus, daß keine der jüngeren Schauspielerinnen in der Hitlerjugend organisiert war …

Dem Bund Deutscher Mädel waren wir entwachsen, aber es bestand noch eine Nachfolgeorganisation, die sich ‹Glaube und Schönheit› nannte. Die Reichsreferentin des BDM umriß ihre Aufgaben. Nichts Neues, sagte sie, sei das BDM-Werk ‹Glaube und Schönheit›, sondern die Fortentwicklung der Mädelorganisation. Mit der gewohnten Tracht, aber einem besonderen Abzeichen. Es gab Arbeitsgemeinschaften für Gymnastik, Werkarbeit, Brauchtum, Auslandskunde und Gesundheitsdienst.

Neben dem wöchentlich abgehaltenen Dienst fand außerdem jeden Monat eine besondere Zusammenkunft statt, die der ‹persönlichen Lebensgestaltung und der Kultur› gewidmet war.

Daran hatten wir nun teilzunehmen, vom wöchentlichen Dienst wurden wir befreit. Wir waren entschlossen, das einmal und nie wieder mitzumachen, und bereiteten uns entsprechend darauf vor. Im Theaterfundus versorgten wir uns mit Hütchen und Schleiern, schminkten uns dann mit allen Schikanen, obwohl eine deutsche Frau das überhaupt nicht tat. Zu dem Thema der Veranstaltung, die der bildenden Kunst gewidmet war, gedachten wir auch etwas beizusteuern. Dem Direktor der Kunsthalle, der zu einem Referat geladen war, übergaben wir einige Kopien von Bildern verbotener Maler, die Ahnungslosen spielend. Dann nahmen wir Platz, holten lässig Zigaretten heraus, boten sie den uniformierten Frauen an, die sie empört ablehnten, denn eine deutsche Frau rauchte auch nicht, und steckten sie uns selbst in lange Spitzen. Ohne Zigaretten, erklärten wir, könnten wir uns leider nicht konzentrieren. Der Direktor der Kunsthalle schien etwas süffisant zu lächeln, gequält schleppte sich die Veranstaltung dahin. Wir hörten nie wieder etwas von ‹Glaube und Schönheit›. Von heute aus gesehen scheint es mir, als hätten wir uns im Theater immer stärker eingeigelt, je länger der Krieg dauerte. Mitten im Bombenkrieg lebten wir in einer höchst unwirklichen Welt, weit weg von der Naziideologie.»

Nachdem die Stücke jüdischer und politisch unliebsamer Autoren verboten waren, griffen die Theater auf bewährte Klassiker zurück. An das von den Nazis propagierte «völkische» Theater wollten zumindest die bedeutenden Bühnen nicht heran. Kritik an Aufführungen war verboten. Sie galt als Merkmal des «jüdisch zersetzten» Kunstbetriebs der Weimarer Republik. An die Stelle des Kritikers trat mit Goebbels' Verfügung vom 27. November 1936 der «Kunstbericht» des «Kunstschriftleiters». Begründung: «Der Kunstbericht soll weniger Wertung als vielmehr Darstellung und damit Würdigung sein. Er soll dem Publikum die Möglichkeit geben, sich selbst ein Urteil zu bilden, ihm Ansporn sein, aus seiner eigenen Einstellung und Empfindung sich über künstlerische Leistungen eine Meinung zu bilden.»

Je «totaler» der Krieg ab 1942 wurde, um so mehr leichte Unterhaltungsstücke standen auf den Spielplänen. Komödien mit stimmungsvollen Titeln (Kostprobe: *‹Wenn der junge Wein blüht›*) erreichten hohe Aufführungsziffern. Inge Stolten: «Wir spielten auch in Celle und in Rendsburg, in Lazaretten und für bombengeschädigte evakuierte Hamburger. Und wir spielten rechte Schmarren, wie das eher für ein Bauerntheater geeignete Stück *‹Spätlese›*. Aber das norddeutsche Publikum schunkelte und sang begeistert mit: ‹In der Pfalz blühen unsere Reben, in der Pfalz wohnt die Liebste mein ...› Für uns Mitwirkende hatte diese Aufführung einen erfreulichen Nebeneffekt, denn der Besitzer der ‹Pfälzer Weinstuben› lud uns zu markenfreiem Essen und Wein ein.»

Mit Schiller an die Front

Im Sommer 1942 forderte ein zur Marine eingezogener Kollege von Inge Stoltens Intendanten Ersatz für eine erkrankte Luise in Schillers *‹Kabale und Liebe›*. Die Wahl fiel auf die Anfängerin, die für zwei Monate Mitglied des Kriegsmarine-Fronttheaters Kiel wurde.

«Freiwillig oder gezwungen gingen Unzählige auf Tournee. Sie hatten kein besseres Engagement gefunden oder waren Prominente, die in den besetzten Gebieten Wehrbetreuung machten. Politisch und rassisch Verfolgte tingelten, um zu überleben. Bei ständig wechselnden Spielorten, bei Reiserouten, die von der Lage an der Front bestimmt wurden, entkamen sie ihren Verfolgern. Viele Schauspieler waren uniformiert, hatten ihre Gasmasken, Stahlhelme und Gewehre dabei und neben der Ausgehuniform auch das Drillichzeug. Frauen wurden jeweils dazuengagiert. Das erzählte mir der Kollege, der in ‹*Kabale und Liebe*› den Hofmarschall von Kalb spielte, auf der Fahrt nach Königsberg. Beim Schein einer Taschenlampe lernte ich im verdunkelten Zug meine Rolle.

Die Tournee sollte durch Litauen, Lettland und Estland und dann weiter nach Nord-Rußland gehen. Nach ein paar Probentagen in Königsberg reisten wir per Bahn von einer Küstenbatterie zur nächsten, traten auch in Riga und Reval auf und machten dort Sendungen im Rundfunk. In Reval bestieg dann das gesamte Ensemble einen Lastwagen, im Anhänger wurden die Kulissen transportiert, eine abenteuerliche Fahrt begann. Auch wir Frauen waren nun mit Stahlhelmen, Gasmasken, Drillichanzügen und Mückenschleiern ausgerüstet. Ein heißer russischer Sommer auf staubigen Rollbahnen, über die Panzer rollten und Truppen marschierten, stand uns bevor. Die Marschroute hieß ganz allgemein: immer an der Küste entlang Richtung Leningrad. Wir wurden dann von Spielort zu Spielort telefonisch weitergereicht, Fähren brachten uns auf die vorgelagerten Inseln. Durch unberührte Gegenden fuhren wir, lagen an weißen Stränden, um uns herum das zarte Grün der Birkenwälder, der Krieg schien weit weg zu sein. An einem strahlenden Sommertag tauchten an der Straße große Schilder auf: ‹Achtung, Feindeinsicht!› Wir wußten nicht genau, wo wir uns befanden. Granaten heulten plötzlich über uns hinweg, schlugen nicht weit entfernt neben einem Gefechtsstand ein, wie wir später erfuhren. Wir sprangen vom Lastwagen herunter, suchten Deckung. Hinlegen! schrie jemand, der geduckt auf uns zukam. Einzeln, immer einige Meter Abstand haltend, folgten wir ihm dann – im Gänsemarsch in die letzte Funkstelle vor Leningrad. Wir waren am Ziel. Mir schlotterten die Knie, das Wort Fronttournee hatte ich nicht so wörtlich genommen.

. . .

Nachts trauten wir uns nicht ins Bett, sahen die Garben der Leuchtspurmunition, Panzer rollten aufeinander zu. Am Morgen griffen die Russen eine Küstenbatterie an, dort sollte noch eine Vorstellung, die letzte Vorstellung, sein. Wir waren schon abfahrbereit, als mehrere hundert Tote gemeldet wurden. Der Wehrbetreuungsoffizier meinte, wir sollten trotzdem spielen, gerade jetzt könnten die Männer da unten eine Ablenkung brauchen. Unsere Kollegen schwiegen, für sie als Soldaten war das ein Befehl. Wir Frauen protestierten mit Erfolg, das Ensemble durfte den Rückweg antreten.

...

Zu Beginn der Spielzeit 1942/43 stand ich wieder in Hamburg auf der Bühne und besaß mein erstes Bankkonto mit weit über tausend Mark. Es war die Gage von der Fronttournee, ein Notgroschen, den ich später brauchen konnte, und viel Geld für die damalige Zeit, als Anfängerin bekam ich am Schauspielhaus 150 Mark im Monat.»

Nach Stalingrad noch Bühnensieg

Am 24. Februar 1943 mußte Inge Stolten eine Rolle übernehmen, die ihr noch lange zu schaffen machte. Das Stück hieß ‹*Das Dorf bei Odessa*› und war ein kitschiges Machwerk, das einzige dieser Sorte, das in ihrem Theater auch nur auf massiven Druck hin zur Aufführung kam. Autor war Herbert Reinecker, heute durch seine ‹*Kommissar*›- und ‹*Derrick*›-Serien im Deutschen Fernsehen reichlich populär. Auf dem Programmzettel erläuterte er selbst sein Werk:

«... gewollt habe ich das Gegenwartsstück. Indem ich wollte, was ich mußte, denn welcher junge Dramatiker, der als Soldat notwendig leidenschaftlich an den Geschehnissen unserer Tage beteiligt ist, möchte in den Akten vergangener Epochen wühlen, daraus ein bloßes Kunstvolles aufzubauen? Welches Wort, welcher Satz, welches Stück, das heute geschrieben wird, hat Wert, wenn es nicht wie eine Granate ist, die man gegen die feindliche Umwelt abfeuert! –»

Und so war er zu seiner dramatischen Inspiration gekommen: «Bei meiner Division erschien eines Tages ein Überläufer, ein Deutscher aus einem der verlorenen Dörfer, er meldete sich, um in unseren Reihen mitzukämpfen. Er fiel an der Seite seiner deutschen Kameraden. Sein Soldatengrab liegt an der Straße, die nach Staraja-Russa führt. Dies könnte der Martin meines Stückes gewesen sein. Im September 1940 habe ich an der Umsiedlung der Bessarabiendeutschen teilgenommen. Ich habe die Menschen erlebt, die aus der großen Einsamkeit kamen, den Hauch ihrer hundertjährigen Verlassenheit in Demut tragend. Es waren einfache Menschen. Ihre Sprache ohne Buntheit, ohne Glanz. Sie brillierten nicht mit Worten, als hätte sich in diesen hundert Jahren ihre Sprache abgeschliffen, daß sie karg wurde, großbrockig, unelegant, aber dabei herzlich und gut blieb. Eingekreist von fremden Völkern, fremden Rassen, bewahrten sie in ihrer Mitte ihren deutschen Kern ...»

Diese schlichten Menschen warten natürlich auf die Erlösung durch die näherrückenden deutschen Truppen. Sie haben ebenso natürlich fürchterliche Angst vor dem bösen russischen Kommissar Iljitsch. Inge Stolten spielte in dieser denkwürdigen Aufführung die Verlobte eines

Martin, der zu den Deutschen überlaufen will, aber gefaßt und erschossen wird. Aber das Dorf wird gerettet. Am Ende bringt ein Kolchosbauer die rettende Botschaft: «‹Die Deutschen sind da›, schreit er, ‹sie wollen Wasser haben oder Milch!› Paul Schafgans, der frühere Dorflehrer, mischt sich ein und spricht den letzten, entscheidenden Satz des Schauspiels: ‹Wasser wollen sie? Oder Milch? Mehr nicht? Alles können sie haben! Alles!›

Niemand lachte, während wir selbst kaum ernst bleiben konnten. In jeder Vorstellung hörten wir die Schluchzer aus dem Zuschauerraum, nur in einer blieb es totenstill. Als der Vorhang sich zu Beginn öffnete, blickte ich in ein schwarzes Loch. Einen Moment glaubte ich, wir spielten vor fast leerem Haus, dann schälten sich helle Köpfe aus dem Dunkel – es war eine geschlossene Vorstellung für die SS. Zum Beifall erhoben sich 1600 Schwarzuniformierte wie ein Mann. Stalingrad war längst verloren, die deutschen Truppen befanden sich überall auf dem Rückzug, nur bei uns auf der Bühne siegten sie noch. Auch mit meiner Hilfe.

Ich sprang für die erkrankte Edda Seippel ein, mußte ich das? Niemand war gezwungen, ein Theaterstück zu schreiben, Schauspieler befanden sich in einer ganz anderen Situation, arbeiteten in einem kriegswichtigen Betrieb und waren vertraglich verpflichtet, die Rollen ihres Faches zu spielen ...

Nun mußte man in dieser Zeit allerdings nicht unbedingt Theater spielen, aber was war die Alternative? Die Männer wären zur Wehrmacht einberufen worden, soweit sie sich im wehrfähigen Alter befanden, die Frauen hätte man für die Arbeit in der Rüstungsindustrie verpflichtet. Als Schauspieler richteten wir zweifellos weniger Unheil an, wenn wir überhaupt noch spielten.

Vorstellungen fielen häufig wegen Fliegeralarm aus oder mußten abgebrochen werden. Sie begannen immer früher, damit sie vor Anbruch der Dunkelheit beendet waren. Und noch ehe das Licht im Zuschauerraum anging, stürmten die Besucher zu den Garderoben, um noch den häuslichen Luftschutzkeller zu erreichen. Wir fragten uns oft, wieso die Leute überhaupt noch ins Theater kamen, direkt vom Arbeitsplatz, beladen mit Taschen, in denen sie ihre Wertgegenstände mit sich herumschleppten.

Von einem Alarm zum nächsten lebten wir, versuchten zwischen Proben und Vorstellungen, das Nötigste zum Essen zu beschaffen, und flüchteten uns gelegentlich in den Tiefbunker unter dem Hauptbahnhof, um in Ruhe Text zu lernen – die Angst immer im Nacken. Unerfüllbar war der Wunsch, einmal abends ins Bett gehen zu können, ohne mit Fliegeralarm rechnen zu müssen.»

Obwohl als «politisch unzuverlässig» eingestuft, konnte Inge Stolten zwischen 1939 und 1945 ein relativ normales Schauspielerleben führen. Am 1. September 1944 wurden sämtliche Theater geschlossen, weil auch die «Kulturschaffenden» sich am von Goebbels erklärten totalen Krieg zu beteiligen hatten. Dank eines völlig desolaten Gesundheitszustandes nicht einmal mehr bei der Flak verwendungsfähig, erwartete Inge Stolten das Kriegsende in einer Jagdhütte außerhalb Hamburgs.

Kirche

«Ich sollte eigentlich das Kreuz tragen, aber mit Juden und Pfaffen wollen wir nix mehr zu tun haben, hat mein Vater gesagt.»

aus: Kurt Halbritter, ‹*Adolf Hitlers Mein Kampf*›

Aufwärts mit dem Hakenkreuz

Eine Landeskirche schließt sich der «nationalen Erhebung» an

«Die Kirche ist neutral und wählt deutschnational.» Dieses geflügelte Wort verklärte in der Zeit der Weimarer Republik die Erinnerung an das Kaiserreich, als man in der Verbindung von Thron und Altar noch eine staatstragende Säule sah. Die Republik, die Kirche und Staat nun trennte, kränkte nicht nur das Selbstbewußtsein der Kirchenmänner. Sie verweigerte teilweise sogar die früher gewährten Staatszuschüsse, so daß die Pfarrer nicht oder nicht rechtzeitig bezahlt werden konnten. Auch die Aufsicht über die Volksschulen wurde der Kirche entzogen. Verständlich also, daß die evangelische Kirche sich nach der alten Obrigkeit zurücksehnte.

Zu den braunschweigischen Landtagswahlen im September 1930 gab die kirchliche Presse die Losung ganz in diesem Sinne aus: «Auf keinen Fall Sozialdemokraten!» Nach der Wahl lösten die bürgerlichen Parteien im Bunde mit der NSDAP die bisherige sozialdemokratische Landesregierung ab. Die zuvor verweigerten Staatszuschüsse wurden der Kirche innerhalb der nächsten drei Monate bezahlt. Mehr noch: Der neue NS-Volksbildungsminister führte sogar das Schulgebet wieder ein! Die Kirche sah sich also zu schönsten Hoffnungen berechtigt und beschloß 1931 auf den Predigersynoden, den Vertreterversammlungen der Geistlichen, das «gute Wollen» anzuerkennen und «hilfreiche Kritik» zu üben. Man warnte allerdings vor der Idealisierung der Rasse und des Volkstums durch die Nazis, ebenso vor der Verachtung des Alten Testaments. Sprüche wie «Juda verrecke» kritisierten die Gottesmänner als zutiefst unchristlich. Ihre Stimmung ließen sie sich aber dadurch nicht vermiesen.

Endlich – nach einem Jahrzehnt der Kirchenaustritte – ging es wieder aufwärts! Im Gefühl, doch noch Volkskirche zu sein, sah die braunschweigische Landeskirche ihre missionarische Aufgabe darin, den neuen Herren gefällig zu sein. Sie hielt Feldgottesdienste für die Nazis ab und duldete die gelbbraune SA-Uniform als Hochzeitsanzug.

Nach dem 21. März 1933, dem «Tag von Potsdam», als Hitler den neu gewählten Reichstag in der Grabeskirche Friedrichs des Großen eröffnete, um an die Tradition des deutschen Kaiserreiches anzuknüpfen, gab es dann kein Halten mehr. Die Kirchenleitung unter Bischof Bernewitz jubelte: «Die Reichsregierung und das Volk rufen nach der Kirche ... Nun tritt nicht zögernd, sondern freudig und kraftvoll auf den Plan, auch mit deinem ‹Deutschland erwache!›» Der Appell zeigte Wirkung: Ein Drittel der braunschweigischen Pfarrer trat in die NSDAP ein.

Bei denWahlen zu den Kirchenparlamenten im Juli 1933 errangen die «Deutschen Christen» in Braunschweig einen überwältigenden Sieg:

82 % der Gläubigen stimmten für sie. Nun erschienen auf dem kirchlichen Amtsblatt das Christuskreuz und das Hakenkreuz einträchtig ineinander verschlungen. Der Konfirmandenunterricht begann mit dem Hitlergruß. Gottesreich und Drittes Reich, religiöse und nationale Erhebung, versuchten Hand in Hand zu gehen. Pfarrer, die nach Nazi-Urteil nicht «arisch» oder nicht «arisch verheiratet» waren, wurden von ihrer Kirchenleitung entlassen, politisch «unzuverlässige» pensioniert. Das ging den Pfarrern denn doch zu weit. Im November 1934 wählte die Landeskirche einen neuen Bischof. Er war strikt lutherisch. Sein Grundsatz: Der Staat solle sich nicht in kirchliche Fragen einmischen. Solange die Nazis sich daran hielten, war man ihnen als der nach protestantischem Verständnis gottgewollten Obrigkeit Gehorsam schuldig. Von vornherein verweigern wollte man sich nicht: Dankgottesdienste am 30. Januar und zu Führers Geburtstag bewiesen eine wohlwollende Haltung.[1]

Inbrünstig Gott beschworen

Nazis werben um die Gunst der Kirche

Kaum war Hitler Reichskanzler, da begann er einen schier beispiellosen Werbefeldzug für sich und seine Politik. Die Kirchen und das Christentum spielten dabei eine wichtige Rolle – vor allem verbal: Nie vorher, nie nachher beschwor Hitler Gott so häufig, so inbrünstig wie in den beiden Monaten nach der sogenannten «Machtergreifung». Charakteristisch der «Aufruf der Reichsregierung an das deutsche Volk», den Hitler am Abend des 1. Februar im Rundfunk verlas und der mit einer feierlichen Segensformel schloß: «Möge der allmächtige Gott unsere Arbeit in seine Gnade nehmen, unseren Willen recht gestalten, unsere Einsicht segnen und uns mit dem Vertrauen unseres Volkes beglücken. Denn wir wollen nicht kämpfen für uns, sondern für Deutschland.»

Die Nazi-Zeitungen standen diesem Pathos wenig nach. Wo immer es sich anbot, kündeten Schlagzeilen vom «Bekenntnis zum Christentum». Und in der Tat: SA-Stürme füllten die Gottesdienste, was wiederum den Nazi-Blättern ausführliche Berichte wert war. Die NS-Propaganda überschlug sich mit christlichen Bekundungen und versuchte, kirchenfeindliche Äußerungen aus der Zeit vor 1933 vergessen zu machen.

Die katholischen Stammwähler der Zentrums-Partei widerstanden den Verlockungen der Nazis: Bei den Reichstagswahlen am 5. März 1933 gaben sie ihre Stimme ab wie gewohnt; das Zentrum gewann drei Sitze hinzu. Hitler ließ auch danach in seinem Werben nicht locker, den

Verweigerungsblock der Katholiken zu knacken. Schließlich hatte die Kirche ihren Mitgliedern den Eintritt in die NSDAP verboten, die Rassenideologie der Nazis verurteilt und die einschlägigen Punkte des Parteiprogramms als Irrlehre verworfen. Die Zeichen standen anfangs also keineswegs auf Versöhnung und Partnerschaft, doch als sich die Machtverhältnisse im Frühjahr 1933 verändert hatten, schwenkten allmählich auch die noch zögernden Kirchenführer um.

Gottesdienste am laufenden Band

Höhepunkt des Vertrauensfeldzugs der Nazis war die Eröffnung des neugewählten Reichstags in der Potsdamer Garnisonskirche am 21. März 1933. Gottesdienste in der Nikolaikirche und in der katholischen Pfarrkirche gingen voran. Zu Beginn des «Staatsaktes» läuteten die Glocken aller Potsdamer Gotteshäuser und zeigten damit symbolisch den Wandel innerhalb der Kirchen: Man begann, sich mit Führer und Staat zu arrangieren. Superintendent Görnandt erklärte dazu, «daß er die von nationalsozialistischer Seite gestellten Anträge, betr. Geläut vor der Reichstagswahl am 5. 3. d. J. abgelehnt habe, daß er aber bei diesem zu einer Volksangelegenheit gewordenen Akt der Reichstagseröffnung gegen das Geläut der Potsdamer Kirchen keine Bedenken gehabt habe. Dieser Auffassung stimmte auch Generalsuperintendent Dibelius zu.»

Auch der «Staatsakt» selbst glich einem Gottesdienst: Orgelmusik, gemeinsam gesungene Choräle, der Reichskanzler am Lesepult vor dem Altar. Überall gab es Gottesdienste: bei der Berliner Garnison, der Schutzpolizei, der SA.

Schlußpunkt der Werbung um die deutschen Christen war Hitlers Rede, die er am 23. März 1933 zur Begründung des von ihm geforderten Ermächtigungsgesetzes im Reichstag hielt, um gänzlich freie Hand für seine Politik zu bekommen. Allein waren aber die Nazis nicht stark genug, die notwendige Zweidrittelmehrheit für das verfassungsändernde Gesetz zustande zu bringen; sie brauchten die bürgerlichen Parteien und insbesondere das katholische Zentrum.

Durch gemäßigt klingende Formulierungen und die Betonung der auch künftig bedeutsamen Rolle der Kirche im Nazi-Staat warb Hitler um Zustimmung zu den von ihm erstrebten diktatorischen Vollmachten. Zwar meldete eine kleine Gruppe von Zentrums-Abgeordneten um den ehemaligen Reichskanzler Brüning Zweifel an den Zusicherungen Hitlers an, der Fraktionsvorsitzende des Zentrums, Prälat Ludwig Kaas, war jedoch überzeugt, daß die katholische Partei gewissermaßen als Vorleistung dem Gesetz zustimmen müsse, um später von der Regierung und den Nazis eher katholische Interessen berücksichtigt zu bekommen.

Schmeicheleien und Versprechungen

Diese Hoffnung des Zentrums wurde durch Hitler in seiner Rede geschickt bestärkt. Protokollauszug:

«Die nationale Regierung sieht in den beiden christlichen Konfessionen wichtigste Faktoren der Erhaltung unseres Volkstums. Sie wird die zwischen ihnen und den Ländern abgeschlossenen Verträge respektieren; ihre Rechte sollen nicht angetastet werden. Sie erwartet aber und hofft, daß die Arbeit an der nationalen und sittlichen Erhebung unseres Volkes, die sich die Regierung zur Aufgabe gestellt hat, umgekehrt die gleiche Würdigung erfährt.

(Zwischenruf von den Nationalsozialisten: ‹Sehr gut!›)

Sie wird allen anderen Konfessionen in objektiver Gerechtigkeit gegenübertreten. Sie kann aber niemals dulden, daß die Zugehörigkeit zu einer bestimmten Konfession oder einer bestimmten Rasse eine Entbindung von allgemeingesetzlichen Verpflichtungen sein könnte oder gar ein Freibrief für straflose Begehung oder Tolerierung von Verbrechen.

(Starker Beifall und Händeklatschen bei den Regierungsparteien)

Die nationale Regierung wird in Schule und Erziehung den christlichen Konfessionen den ihnen zukommenden Einfluß einräumen und sicherstellen. Ihre Sorge gilt dem aufrichtigen Zusammenleben zwischen Kirche und Staat.

Der Kampf gegen eine materialistische Weltauffassung und für die Herstellung einer wirklichen Volksgemeinschaft dient ebensosehr den Interessen der deutschen Nation wie denen unseres christlichen Glaubens . . .»

Was Hitler hier über den kirchlichen Einfluß in Schule, Erziehung und Staat sagte, hörte sich zwar gut an in den Ohren der meisten Zentrums-Abgeordneten, es war jedoch so vage formuliert, daß sich die Nazis tatsächlich auf nichts festlegten. Ansprüche waren aus diesen Worten jedenfalls nicht abzuleiten.

Gleiches gilt für die zweite Redepassage über die Kirche. Protokollauszug: «Ebenso legt die Reichsregierung, die im Christentum die unerschütterlichen Fundamente des sittlichen und moralischen Lebens unseres Volkes sieht, den größten Wert darauf, die freundschaftlichen Beziehungen zum Heiligen Stuhl weiter zu pflegen und auszugestalten.

(‹Bravo!› im Zentrum)»

Nach dieser Schmeichelei klang ein Satz gegen Schluß von Hitlers Rede da schon verbindlicher: «. . . die Rechte der Kirchen werden nicht geschmälert, ihre Stellung zum Staate nicht geändert.»

Hitler erreichte, was er wollte: Alle Vertreter des Zentrums gaben ihm für sein Ermächtigungsgesetz ihre Stimme. Auch sie sollten bald merken, daß die Nazis nicht daran dachten, ihr Wort zu halten.

Christen in Nazi-Kluft

Was im Nazi-Deutschland des Sommers 1933 bereits möglich war, überschritt vielfach das Vorstellungsvermögen vor allem ausländischer Betrachter. Besonders deutlich wird das Entsetzen darüber, wie sich die «Deutschen Christen» bei den Nazis anbiederten, in einem Bericht der schwedischen Zeitung *Svenska Morgenbladed* vom 1. August 1933:

«Für schwedische Verhältnisse wäre es wohl ein unvorstellbarer Gedanke, daß an die 200 schwedische Geistliche (es waren auch Laien dabei!;/d. Verf.) in braunen Uniformen, Reitstiefeln, Leib- und Achselriemen, mit Hakenkreuzen, Rangabzeichen und Ehrenzeichen aller Art sich in der Ersten Kammer des Landes versammelten. Allerdings befinden sich im Saal außerdem noch etwa 100 Männer im korrekten bürgerlichen Anzug, mit friedfertigen Gesichtern und zum Teil ergraut. Unter diesen tritt ein Mann mittleren Alters hervor und bittet in schüchternen Worten um Berücksichtigung der Ansprüche der Zivilkleidung tragenden Minderheit. Die Majorität beginnt darauf zu protestieren, teilweise mit Hohngelächter! Als er die christliche Nächstenliebe der Anwesenden in Anspruch nimmt, erhält er zur Antwort, man wolle sich nicht um Geschmacksfragen streiten, worauf er sich still an seinen Platz zurückbegibt.

Eine solche Szene, die sich im Herrenhaus in Berlin tatsächlich ereignet hat, wäre in Schweden undenkbar. Der schwarzgekleidete Mann war Dr. Jacobi von der Gedächtniskirche und Führer der jungreformatorischen Gruppe. Die Braunhemden waren ‹Deutsche Christen›. Die Versammlung war eine Synode der evangelischen Kirche in Brandenburg, und der Zweck der Versammlung die Übergabe der Befugnisse dieser sogenannten Provinzialsynode an den zu schaffenden Kirchenrat für Brandenburg. Der Beobachter mußte sich sagen, daß sich das geistige Klima Deutschlands seit einiger Zeit so verwandelt hat, daß ihm als Schweden keine südamerikanische Republik ferner stehen könnte. Es war ein beschämendes Erlebnis, doch war der Berichterstatter nicht der einzige, der dies empfand; er sah, daß während der bezeichnenden Vorgänge verschiedene unter den Versammelten Blicke wechselten, die mehr sagen als Worte ...

Militärische Haltung und Kommandostimme

Die erste Handlung der Versammlung im Landtag war die Absetzung des bisherigen Synodalvorsitzenden. Sein Nachfolger war der Propst Grell, ein Mann im Braunhemd mit militärischer Haltung und Kommandostimme. Er erklärte, man brauche jetzt einen deutschen Glauben und einen deutschen Gott. Die herrliche Revolution habe dahin geführt, daß es jetzt eine Lust sei zu leben, und Revolutionszeiten seien nichts für

Weichlinge. Wer sich von dem Alten nicht losmachen könne, sei nicht geeignet, beim Aufbau zu helfen. Seine Rede wurde von den Braunhemden mit lärmenden Heilrufen und Hitlergrüßen beantwortet. Sodann standen zwei Fragen zur Tagesordnung. Zunächst die Bildung eines Ausschusses für die Versetzung von Geistlichen. Bei dieser Gelegenheit trat der genannte Jacobi mit seiner vergeblich gebliebenen Bitte um bessere Vertretung der Minderheit auf. Noch unbehaglicher war die Behandlung des zweiten Punktes, des Arierparagraphen. Jacobi verlas eine Erklärung, die besagte, daß die Anwendung des staatlichen Gesichtspunktes gegen die Interessen der Kirche verstoße.

Zum Abschluß das ‹*Horst-Wessel-Lied*›

Die Erklärung wurde mit Lachsalven quittiert, worauf man zur Abstimmung schritt. Aus den Reihen der Braunhemden wurde der Antrag auf namentliche Abstimmung laut, und nun wurde jede ablehnende Stimme mit Aha-Rufen, ironischem Bravo und Gelächter zur Kenntnis genommen. Man mußte diese Männer aufrichtig bewundern, die ihr ganzes Ansehen und vielleicht ihre Existenz auf das Spiel setzten, um ihrer ehrlichen Überzeugung zu folgen. Das Ganze konnte man nur als religiöse Barbarei bezeichnen.

Nach Erledigung einiger Formalitäten war die Synode zu Ende. Was sonst Tage gedauert hatte, war hier in Stunden erledigt. Man hatte eben ‹gehandelt, anstatt zu reden› oder wie es auch heißt, ‹den Parlamentarismus beiseite gelassen›. Die Versammlung schloß mit ‹*Deutschland, Deutschland über alles*› und mit dem unausrottbaren ‹*Horst-Wessel-Lied*›. Der Eindruck besserte sich nicht wesentlich, als der Berichterstatter in der Vorhalle zweimal aufgefordert wurde, sich auszuweisen, da er den Hitlergruß unterlassen habe. Als man erfuhr, daß er nur ein Ausländer sei, beruhigte man sich und er durfte gehen.»[2]

Bekenner contra «Deutsche Christen»

Die evangelische Kirche

Bei den Protestanten, schon durch 28 Landeskirchen nicht so geschlossen in der Führung wie die Katholiken, brach gleich 1933 der Streit zwischen den «Deutschen Christen» (DC), die sich auch «Evangelische Nationalsozialisten» nannten, und dem «Pfarrer-Notbund» des Berliner Pastors

Martin Niemöller aus. Die «Deutschen Christen» forderten eine Reichskirche, unterstützten die Einführung des «Führerprinzips» in der Kirche und den Ausschluß von «Nichtariern» und politisch «Unzuverlässigen».

Der «Pfarrer-Notbund» wies die Einmischung des Staates in kirchliche Angelegenheiten scharf zurück. Schon 1934 gehörten ihm 7036 Pfarrer an, den «Deutschen Christen» nur 2000, die übrigen 9000 Pastoren blieben zwischen den Fronten. Allerdings gewannen die DC 1933 eine große Mehrheit in den verschiedenen Leitungsgremien und stellten auch den «Reichsbischof».

1934 war die Spaltung des protestantischen Lagers perfekt: auf den «Bekennenden Synoden» vom Mai in Wuppertal-Barmen und Oktober in Berlin wurde das «kirchliche Notrecht» ausgerufen. Christen und Pfarrer sollten dem «Reichsbischof» den Gehorsam verweigern und der von der Bekenntnissynode eingesetzten oppositionellen Kirchenleitung folgen. «Reichsbischof» Müller versuchte, mit kirchlichen Maßnahmen die «Bekennende Kirche» (BK) zu unterwerfen: Versetzung, Gehaltssperre und Amtsenthebung. Die Gestapo unterstützte ihn mit Redeverboten, Ausweisungen, Verhören und Festnahmen. Aber die Gleichschaltung von innen mißlang, so daß ab Juli 1935 Reichskirchenminister Kerrl mit Hilfe eines Reichskirchenausschusses (RKA) endlich Einigkeit und Gefügigkeit erzwingen sollte.

Die Bekennende Kirche stand nun vor dem Problem: Sollte man in den Ausschüssen mitarbeiten oder nicht? Über diese Frage zerbrach ihre lokkere Einheit. Der verbliebene radikale Flügel wählte 1936 eine «vorläufige Leitung». Zerrieben zwischen Bekennender Kirche, «Deutschen Christen», NS-Kirchenfeinden und Reichsministerium trat der RKA Anfang 1937 zurück.

Hitler strebte die Wahl einer Generalsynode an, aber alle Einigungsbestrebungen scheiterten. Nun stellte sich die Partei auf den Standpunkt, die Kirche totzuschweigen und durch NS-Erziehung das Volk der Kirche zu entfremden. Im Prinzip war das das Eingeständnis ihres Scheiterns.

Wenn auch die Bekennende Kirche schon 1936 in einer Denkschrift an Hitler gegen Judenhaß, Willkür in Rechtsdingen und gegen Konzentrationslager protestiert hatte, was einen Mitautor das Leben gekostet hatte, wenn auch Pastor Niemöller 1937 verhaftet, 1938 verurteilt und nach Haftverbüßung von der Gestapo bis 1945 ins KZ übernommen wurde, so war selbst in ihren Reihen direkter politischer Widerstand Mangelware. Man war – wie die Katholiken – zu sehr dem überlieferten Obrigkeitsgehorsam verbunden, selbst als die Nazis ab 1937 die Bekennende Kirche durch die Schließung ihrer Hochschulen zur Ausbildung des Pfarrernachwuchses, das Kollektenverbot und die verstärkte Festnahme von Pfarrern unter schärfsten Druck stellten.

Während der Kriegszeit schlossen die Nazis mit den Kirchen einen «Burgfrieden», den sie allerdings häufig brachen, da sie fürchteten, die

Kirchensiegel des Reichsbischofs

sonst entbrennenden innenpolitischen Kämpfe könnten sie die Existenz kosten. War das Volk fromm, so blieb es wenigstens auch demütig.

Am schlechtesten erging es während der Nazi-Zeit den kleinen, macht- und besitzlosen Glaubensgemeinschaften wie Quäkern, Mennoniten und besonders den Zeugen Jehovas. Von 19268 gerieten 10000 in Haft, und ungefähr 4000 bis 5000 kamen um. Sie verweigerten jegliche Anpassung, sowohl den Hitler-Gruß als auch den Wehrdienst.

Die beiden Großkirchen verloren in der Nazi-Zeit zwar viel von ihrem bisherigen Einfluß in der Gesellschaft, aber kaum Mitglieder, nie völlig ihre Rechte und ihr Eigentum.

Von der SA zurück zur Bibel

Ein Pfarrer wechselt die Front

Hans-Friedrich Lenz, Jahrgang 1902, wuchs in einem hessischen, konservativ-monarchistischen Pfarrhaus auf. Den Antisemitismus sog er schon mit der Muttermilch ein, weil jüdische Händler seiner kleinbäuerlichen Verwandtschaft als Inbegriff des unerreichbaren, aber dringend begehrten Kapitals erschienen. Nach 1919 engagierte sich Lenz stets rechts gegen den verhaßten Staat von Weimar, erst in der Jugendbewegung, dann im «Wiking-Bund» der Marinebrigade Ehrhardt, einer Putschtruppe, die

Arierparagraph auch in der Kirche

Kirchengesetz der Generalsynode der Evangelischen Kirche der altpreußischen Union vom 6. September 1933

§ 1 Absatz 2: Wer nicht arischer Abstammung oder mit einer Person nichtarischer Abstammung verheiratet ist, darf nicht als Geistlicher oder Beamter der allgemeinen kirchlichen Verwaltung berufen werden. Geistliche und Beamte arischer Abstammung, die mit einer Person nichtarischer Abstammung die Ehe eingehen, sind zu entlassen.

Wer als Person nichtarischer Abstammung zu gelten hat, bestimmt sich nach den Vorschriften der Reichsgesetze.

§ 3 Absatz 2: Geistliche oder Beamte, die nichtarischer Abstammung oder mit einer Person nichtarischer Abstammung verheiratet sind, sind in den Ruhestand zu versetzen.

Die Verpflichtung des Pfarrer-Notbundes

1. Ich verpflichte mich, mein Amt als Diener des Wortes auszurichten allein in der Bindung an die Heilige Schrift und an die Bekenntnisse der Reformation als die rechte Auslegung der Heiligen Schrift.

2. Ich verpflichte mich gegen alle Verletzung solchen Bekenntnisstandes mit rückhaltlosem Einsatz zu protestieren.

3. Ich weiß mich nach bestem Vermögen mitverantwortlich für die, die um solchen Bekenntnisstandes willen verfolgt werden.

4. In solcher Verpflichtung bezeuge ich, daß eine Verletzung des Bekenntnisstandes mit der Anwendung des Arier-Paragraphen im Raum der Kirche Christi geschaffen ist.

Entschließung der Sportpalastkundgebung der Glaubensbewegung «Deutsche Christen» vom 13. November 1933

... 3. Wir erwarten von unserer Landeskirche, daß sie den Arierparagraphen – entsprechend dem von der Generalsynode beschlossenen Kirchengesetz – schleunigst und ohne Abschwächung durchführt, daß sie darüber hinaus alle fremdblütigen evangelischen Christen in besondere Gemeinden ihrer Art zusammenfaßt und für die Begründung einer judenchristlichen Kirche sorgt ...[3]

sich 1920 in Berlin an der gescheiterten Revolte des Deutschnationalen Kapp gegen die Reichsregierung beteiligt hatte.

Für die Volksgemeinschaft

Seit 1926 amtierte Lenz als Pfarrer, war auch in seiner Gemeinde mit der Massenarbeitslosigkeit der späten zwanziger Jahre vertraut und ließ sich durch die Nazi-Parole von der «Volksgemeinschaft» der «Arbeiter der Stirn und der Faust» locken, die zu einem «Leben in Schlichtheit und Sauberkeit» aufgefordert wurden. «Besonders angetan hatte es uns § 24 des Programms der Nationalsozialistischen Deutschen Arbeiterpartei (NSDAP), erinnert sich Lenz. «Darin erklärte sie, auf dem Boden des ‹Positiven Christentums› zu stehen. Für uns Christen bedeutete dieses Versprechen, daß im Dritten Reich der christliche Glaube die Freiheit und Unterstützung erfahren sollte, die ihm nicht nur von den Kommunisten allein verwehrt wurde. Bedenken, daß der Nationalsozialismus unter ‹Positivem Christentum› nicht das Christentum auf dem Grunde des Evangeliums von Jesus Christus verstehen könnte, sondern ein ‹deutsches, artgemäßes Christentum›, zerstreuten die Propagandisten der Partei.» Ihre falschen Parolen wie z. B. die, Hitler lese täglich die Losungen der Herrnhuter Brüdergemeinde, einer besonders frommen evangelischen Freikirche, und habe ein Bild Luthers auf seinem Schreibtisch stehen, fielen auf gläubigen Boden.

1930 löste sich Pfarrer Lenz aus der deutschnationalen Ecke: Er wurde Mitglied der Nazi-Partei. Für sie hielt er Feldgottesdienste ab, trat dabei aber nicht als Ortsgruppenmitglied auf, um öffentlich nicht allzusehr mit seinem Pfarramt zu kollidieren. Dafür stärkte er bald die Reihen der SA, wodurch er sich einen «besseren Kontakt mit den gleichaltrigen Männern seiner Gemeinden» erhoffte.

Lenz hatte die Zeichen der neuen Zeit erkannt – so schien es jedenfalls. Doch wie konnte es passieren, daß ein so aktiver Nazi aus der «Kampfzeit» 1934 zur oppositionellen Bekennenden Kirche überschwenkte, 1935 aus der SA-Reserve und drei Jahre später auch aus der Partei ausgeschlossen wurde?

«Der Herr hat mir das Ohr geöffnet»

Schon im Jahre nach Hitlers Machtergreifung war klar: Pfarrer Lenz lag nicht voll auf Nazi-Kurs, ließ sich nicht einfach gleichschalten. Seine Predigten fußten weiterhin auf der Bibel, er schimpfte vor seinen Gemeindemitgliedern auf antichristliche Entwicklungen in Kirche und Staat. Die nazitreuen «Deutschen Christen» nannte Lenz gar «Irrlehrer». Das konnte nicht gutgehen: Die Partei reagierte prompt auf den Abweichler. Ab Spätsommer 1934 verzichteten die Nazis auf seine Dienste bei ihren Veranstaltungen. Auch Pfarrer Lenz ging seinerseits weiter auf Distanz zu seinen Parteigenossen.

Ende Oktober 1934 klopften zwei auswärtige Lehrer an die Tür der Münzenberger Pfarrei, um dem Hausherrn den Aufruf der Bekenntnissynode in Berlin-Dahlem persönlich in die Hand zu drücken. Lenz' vom Pfad der Braunhemden abweichende Haltung hatte sich also schnell herumgesprochen. Die Besucher kamen auch, um mit Lenz die Lage im Lande zu besprechen und Perspektiven zu diskutieren. Die Folge: Lenz ließ sich überzeugen, künftig auch öffentlich Stellung zu beziehen. Nach vielen Vorgesprächen mit aktiven Mitgliedern seiner Gemeinde «versammelten sich meine beiden Gemeinden in überfüllten Abendgottesdiensten am Reformationstag, dem 31. Oktober, unter dem Wort des Propheten Jesaja 50,5: ‹Der Herr hat mir das Ohr geöffnet, und ich bin nicht ungehorsam und gehe nicht zurück.› Ich schloß die Predigt mit dem Lutherwort: ‹Wohlan, wir haben es auf den Mann, den Herrn Jesus Christus, Gottes Sohn, gewagt. Er wird uns gewißlich nicht lassen. Wo er bleibt, da werden wir auch bleiben.›»[4]

Trotz Verbot, Polizeispitzeln und Haftandrohung verlas Lenz anschließend die Dahlemer Botschaft. Als er an das Konfirmationsversprechen erinnerte und zu einem schriftlichen Versprechen aufforderte, unterschrieben 747 Gemeindemitglieder am Altar und traten damit auch auf die Seite der Bekennenden Kirche. Selbst zahlreiche Parteigenossen und Amtswalter der Nazis schlossen sich an. Nur wenige verließen angesichts der mutigen Haltung ihres Pfarrers die Kirche ohne Unterschrift. Die Reaktion:

«Die geplanten Verhaftungen fanden nicht statt. Der Reichsstatthalter von Hessen hatte telefonisch verfügt, niemanden zu verhaften, denn schon am Sonntag zuvor war von dreihundert Pfarrern in Hessen die Botschaft verlesen worden. Allerdings hatte man allein in Preußen über siebenhundert BK-Pfarrer verhaftet. ...

Die beiden Kirchenvorstände beschlossen einstimmig, d. h. auch mit den Stimmen der ‹Parteigenossen›, sich mit unseren Gemeinden der Bekennenden Kirche Nassau-Hessen anzuschließen und sich dem Landesbruderrat als Kirchenleitung zu unterstellen. Damit wurde zugleich dem NS-Kirchenregiment der Gehorsam verweigert.»

Nun war der Konflikt aktenkundig. «Dennoch stieg die Mitgliederzahl in Münzenberg auf 93 Prozent und in Trais-Münzenberg auf 95 Prozent aller konfirmierten Gemeindeglieder. Damit waren wir wohl eine der stärksten BK-Gemeinden überhaupt. Zwar fielen in den kommenden Jahren manche wieder ab, aber der größte Teil blieb trotz jahrelanger Bedrängnisse und Verfolgungen treu. Sie opferten von Ende 1934 bis Anfang 1945 durch verbotene Kollekten, monatliche Familienbeiträge und

Spenden insgesamt rund 100000 RM für die Besoldung der über 150 Jungtheologen der Bekennenden Kirche Nassau-Hessen, die sich aus Gewissensgründen ohne Rücksicht auf ihre Zukunft dem Landesbruderrat und nicht dem NS-Kirchenregiment unterstellt hatten. Wenn man diesen Betrag mit den früher aufgebrachten Opfern vergleicht und außerdem bedenkt, wie arm die Gemeinden damals in der Tat waren, dann kann man über diese Summe nur staunen. ...

Nach dem Aufruf von Dahlem haben auch in unserem Kirchengebiet viele Pfarrer und unerschrockene Gemeindeglieder monatelang in stark besuchten, von Polizei und Partei überwachten Versammlungen die Gemeinden zum Bekennen aufgerufen. 40 Prozent der über tausend Pfarrer unserer Landeskirche schlossen sich damals, oft mit ihren Gemeinden, der Bekennenden Kirche an. Etwa 50 Prozent der Pfarrer gehörten zur Gruppe der ‹Neutralen›, d. h. weder zur Bekennenden Kirche noch zu den ‹Deutschen Christen›. Diese Gruppe leitete der Führer der hessischen Liberalen. Nur 10 Prozent waren aktive Anhänger des Landesbischofs, hinter dem aber die Macht des NS-Staates stand. Auch unabhängig von der Position ihrer Pfarrer entstanden in zahlreichen Gemeinden lebendige Bekenntnisgruppen.»

Zwischen Knast und Sympathie

Pfarrer Lenz' Arbeitsgebiet erweiterte sich: «Zu meinen Aufgaben gehörte es, die Gemeinden Oberhessens, mitunter im ganzen Kirchengebiet Nassau-Hessens, über die Lage der Kirche im Dritten Reich regelmäßig durch Flugschriften zu informieren. Hergestellt wurden die meist verbotenen und darum anonymen Flugblätter in Teamarbeit von Pfarrern und Vikaren mit damals noch sehr primitiven Apparaten in abgelegenen Pfarrhäusern. Mit meinem Auto transportierte ich sie dann zu Pfarrversammlungen und in die Gemeinden. Immer und immer wieder beschlagnahmte man sie bei Versammlungen und Hausdurchsuchungen, kam es zu Anzeigen und Strafverfahren. Höhere Auflagen bis zu 40000 Exemplaren wurden in aller Heimlichkeit von der Druckerei Ernst Boller in Langgöns hergestellt.»

Daß diese Aktivitäten nicht zu schnellen Verhaftungen führten, verdankten die Kirchenmänner den Hinweisen, die sie von Polizeibeamten, selbst aus den Reihen der Gestapo, bekamen. So erfuhren sie beispielsweise, wann ihr Gottesdienst von Spitzeln abgehört und überwacht werden sollte. «Eines Tages», erinnert sich Lenz, «überraschten uns zwei Polizisten, als wir zu mehreren in einem kleinen Amtszimmer einer abgelegenen Pfarrei in primitivem ‹Fließbandverfahren› Matrizen mit illegalen Texten beschrieben, Blatt für Blatt mit einem Handroller bedruckten, Makulaturen auf den Boden warfen, Blätter nach Bestellisten abzählten, verpackten, adressierten, Pakete stapelten usw. Ich weiß nicht, wer mehr erschrocken war: Wir oder der alte, wohlwollende Wachtmeister, der seinen jungen Mitarbeiter am Eintreten hinderte, indem er sich breitbeinig in die offene Zimmertür stellte und sagte: ‹Ich komme, um das Schrifttum in dieser Gemeinde festzustellen.› Ich trat vor ihn: ‹Das ist schnell erledigt, Herr Wachtmeister. Sehen Sie, hier neben mir hat der Gemeindepfarrer eine Auslage des Schrifttums dieser Gemeinde.› Und dann las ich vor, und er schrieb eifrig nach: Das *Darmstädter Sonntagsblatt,* das *Kasseler Sonntagsblatt,* Kindergottesdienstblätter usw. Ohne noch einen Blick in das übervolle Zimmer zu werfen, zog er mit seinem mißtrauischen Gesellen ab und – so schnell wie nur möglich – wir ebenfalls mit dem gesamten Material und Gerät. In einer anderen, abseits gelegenen Pfarrei setzten wir die Arbeit fort.»

Pfarrer als KZ-Wächter

Eine starke Gemeinde bedeutete zwar einen gewissen Schutz, verhinderte aber nicht Konsequenzen: «Wegen meiner Predigten und Lageberichte, weil ich alle, auch die verbotenen Kanzelerklärungen der Bekennenden Kirche verlas, weil ich – ungeachtet des Verbots – Sonntag für Sonntag die Namen der Brüder in die Fürbitte einschloß, die wegen ihres Glaubens in Haft waren, weil ich verbotene Kollekten einsammeln ließ, um die kärgliche Besoldung der illegalen Jungtheologen der Bekennenden Kirche aufzubessern, kam es in Münzenberg zu besonders harten Auseinandersetzungen zwischen der örtlichen NS-Parteileitung und mir. Ich weiß nicht mehr genau, wie viele Maßnahmen man in diesem Zusammenhang gegen mich verfügte; etwa dreißig dieser Schikanen kann ich durch meine Unterlagen belegen.

Keine einzige ging von Trais-Münzenberg aus. Dort stand die Parteileitung aktiv auf der Seite der Bekennenden Kirche oder verhielt sich loyal. Der Ortsgruppenleiter, ein alter Parteigenosse, legte vor seinem Kreisleiter sein Amt nieder, und das – wie er ausdrücklich betonte – aus Glaubensgründen. Während der Organist von Münzenberg seinen Organistendienst aufgab, weil die Partei das von ihm als Staatsbeamten verlangte, weigerte sich der Organist in Trais-Münzenberg, dieser Forderung des Kreisleiters nachzugeben. Auch er war Staatsbeamter, aber kein Nationalsozialist und hatte als Bruder des Leibarztes Hitlers schon eine gewisse Absicherung.

Um einen Einblick in die Lage der Bekennenden Kirche, ihrer Gemeinden, Pfarrer und Pfarrfamilien zu geben, möchte ich hier stellvertretend für sie alle einmal aufzählen, in welcher Weise man mich damals bedrängte und unter Druck setzte. Die Maßnahmen der NS-Partei (Ortsgruppe, Kreisleitung, Gauleitung, Kreis- und Gaugericht), des NS-Staates (Bürgermeister, Polizei, Geheime Staatspolizei, Staatsanwalt, Amtsgericht, Landgericht und Sondergericht) und des NS-Kirchenregimentes brachten mir neben dem Ausschluß aus der SA-Reserve und der NSDAP Bespitzelungen, Besuche der Gestapo, Anzeigen, Vernehmungen, Hausdurchsuchungen, Partei-, Sonder- und ordentliche Gerichtsverfahren, Beschlagnahme von Kollekten und Naturalspenden, meines neuen Pkw, meines Vervielfältigungsapparates und meiner Schreibmaschine ein, dann Verhaftung, Verleumdungen, Feindschaften, Bedrohung, Mißhandlung, Massenaufmärsche, Gottesdienststörungen, Gehaltssperre, Geldstrafen, Briefzensur, den Verlust vieler Freunde. Nicht zu reden von den wirtschaftlichen Schäden, die meine Familie während des Krieges zu ertragen hatte, von meiner vorzeitigen Einziehung zum Kriegsdienst und dann – als Höhepunkt – von meiner Abkommandierung zur Totenkopf-SS am SS-Arbeitslager Hersbruck.»

Bleibt die Frage, warum Pfarrer Lenz nicht schon beim Eintritt in die Bekennende Kirche die NSDAP verließ: «Damit folgte ich einer Abmachung der bekennenden Brüder, daß die Parteigenossen unter den bekennenden Pfarrern nicht aus der Partei austreten, sondern bis zum Ausschluß in ihr bleiben sollten, um so die Partei zur klaren Stellungnahme zu zwingen.»

Es begann mit einem Krankenbesuch

Ein Laie und seine Gemeinde im Kirchenkampf

Im Dezember 1928 erkrankte die 14 Monate alte Tochter Uta des Ehepaars Hildegard und Gustav Heinemann in Essen schwer. Die besorgten Eltern, die um das Leben ihres Kindes fürchten mußten, besuchte auch ein Mann, der nicht nur trösten konnte, sondern auch praktischen Rat wußte: Friedrich Graeber, Pastor der evangelisch-reformierten Gemeinde in Essen-Altstadt. Aus dieser zufälligen ersten Begegnung mit Graeber entwickelten sich rasch Kontakte, die Heinemann schließlich zur Bekennenden Kirche und damit zum kirchlichen Widerstand gegen die Nazis führen sollten.[5]

Heinemann, Jahrgang 1899, hatte Jura studiert, erhielt 1926 seine Zulassung als Anwalt und arbeitete seit 1928 zusätzlich als Prokurist bei den Rheinischen Stahlwerken in Essen.

Graebers Predigten imponierten Heinemann in ihrer klaren Sprache und deutlichen Aussage ebenso wie die Aktivitäten des Gottesmannes zugunsten der Arbeitslosen, denen er in Essen-Borbeck den «Hoffnungskotten» einrichtete, ein kleines Bauernhaus mit Stallungen aus ausrangierten Eisenbahnwaggons, um so ihnen und ihren Familien wieder etwas vom Sinn des Lebens zurückzugeben. Dieses handfeste Christentum überzeugte Heinemann; aus der Bekanntschaft mit Pastor Graeber wurde nach 1930 eine enge Freundschaft.

Nach dem 30. Januar 1933 hängte Pastor Graeber seinen Talar nicht nach dem Wind; er stand vielmehr von Anfang an auf der Seite der Nazi-Gegner, bereit zur Auseinandersetzung. Die erste kam im Juni mit den Wahlen zu den kirchlichen Gremien.

Der staatlichen Propaganda zugunsten der nazifreundlichen «Deutschen Christen» konterte Pastor Graeber mit einer Kampfschrift, die er mit zwei anderen Geistlichen verfaßt hatte und die er in seinem Kleinverlag herausbrachte. In ihr rechnete er scharf mit seinen nazitreuen Widersachern innerhalb der Kirche ab. Graebers Vorwurf: das «ungeheuerliche Nebeneinander der zwei Autoritäten am Revers», von Partei und Gottes Wort. Es sei eine Schmach, daß die Kirche sich das gefallen lasse, «aus Feigheit vor den Drohungen gewisser Leute».

Die Wahlen in der Gemeinde Essen-Altstadt brachten ein Patt zwischen den «Nazi-Christen» und der Arbeitsgemeinschaft «Evangelium und Kirche», der Vereinigung der innerkirchlichen Opposition. Zu den neugewählten Presbytern gehörte auch Gustav Heinemann.

Pastor Graeber ließ nicht locker, ermutigt durch die Tatsache, daß seine Kampfschrift sogar in Zeitungen zitiert worden war. Heinemann reagierte auf die vielfältige Zustimmung aus der Bevölkerung, indem er ein Postscheckkonto für Spenden zur Unterstützung der Bekenntnisaktion einrichtete. Graeber textete ein Flugblatt, in dem es unter anderem hieß: «Hinweg mit allem Terror ... wir werden ein Versailles der Kirche niemals unterschreiben, unter keiner Drohung und unter keinem Versprechen.» Die Zettel wurden schnell verteilt und mußten mehrfach nachgedruckt werden. Als die dritte Auflage erschien, griffen die Nazis zu. Graeber kam für zwei Tage in «Schutzhaft» und durfte einige Wochen nicht arbeiten. Graebers Kommentar zu seiner Inhaftierung: «Ein Wachhund muß scharf sein, oder er taugt nichts.»

Gottesdienst mit Gestapo

Ende 1933 bröckelte die Anhängerschar der «Deutschen Christen» in Essen. Pastor Graeber amtierte wieder und riskierte es, erstmals eine größere Versammlung einzuberufen. Der Andrang war gewaltig. Kaum hatte Graeber seine Ansprache begonnen, da sah er, wie zwei Gestapo-Leute in Zivil den Raum betraten. Mitten im Satz brach er ab und ließ das Kirchenlied ‹*Groß' Macht und viel List ...*› singen. Danach rief er in den Saal: «Das Wort hat die Geheime Staatspolizei.» Die Beamten erklärten die Versammlung für geschlossen. Graeber konnte aber noch mitteilen, daß in der «geheizten Pauluskirche» sofort ein Gottesdienst stattfände ...

Auch Heinemann setzte sich weiterhin für eine freie Ausübung der Religion ein – mit einem ungewöhnlichen Schritt, von dem er im Ernst kaum erwarten konnte, daß er erfolgreich sein würde. Er schrieb einen Brief direkt an Hitler, in dem er ihn auf die Unterdrückung der Geistlichen in der Bekennenden Kirche hinwies und verlangte, diese Unterdrückung zu beenden. Die enttäuschende Reaktion auf das Schreiben war eine kurze Mitteilung, daß die Eingabe an den Reichsminister des Innern «zur Prüfung» weitergeleitet worden sei.

Die Arbeit in der Gemeinde wurde immer schwieriger. Tief betroffen waren die evangelischen Christen, als am 12. Dezember 1933 «Reichsbischof» Müller die kirchliche Jugendarbeit aufheben ließ – zugunsten der HJ! Die monatelangen Bemühungen der Pfarrer auch in Essen, die Jugendlichen von der HJ fernzuhalten, waren vergebens gewesen. Jetzt verfügte der oberste Bischof sogar die Eingliederung der kirchlichen Jugendverbände in die Nazi-Truppe! Pfarrer Wilhelm Busch, in Essen zuständig für die Jugendarbeit, schickte Müller ein Protesttelegramm, in dem er ihn zornig des Wortbruchs beschuldigte. Er habe noch kurz vorher zugesagt, die kirchliche Jugendarbeit besonders zu schützen. Die Kirchenbehörde nahm das Telegramm zum Anlaß, Busch sofort zu suspendieren.

Die betroffenen Gemeinden standen zu ihrem Jugendpfarrer und wollten sich mit der verfügten Disziplinarmaßnahme nicht abfinden. Eine Abordnung mit Busch und Heinemann reiste nach Koblenz zum zuständigen Generalsuperintendenten Stoltenhoff. Für den hatte der Reichsbischof gute Absichten, war der Pfarrer Busch ein aufsässiger Mann, der die Disziplin junger Menschen untergraben hatte. Die Besucher aus Essen kamen auf den Kern der Angelegenheit zu sprechen: Die Kirchenleitung sei mit dem Eingliederungsbeschluß ihren Pfarrern in den Rücken gefallen. Schließlich fragte Stoltenhoff: «Bruder Busch, was soll ich denn nun mit Ihnen machen?» Darauf Busch: «Das ist Ihre Sorge, nicht meine.» Stoltenhoff: «Ich habe gerade heute noch viel Schlimmeres von Ihnen abgewendet.» Da schaltete sich Heinemann ein: «Lassen Sie es doch endlich, das ‹Schlimmere› immer wieder abzuwenden. Wenn Sie für jeden Pfarrer oder für jedes Gemeindemitglied, welches in Haft gesetzt wird, das Geläut der Kirchenglocken in der Rheinprovinz anordnen, ist uns besser geholfen.»

Alarmanlage für das Jugendheim

Pfarrer Busch kehrte nach einiger Zeit in sein Amt zurück; in den folgenden Jahren erreichte ihn noch so oft ein Suspendierungsbescheid, daß er manchmal nicht wußte, ob er nun gerade im Amt war oder nicht. Er setzte sich weiterhin tatkräftig für die Essener Jugendlichen ein, deren Haus an der Hohenburgstraße ständig bewacht werden mußte und das schließlich eine Alarmanlage erhielt, weil die HJ es im Frühjahr 1934 immer wieder bestürmte. Erst nach mehrfachen Beschwerden bei der Polizei hielt sich die HJ zurück. Auch die deutsch-christlichen Kirchenbehörden konnten sich des Jugendhauses nicht bemächtigen: Es gehörte nicht der Gemeinde, sondern einem privaten Verein – ein kleiner, aber damals entscheidender Unterschied.

Das Jahr 1934 brachte in Essen nicht nur im Bereich der kirchlichen Jugendarbeit verstärkte Auseinandersetzungen. Als «Reichsbischof» Müller durch seine ‹*Verordnung betreffs Wiederherstellung geordneter Zustände in der Deutschen Evangelischen Kirche*› versuchte, die Gemeindearbeit noch stärker durch die Kirchenleitung zu gängeln und damit die Bekennende Kirche mundtot zu machen, war auch Pastor Graeber dabei, als die rheinische Kirche mit einem Bruderwort auf den Knebelungsversuch antwortete: «Gott ist mehr zu gehorchen als dem Reichsbischof», hieß es da, «wer Drohungen oder Bitten, von wem auch immer, in dieser Stunde unterliegt, verleugnet Christentum vor den Augen der Welt und den Gläubigen. Eine Pfarrerschaft, die jetzt nicht widersteht, wird von Gott verworfen.»

Deutsch-christliche Spione

Diese Aufforderung zum Widerstand sollte am Sonntag, den 14. Januar 1934, von den Kanzeln verlesen werden. Die «Deutschen Christen» hatten Wind von der Sache gekriegt und schickten ihre Spione in alle Gotteshäuser. Pfarrer Graeber erkannte in der Pauluskirche seinen Kontrolleur auf Anhieb. Er verließ den Altarraum, ging durch das Kirchenschiff auf ihn zu und begrüßte ihn vor der Gemeinde mit den Worten: «Ich wünsche Ihnen einen gesegneten Gottesdienst.» Dann verlas er wie geplant die Erklärung – so wie alle Pfarrer in der Bekennenden Kirche. Sie schloß: «Liebe Brüder! Seit dem heutigen Tage sind wir Fremdlinge in unseren eigenen Kirchen. Richtet Euch auf einen langen Kampf ein. Wir sind jenseits der Grenze, die ein Zurückweichen gestattet. Wir müssen vorwärts, durch die Spurketten hindurch!»

Ende Februar verloren die drei Pfarrer, die den Text verfaßt hatten, nach einem Disziplinarverfahren beim Generalsuperintendenten in Koblenz ihre Ämter – und zwar auf Dauer. Pfarrer Graeber: «Der Strick ist zerrissen, der Vogel ist frei.»

Andachten in der Börse

Graeber und Heinemann lösten danach ihre Gemeinde in Essen-Altstadt aus dem Kirchenverband und machten sich selbständig. Heinemann pachtete von der Stadtverwaltung einen größeren Saal in der Essener Börse, beschaffte etwa 800 Stühle, eine Kanzel und ein Harmonium. Die Gehälter für Pastor Graeber und die übrigen kirchlichen Mitarbeiter wurden durch Spenden aufgebracht.

Heinemann nahm nach 1934 an allen wichtigen Synoden der Bekennenden Kirche teil. Er war auch 1934 in Barmen dabei, wo er die ‹*Barmer Erklärung*› mitformulierte. Die Kontakte zwischen den Gemeinden der Bekennenden Kirche sicherte ein Bruderrat, in dem mehrere Jahre lang auch Heinemann saß.

Grüne Blätter aus dem Keller

Über alles Wichtige informierten die *Grünen Blätter,* auch *Briefe zur Lage* genannt, die zwei amtsenthobene Geistliche redigierten. Gedruckt wurden die Mini-Zeitungen auf grünem Papier im Keller des Hauses von Gustav Heinemann. Der Vervielfältigungsapparat war tagsüber, wenn der Raum von den Kindern als Spielzimmer genutzt wurde, in einem Schrank verwahrt. Den einzigen Schlüssel hatte Heinemann. War wieder einmal eine Ausgabe der *Grünen Blätter* fällig, nahmen die Beteiligten zuvor scheinbar harmlos Kontakt miteinander auf: «Kann ich heute bei euch ein bißchen Klavier spielen?», oder: «Wir wäre es, wenn ich heute die Rosen schneiden würde?»

Gustav Heinemann über seine Kellerdruckerei: («Vikar) Disselhoff und zwei Helfer verdunkelten die Fenster, holten den Apparat heraus, schalteten ihn in die Lichtleitung ein und ließen in zwei parallelen Bahnen die Abzüge von den Matrizen rollen. Die Abzüge wurden sortiert, zusammengelegt, geklammert und paketfertig gemacht. Meine Frau sorgte für Kaffee und Verpflegung, weil es immer in die tiefe Nacht hineinging, ehe eine Auflage fertig war.»

Lange Zeit blieb der Druck der *Grünen Blätter* unentdeckt, doch eines Tages fragte eines der Heinemann-Kinder seine Eltern, was abends in ihrem Keller los sei. Von einer Schulfreundin, der Tochter eines Nazi-Funktionärs, hatten sie erfahren, daß ihr Vater dabei sei zu ermitteln, was abends im Keller der Heinemanns vor sich gehe. Noch am selben Tag wurde der Matrizendrucker an einen anderen Ort gebracht.

Anfang 1937 sollte Heinemann eine neue Funktion übernehmen. Jugendpfarrer Busch bedrängte ihn, sich für den Vorsitz des «Christlichen Vereins Junger Männer» (CVJM) in Essen zur Verfügung zu stellen. Man brauchte einen erfahrenen Mann, der den Nazis die Stirn bot, die in vielen

Städten des Reiches schon alle CVJM-Einrichtungen vereinnahmt und damit die kirchliche Arbeit unmöglich gemacht hatten. Nach seiner Wahl zum Essener CVJM-Chef ging Heinemann unverzüglich ans Werk.

Zweifel und Rückzug

Er wußte, daß überall mit Denunzianten zu rechnen war und daß es darauf ankam, sie rechtzeitig aufzuspüren. Der Hausmeister und Verwalter des Essener CVJM-Heimes war als Zuträger der örtlichen Nazis enttarnt. Heinemann schmiß ihn kurzerhand raus und bewies damit wieder einmal seinen Mut und das zu einem Zeitpunkt, als ihn schon erhebliche Zweifel quälten, ob die Bekennende Kirche mit ihrer Arbeit auf dem richtigen Weg sei; schier unvorstellbare Belastungen für den einzelnen, der psychische Druck bei den geheimen Aktionen, anstrengende Reisen zu den Treffen mit kirchlichen Freunden, dann die wachsende Zahl der Verhaftungen – all das signalisierte die nur geringen Erfolge der kirchlichen Opposition. Die Nazis dagegen saßen immer fester im Sattel und bekamen über kurz oder lang scheinbar alles unter ihre Kontrolle. Bei den Planungen für die Synode der Bekennenden Kirche im westfälischen Lippstadt notierte Heinemann im August 1937: «Kampf gegen DC (Deutsche Christen) war falsche Front. DC sind nur Attrappe des Staates. Deswegen nicht dogmatischer Ansatz, sondern politischer.»

Ein Jahr später, im August 1938, trat Heinemann von allen Ämtern der Bekennenden Kirche zurück – nicht, ohne seine Entscheidung zu begründen: «Es geht alles nach dem alten Schema weiter. Man bildet sich ein, daß man Krieg führe, weil man protestiert, antichambriert, Rechtsansprüche feierlich aufrechterhält, Synoden oder Sitzungen abhält und umherreist, und hat in Wahrheit überhaupt noch nicht mobil gemacht. Solange Pfarrer den Kampf mit Reichsnetzkarten oder noch so guten bekenntnismäßigen oder kirchenrechtlichen Gedanken führen, ohne Mann für Mann eine unabhängige Gemeinde hinter sich zu haben, sind sie für den Gegner wahrhaft harmlos.»

Künftig kämpfte Heinemann für diese «unabhängige Gemeinde» in Essen-Altstadt. Er predigte, hielt Vorträge und Bibelkurse. Doch Ende 1938 war es für den direkten politischen Widerstand, wie er Heinemann vorschwebte, schon viel zu spät.

Gewissensnot war nicht gefragt

Kritik in Predigten und Flugblättern

Durch zahlreiche Spitzel waren die Nazis meist gut informiert, wenn Pfarrer in ihren Predigten Kritik am Regime übten oder auf andere Weise versuchten, ihre Gläubigen auf Distanz zu den Braunhemden zu halten. Aus dem Tätigkeitsbericht der NSDAP-Kreisleitung Marienburg vom Januar 1934:

«Die evangelische und katholische Geistlichkeit machen jetzt z. T. aus ihrer früheren Gesinnung kein Hehl. Im Kreise Marienburg sind Fälle vorgekommen, welche zeigen, daß in beiden Kirchen zum Widerstand gegen die nat.-soz. Weltanschauung aufgerufen wird. Ein evangelischer Pastor predigte von der Kanzel, daß es verderblich wäre, wenn ein Volk Rassenvergötzung triebe. In diesem Zusammenhang möchte ich noch einmal den Einfluß der katholischen Geistlichkeit erwähnen, den sie auf die kath. Jugend ausübt. In einem Falle wurde der kath. Jugend vom Pfarrer verboten, ihn mit ‹Heil Hitler› zu grüßen, sondern mit ‹Gelobet sei Jesus Christus›. Die kath. Geistlichkeit tut alles, um die Jugend den nationalsozialistischen Organisationen fernzuhalten. So ist es auch nicht zu verwundern, wenn innerhalb der kath. Jugendbünde eine verheerende Unkenntnis über nationalsozialistische Arbeit herrscht.»[6]

Außerhalb der Gotteshäuser gab es gelegentlich in der kirchlichen Presse Anzeichen vorsichtiger Opposition. Doch die Gestapo war stets wachsam und mit Repressalien wie immer schnell bei der Hand. Besonderer Mut gehörte dazu, Flugblätter mit religiös-politischem Inhalt in Umlauf zu bringen. In der Regel blieben auch sie der Gestapo nicht lange verborgen, die bald intensiv nach den Urhebern fahndete. In einem Gestapo-Lagebericht vom Januar 1936 heißt es dazu:

«Im Bereiche des Ortspolizeibezirkes Hildesheim gelangten Flugblätter, ‹Bericht eines Theologiestudenten›, gezeichnet F. R. stud. theol., zur Verteilung. Hierin wird die angebliche Gewissensnot behandelt, in der sich gläubige Christen befinden, wenn sie den nationalsozialistischen Organisationen angehören. Insgesamt konnten 130 Exemplare sichergestellt werden. Die Ermittlungen sind eingeleitet.»[7]

«Ein bißchen Widerstand»

Pastor in der Bekennenden Kirche

Gegen Mitternacht des 30. Januar 1933, als die Nazis noch überall im Reich die Ernennung ihres «Führers» zum Reichskanzler feierten, schrillte in der Bonner Studentenbude von Helmut Gollwitzer das Telefon. Aus dem Bett geklingelt hatte ihn der Theologieprofessor Karl Barth, sein Doktorvater. «Herr Gollwitzer, der Hitler ist Reichskanzler geworden», rief Barth am anderen Ende der Leitung. Die etwas unwirsche Antwort: «Herr Professor, deswegen hätten Sie mich doch nicht im Schlaf stören müssen; der wird auch bald abgewirtschaftet haben!» So gleichgültig reagierten nicht wenige Deutsche und mit seinem Irrtum eines baldigen Scheiterns der Hitler-Regierung stand der damals 25jährige Theologiestudent Gollwitzer bei weitem nicht allein. Gollwitzer, nach seiner Promotion Pfarrer in Thüringen und Berlin, nach dem Krieg Professor für Theologie in Bonn und Berlin, erinnert sich:

«Am nächsten Tag verteilten Nazi-Studenten Flugblätter in der Stadt, auf denen sie von der großen historischen Wende sprachen. Sie hatten recht und nicht ich. Hitlers Gegner haben ihn und die Seinen unterschätzt, die Dynamik seines Willens, die Schlauheit, die ungehemmte Bosheit und Menschenverachtung. Auch seine Sympathisanten, auch seine großindustriellen Auftraggeber haben ihn unterschätzt. Die Vertreter der Kirche bildeten hier keine Ausnahme. Im Sommer 1933 war in Bonn ein protestantischer Pfarrer aus Wien, der Vater eines unserer Professoren, zu Besuch und wir bemühten uns, ihm seine positive Meinung über die neuen Machthaber auszureden. Er hörte erstarrt zu, wie Karl Barth ihm sagte: ‹Seien Sie sich klar, es sind Narren oder Verbrecher, wahrscheinlich beides.›

Die erste Phase des kirchlichen Widerstandes habe ich bei Karl Barth in Bonn erlebt, als sein Doktorand, in einem engen Schülerverhältnis und in naher persönlicher Beziehung. Von Karl Barth muß die Rede sein, weil er zu denjenigen Christen und Theologen in Deutschland gehörte, die früh und scharf das durch Hitlers Bewegung über Deutschland hereinbrechende Verhängnis erkannt haben, weil sein großer Einfluß aus der Bildung des kirchlichen Widerstandes nicht wegzudenken ist. Er lieferte uns die entscheidenden theologischen Stichworte, neben seiner theologischen Arbeit vor allem durch die Grundsatzformulierungen, im besonderen als Hauptverfasser der für die Bekennende Kirche grundlegenden Erklärung der ersten Bekenntnissynode von Barmen im Mai 1934. Es war auch sein Einfluß, der dafür sorgte, daß der Widerstand gegen die braune Herrschaft sich zunächst als ein rein kirchlicher konstituierte, nicht als unmittelbar politischer. Barth selbst war vor seiner Berufung an die Universität Göttingen im Jahre 1922 Mitglied der schweizerischen Sozialdemokratie gewesen, auf deren linkem Flügel, und nach Jahren politischer Zurückhaltung erst 1931 der deutschen Sozialdemokratie als Mitglied beigetreten. Neben ihm gehörten auch einige andere Theologieprofessoren in Bonn der SPD an oder standen ihr nahe.»[8]

Gollwitzer, Jahrgang 1908, war in einem bayerischen lutherischen Pfarrhaus konservativer Prägung aufgewachsen und gehörte zeitweise dem rechten Flügel der «Bündischen Jugend» an, die er als Student verließ. Im Laufe seines Studiums entwickelte sich Gollwitzers politischer Standpunkt nach eigener Einschätzung von rechts nach links; zu Beginn des Dritten Reiches stand er «etwas links von der SPD», die damals noch ein eindeutig marxistisches Programm hatte, «in lebhafter Diskussion mit sozialistischen und kommunistischen Freunden, freilich noch mit geringer theoretischer Ausrüstung, mit noch dürftiger Kenntnis der marxistischen Klassiker, mit großem Interesse für die Entwicklung in der Sowjetunion, später freilich durch die Moskauer Prozesse gründlich desillusioniert».

Im Kreis um Karl Barth

Trotz dieser klaren politischen Standortbestimmung war von sofortigem Widerstand gegen die neuen Machthaber bald nicht mehr die Rede:

«Im Bonner Kreis um Karl Barth war uns rasch klargeworden, daß wir unsere Überzeugung von der Unvereinbarkeit von Christentum und Nazismus und unsere negative Beurteilung des Nazismus zunächst zurückzustellen hatten. Für ein Verständnis unserer Überzeugung mußte bei den evangelischen Christen erst die Voraussetzung geschaffen werden durch eine neue Besinnung auf die Grundlagen des christlichen Glaubens, aus dem sich die Kriterien für eine Beurteilung des Nazismus, seiner Weltanschauung wie seiner Politik, erst ergeben konnten. Die traditionelle Verfilzung des lutherischen Christentums mit Obrigkeitsstaat und Nationalismus mußte aufgebrochen werden durch eine neue, radikalere Erkenntnis der christlichen Botschaft und des Wesens einer christlichen Kirche. Barth ist nach 1945 seine politische Zurückhaltung in den ersten Jahren des braunen Regimes – bis zu seiner Entsetzung von der Hochschulprofessur und seiner Abschiebung nach Basel im Jahre 1935 – zum Vorwurf gemacht worden; ich meine heute noch, daß sie durch die Umstände geboten war. Es mußte denen, die sich von den neuen Machthabern in der verzweifelten Lage des durch die Weltwirtschaftskrise so schwer getroffenen deutschen Volkes etwas Positives versprachen, glaubwürdig werden, daß unser Aufruf, die angestrebte Gleichschaltung der Kirche abzuwehren, primär christlich motiviert war und deshalb über politische Beurteilungsdifferenzen hinweg auch jenen, wenn sie Christen sein wollten, zugemutet werden konnte.»

Als richtig bewertet Gollwitzer im Rückblick den Entschluß, sich durch die Gründung einer freien Kirche den Bevormundungsversuchen des totalen Staates zu entziehen: «Wo Christen in der kirchlichen Oppositionsbewegung sich zu ‹Bekenntnisgemeinden› sammelten, verlor sich der Rausch, in den sie hineingeraten waren, trat an die Stelle der Faszination die Ernüchterung, bildete sich wieder ein selbständiges Urteil über die Maßnahmen des neuen Staates, die Judenverfolgung, den Militarismus, die Untaten des Regimes, entstand auch eine selbstkritische Trennung von jener traditionellen Verfilzung, die die protestantischen Christen so stark zum Mitmachen disponiert hatte. Damit ist nicht entschuldigt, daß die evangelische Kirche einschließlich der Bekennenden Kirche, solange es noch Zeit war, nicht offen und entschieden genug gegen das nazistische Übel protestiert hatte. Aber sie mußte dazu ja erst instandgesetzt werden, und das konnte nur durch eine innerkirchliche Neubesinnung auf das Evangelium und durch den Kampf um die organisatorische Freiheit der Kirche geschehen.»

Erfahrungen anderer und eigene Erlebnisse bestärkten Gollwitzer rasch in seiner Auffassung, daß der Nazi-Staat durch und durch ein Unrechts-Regime war: «Aus München berichtete mir ein Gewerkschaftsfunktionär von seinen Hafterlebnissen; durch kommunistische Bekannte erfuhr ich von den Razzien in den Arbeitervierteln; jüdische Kommilitonen vermittelten mir eine erste Ahnung, wie ernst die antisemitischen Ankündigungen zu nehmen waren. In Bonn und Umgebung wurden wir Zeugen der Ausschreitungen der zur Hilfspolizei ernannten SA. Wir trugen diese Nachrichten in die kirchlichen Gemeindekreise hinein, um einzuschärfen, daß diejenigen Christen, die mit dem Nationalsozialismus sympathisierten, noch mehr zum Protest gegen solche Auswüchse verpflichtet seien als diejenigen, die in politischer Gegnerschaft standen. Der nächste Schritt mußte dann sein, die Erkenntnis zu verbreiten, daß es sich hierbei nicht um Auswüchse, sondern um Symptome handelte, um Wesenszeichen des nun herrschenden Systems.»

Nach dem «Gesetz zur Wiederherstellung des Berufsbeamtentums» vom 7. April 1933 wurden Staatsdiener, die nicht «arischer» Abstammung oder dem Regime politisch nicht genehm waren, in den Ruhestand versetzt. Gollwitzer erlebte schon 1933 die politisch motivierten Entlassungen der Theologieprofessoren Schmidt und Lieb in Bonn. Mit Kommilitonen sammelte er Solidaritätsunterschriften und veranstaltete öffentliche Diskussionen über die Machenschaften der Nazis. Im benachbarten Köln verloren zwei Vikarinnen, die den «Religiösen Sozialisten» nahestanden, ihre Ämter. In einer dämmrigen Kirche, der der Strom abgedreht worden war, nahm Gollwitzer mit Karl Barth an einem Solidaritätsgottesdienst für die beiden Frauen teil und bekam «eine erste Ahnung von der beginnenden Katakomben-Ära».

Anschluß an den Pfarrernotbund

Als Martin Niemöller den «Pfarrernotbund» gründete, war Gollwitzer mit Bonner Freunden von Anfang an dabei. Die Opposition der «Jungevangelischen» schien Gollwitzer theologisch zu unklar, sie brach ihm nicht genügend mit «dem Gerede vom ‹nationalen Aufbruch›», so daß er bei den Kirchenwahlen am 23. Juli 1933 für eine durch den Kreis um Karl Barth gebildete eigene Wahlliste «Für die Freiheit des Evangeliums» warb. Sie brachte nur wenige Vertreter in die Gemeindekirchenräte, «in ihr war aber der Weg des entschiedenen Flügels der Bekennenden Kirche, der sogenannten Dahlemiten, vorgezeichnet.»

Gollwitzer: «Daß dies alles möglich war, zeigt einmal, daß der kirchliche Widerstand die ganzen Jahre hindurch bis zum Krieg einen größeren Freiraum hatte als der politische, wenn auch noch so widerwillig vom NS-Staat konzediert, um den Anschein von religiöser Toleranz zu erwecken, zum anderen illustriert es auch, wie das Regime erst allmählich seine Repressionskrallen gegenüber der Bevölkerung, soweit sie nicht zu den von Anfang an brutal verfolgten Linksparteien gehörte, zeigte. Immer noch konnten wir zu unserem Vorteile die Fiktion ausnützen, unser Widerstand gelte nicht dem Staate als solchem, nicht der jetzigen Regierung, sondern nur der von Hitler selbst als nicht obligatorisch bezeichneten Rosenbergschen Weltanschauung und der Kirchenpartei der ‹Deutschen Christen›. Als die letztere dann freilich abgewirtschaftet hatte, wußten wir – etwa um 1936 –, daß wir nun direkt mit dem Staat konfrontiert seien, und bekamen es zu spüren.»

Kirchenwahlkampf

1936/37 machte Hitler einen letzten Versuch, den ihm lästigen Kirchenkonflikt zu beenden, indem er Kirchenausschüsse einsetzte und für den Sommer 1937 Kirchenwahlen anberaumte. Gollwitzer: «Ich war damals Mitarbeiter des Bruderrats der Lutherischen Bekenntnisgemeinschaft in Thüringen und hatte das Referat für Volksmission und für Ausbildung des theologischen Nachwuchses. Die kirchlichen Auseinandersetzungen liefen in den einzelnen Teilen Deutschlands sehr verschieden, je nach dem Grade der traditionellen Kirchlichkeit der Bevölkerung; starke Zentren der Bekennenden Kirche waren das Rheinland und Westfalen, Ostpreußen, Hinterpommern, auch Berlin. Einige Landeskirchen (Bayern, Hannover, Württemberg) hatten sich die Erhaltung ihrer bekenntnisgemäßen Kirchenleitung erkämpft, waren also ‹intakt›. Andere wie die große Kirche der Altpreußischen Union waren ‹zerstört›, d. h. sie wurden zuerst von Bischöfen der ‹Deutschen Christen›, dann von jenen Kirchenausschüssen geleitet, und die Bekennende Kirche hatte dort in heftiger Opposition zu den offiziellen Leitungen eine selbständige Organisation aufgebaut. Thüringen war seit langem, mit Ausnahme weniger Gegenden, ein traditionell unkirchliches Land, nun aber beherrscht von der rabiatesten Sorte der ‹Deutschen Christen›, der ‹Nationalkirchlichen Bewegung DC›, mit entsprechender Besetzung der theologischen Fakultät in Jena. So hatte ich die zu uns sich haltenden Theologiestudenten in Ausbildungskursen zu sammeln, was meist nur unter allerlei Tarnung möglich war, etwa als Erntehelfer in Dörfern, in denen wir einen Rückhalt hatten, oder in unauffälligen Zusammenkünften in großen Städten. Nach dem Vorbild der Bruderräte anderer ‹zerstörter› Landeskirchen, eigene theologische Examina abzuhalten, wagte unser Bruderrat nicht; er ließ die Kandidaten bei den ‹intakten› Landeskirchen prüfen und setzte sie dann als ‹Illegale› in einzelnen Orten mit zahlenmäßig beträchtlichen Bekenntnisgemeinden ein. Die Sammlung solcher Bekenntnisgemeinden war wegen der großen Entkirchlichung der thüringischen Bevölkerung nicht einfach. Hier galt mein missionarischer Auftrag. Um jeden einzelnen Pfarrer, der sich nicht den ‹Deutschen Christen› unterworfen hatte, galt es zu ringen, und von Haus zu Haus mußten kirchlich gesinnte Leute einzeln besucht, aufgeklärt und für den Zusammenschluß zu einer Bekenntnisgemeinde gewonnen werden, die oft nur eine sehr kleine Gruppe blieb – ein schweres Stück bei soviel Angst, Konformismus und Ungewohnheit zu eigener christlicher Stellungnahme.

Die Ankündigung von Kirchenwahlen bot uns nun eine neue Chance. Hitler hatte freie Wahlen zugesichert, und darauf konnten wir uns berufen bei der Abhaltung großer Bekenntnisgottesdienste und öffentlicher Wahlversammlungen. Wochenlang war ich Tag für Tag unterwegs. So ein Tag umschloß Zusammenkünfte der kleinen Bekenntnisgemeinden, Sprechstunden für seelsorgerliche Gespräche, Bibelstunden, öffentliche Versammlungen zur Kirchenwahl und Gottesdienst. Der Zulauf war überraschend groß. Über den engeren Kreis der Kirchentreuen hinaus kamen viele, die, übersättigt oder abgestoßen von der alles durchdringenden braunen Propaganda, eine andere Luft atmen und anderes hören wollten. In einem totalitären Regime ist alles Abweichende politisch, also war auch jeder christliche Satz unmittelbar ein politischer Satz, und man brauchte seine Bedeutung nur aktuell auszuarbeiten, um ihn als Gegengift gegen die braune Staatsreligion wirken zu lassen. Der Partei war das wohl bewußt; sie entsandte Diskussionsredner in solche Versammlungen, es gab heftige Diskussionen, immer auf jenem schmalen Grat, der durch die Berufung auf die vom Staat ausgesprochene Garantierung der christlichen Kirchen gegeben war. Diese Berufung diente der Absicherung, aber nicht der Konfliktvermeidung. Denn unvermeidlich wurden die Konflikte, wo die Parteiredner selbst auf die Kontroverspunkte zu sprechen kamen: unsere Bestreitung der Omnipotenz des Staates, unser Festhalten am Alten Testament, unsere Solidarität mit den Christen jüdischer Abstammung, unsere Betonung des Judeseins Jesu und der jüdischen Verfasserschaft des Neuen Testaments, unser schlichter Satz, daß auch Juden Menschen, also Gottes geliebte Kinder seien, und ebenso, daß auch Germanen vergebungsbedürftige Sünder seien. Daß jeder christliche Satz eine politische Dimension hat und politische Sprengkraft besitzt, ist mir seit damals unvergeßlich geblieben.»

Gemeindemitglieder jüdischer Abstammung gab es nur wenige. Die meisten jüdischen Bürger hatten Thüringen damals schon verlassen. «Die Verzagtheit, die Versuchung zur Anpassung und zum Verbergen des Anstößigen war in den kleinen bekenntniskirchlichen Gruppen groß», beklagt Gollwitzer. «Immer neuer gegenseitiger Stärkung bedurfte es, um die Pflicht des Eintretens für die jüdischen Nachbarn und die Zusammengehörigkeit mit den Judenchristen, die von der deutschchristlichen Kirchenleitung offiziell aus der Kirche ausgestoßen waren, als unvermeidliche christliche Lebenspraxis zu erkennen. Das wenige, was in dieser Richtung immerhin geschah, war viel, wenn man die Isoliertheit dieser kleinen Gruppen würdigt, aber viel zu wenig vom Anspruch des Evangeliums her. Die Berufung des wegen seiner halbjüdischen Abstammung aus dem Kirchendienst entfernten Pfarrers Werner Sylten in die Leitung des Büros des Bruderrates nach Gotha war nicht selbstverständlich; denn damit stand er an exponierter Stelle; es war eine offene Demonstration gegen den ‹Arierparagraphen›, und unser Büro war wie einige unserer Bekenntnisgemeinden immer wieder von Polizeiaktionen betroffen. Als die Situation für Sylten schließlich doch zu bedrohlich wurde, holte ihn die Leitung der Bekennenden Kirche nach Berlin in das ‹Büro Grüber›, das wir dort zur Hilfe für die christlichen ‹Nichtarier› gegründet hatten.»

Redeverbot

Gollwitzers Tätigkeit in der Bekennenden Kirche war der Gestapo längst unangenehm aufgefallen: «Ich beriet Ricarda Huch, mit der ich befreundet war, in Schwierigkeiten, in die sie wegen einer denunzierten judenfreundlichen Äußerung mit der Gestapo geraten war. Anläßlich eines meiner Volksmissionstage hatte ich ein intensives Gespräch mit einer jungen BDM-Führerin, einem sympathischen, offensichtlich wahrheitssuchenden Mädchen, über christlichen Glauben, Leben für Deutschland und Glauben an den ‹Führer›. Sie schien beeindruckt zu sein, aber der Gestapo, der es – durch ihre Weitererzählung oder durch ihre Denunziation – zu Ohren kam, war es nun zuviel. Ich bekam ein Redeverbot für Thüringen. Dadurch war ich zur Untätigkeit verurteilt und folgte einem Ruf Martin Niemöllers zum Altpreußischen Bruderrat, bei dem ich nun Referent für den theologischen Nachwuchs wurde.

Von politischem Widerstand hatte ich in Thüringen nichts zu spüren bekommen. Verhaftungen wurden berichtet, von der Untergrundtätigkeit linker Gruppen drangen Gerüchte zu mir, aber nie entstand eine Verbindung. Das war die Folge der Beziehungslosigkeit der Kirche zu dem aus der Kirche ausgewanderten Proletariat. Unsere Bekenntnisgemeinden rekrutierten sich aus dem Bauerntum und dem Kleinbürgertum, ein wenig auch aus der Intelligenzschicht. Stark war deshalb die traditionalistische Motivation: Wir wollen glauben, was unsere Väter geglaubt hatten. Der vor 1933 für Thüringen kennzeichnende kirchliche Liberalismus erwies sich als kraftlos; viele seiner Vertreter fanden, dem Zeitgeist folgend, bruchlos zu den ‹Deutschen Christen›, andere zogen sich in den unpolitischen Winkel zurück. In den Bekenntnisgemeinden sammelte sich, abgesehen von ein paar überlebenden Religiösen Sozialisten, kirchlich und politisch konservatives Bürgertum und Bauerntum.»

Niemöllers Vertreter

Am 1. April 1938 wurde Martin Niemöller nach sieben Monaten Untersuchungshaft und nach dem Urteil des Sondergerichts von der Gestapo übernommen und in das KZ Sachsenhausen verschleppt. Auf Niemöllers Bitte gab Gollwitzer seine Arbeit beim preußischen Bruderrat auf und wurde sein Vertreter im Gemeindepfarramt Berlin-Dahlem. «Schon seit Niemöllers Verhaftung am 1. Juli 1937 hatten wir tägliche Fürbittgottesdienste in der alten Annenkirche eingerichtet und hielten bis Kriegsende durch. Sie hatten für das innere Leben der Bekennenden Kirche weit über die Gemeindegrenzen hinaus große Bedeutung. Daß im Berliner Südwesten, vor allem in Dahlem als der besten Wohngegend Berlins, viele höhere Beamte und Offiziere wohnten, hatte schon Niemöller zu einem systematischen Ausbau der Verbindungen zu verschiedenen Ministerien und zur Wehrmachtsführung ausgenützt. Seit der Verhaftung Niemöllers, die einen starken Widerhall im In- und Ausland fand, kamen Delegationen der Bekenntnisgemeinden aus ganz Deutschland zu uns, die wir mit ihren Petitionen für Niemöller und anderen Verhafteten in die zuständigen Ministerien und in die Reichskanzlei weiterleiteten. Von dort kam ein ständiger Informationsfluß zu uns, so daß wir über viele politische Vorgänge besser als der durchschnittliche Deutsche informiert waren. Nicht selten geschah es auch, daß hohe Beamte und Offiziere mich ansprachen, um mir unter dem Siegel des Beichtgeheimnisses ihr Herz auszuschütten. Entlassene aus den Konzentrationslagern kamen mit dem gleichen Bedürfnis. Die Berliner christlichen ‹Nichtarier› sammelten sich bei uns, vor allem diejenigen, die in Gemeinden mit Nazi-Pfarrern keine Heimat mehr hatten. Dazu kamen auch ungetaufte Juden sowie kirchenferne, bisher dezidiert atheistische Intellektuelle. Bonhoeffers in den ersten

Kriegsjahren niedergeschriebene Beobachtung, daß die jetzt ‹unter Anklage geratenen Werte, wie Vernunft, Recht, Freiheit, Toleranz und Menschenrechte, alle diese Begriffe, die noch bis vor kurzem als Kampfparolen gegen die Kirche, gegen das Christentum, gegen Jesus selbst gedient hatten›, und die jetzt ‹irgendwo heimatlos geworden waren›, ‹nun Zuflucht suchten im Bereich des Christlichen, im Schatten der christlichen Kirche›, habe ich in diesen Dahlemer Jahren anschaulich erlebt.

Mit der zunehmenden Abschnürung des Lebensraumes für die Juden, insbesondere nach der Pogromnacht vom 9. November 1938, wurde die Sorge für die ‹Nichtarier›, ob getauft oder nicht, zu einem zentralen Teil des Gemeindelebens. Auswanderungshilfe mußte organisiert werden, Empfehlungsbriefe an kirchliche und nichtkirchliche Instanzen im Ausland waren zu schreiben, Lebensmittel und Textilien mußten gesammelt und Wohnraum gesucht werden. Die täglichen Gottesdienste gaben unentbehrliche innere Nahrung für die Bedrängten und für uns Mitbedrängte, besonders die jeden Mittwoch stattfindenden Abendmahlsgottesdienste, bei denen die Auswandernden sich für ihre ungewisse Zukunft stärkten und von uns verabschiedeten. Als nach dem Polenfeldzug die Deportationen in den Raum Lublin begannen, mußte der Versand von Päckchen mit allem Lebensnotwendigen dorthin organisiert werden; einiger Mut gehörte für diejenigen dazu, die willig waren, als Absender zu zeichnen, weil ihre Namen bei der Post notiert wurden. Auf der legalen Ebene wurde diese Hilfstätigkeit im ‹Büro Grüber› zentralisiert, von dem aus Heinrich Grüber, damit von der Leitung der Bekennenden Kirche beauftragt, mit der Gestapo, besonders mit Eichmann, verhandelte, bis er mit einigen seiner Mitarbeiter 1941 dafür ins KZ kam. Auf der illegalen Ebene geschah diese Hilfe durch ein paar kleine Gruppen, die mit der Fälschung von Pässen und Lebensmittelkarten arbeiteten, bis auch sie aufflogen; der jüdische Regierungsrat Kaufmann wurde erschossen, andere, die gefaßt wurden, kamen ins Gefängnis und ins KZ.

In den Predigten wurde jene verdeckt offene Sprache geführt, die unter tyrannischen Regimen sich nahelegt: Vermeidung von Reizworten, bei denen man sofort polizeilich belangt werden kann, und zugleich Umschreibung mit solcher Deutlichkeit, daß alle Hörer das Gemeinte verstanden – freilich auch die Gestapo-Spitzel, die dann bei ihren Berichten Schwierigkeiten hatten, die schwer greifbaren Äußerungen ins Greifbare zu versimpeln. Sprach man statt von den Juden von den ‹heute besonders schwer Bedrängten›, statt von den Nazis im neutestamentarischen Ton von den ‹Mächten und Gewalten, die über uns herrschen›, so war genug Deutlichkeit geschaffen. An einem Punkte aber mußte man noch deutlicher werden: bei den Fürbittelisten. Das waren von der bruderrätlichen Leitung ausgegebene Listen der Namen derjenigen, die aus Gründen ihres christlichen Bekenntnisses von den staatlichen Maßnahmen – Redeverbot, Ausweisung oder Haft – getroffen waren, und die wir in den Gottesdiensten verlasen. Dies zu unterlassen wurde von der Gestapo immer wieder gefordert, Zuwiderhandlungen wurden ab und zu mit Verhaftungen beantwortet; wir hielten es aber an einigen Orten, zu denen Dahlem gehörte, bis in die letzte Kriegszeit durch. Wenigstens in Dahlem haben wir nicht versäumt, die Aufforderung zur Fürbitte für die Namen auf diesen Listen zu ergänzen mit dem Zusatz, in diese Fürbitte alle heute Bedrängten und Verfolgten einzuschließen.

Ein anderer kritischer Punkt in den Gottesdiensten war die Ankündigung der Kollekten für die Bekennende Kirche. Deren Sammlung war durch einen Himmler-Erlaß im Sommer 1937 verboten worden. Wie unentbehrlich sie aber für uns waren, kann man daran sehen, daß es allein im Bereich der Evangelischen Kirche der Altpreußischen Union Hunderte von ‹illegalen› Vikaren und Pfarrern gab, die in den Bekenntnisgemeinden tätig waren und, wenn auch minimal bezahlt, von diesen Kollekten, bei denen erstaunlich viel Geld zusammenkam, lebten. So wurde die Geldfrage zur Bekenntnisfrage und die Kollektensammlung, die bisher ein sehr peripher Teil des Gottesdienstes gewesen war, als wichtiger gottesdienstlicher Akt entdeckt; das fand seinen symbolischen Ausdruck darin, daß die Kollekte nicht mehr nur am Ende, sondern auch schon während des Gottesdienstes gesammelt und dann auf den Altar gestellt wurde. Häufig geschah die Einsammlung auch durch einen Rundgang der ganzen Gemeinde um den Altar, auf dem die Sammelgefäße standen. Das schuf zugleich ein psychologisches Hindernis für die anwesenden Vertreter der Gestapo, das Geld sofort und öffentlich zu beschlagnahmen; bis sie es nach dem Gottesdienst in der Sakristei versuchten, war das Geld meistens schon in Sicherheit gebracht.

Wenn wir nach dem Krieg vom Ausland her gefragt wurden, weshalb wir nicht offen gegen den nazistischen Völkermord protestiert haben, pflegte ich darauf zu antworten: Als das große Morden begann, war es für den offenen Protest zu spät. Er war nicht mehr sinnvoll, sondern nur noch die Organisierung von Hilfe, auf der legalen und auf der illegalen Ebene. Unser schuldhaftes Versäumen lag nicht in dieser Zeit, sondern vorher. Als wir noch offen sprechen konnten, auch nach 1933, hätte offener gesprochen werden müssen, als wir es getan haben, um durch einen breiten Unwillen in der Bevölkerung, wie er sich nach der Pogromnacht im November 1938 wenigstens für einen Augenblick gerührt hat, die Machthaber zu hemmen. Und freilich, als es zum Reden zu spät war, hätten wir nicht helfen sollen, sondern – vielleicht hätte das die Vernichtungsmaschinerie doch gestört – uns so praktisch mit den Verfolgten identifizieren sollen, wie jener Priester in Rolf Hochhuths ‹Stellvertreter›, der mit in den Deportationszug steigt. Ohne Bekenntnis der Schuld und Bitte um Vergebung kann keiner, der dabei war, von seinem bißchen Widerstand in jener Zeit erzählen.

Verbannung aus Berlin

In Dahlem, wo die Gestapo gehofft hatte, mit der Verhaftung Niemöllers das ärgerlich intensive Leben der Bekenntnisgemeinde zu beenden, war dann auch für mich das Maß voll. Nach oftmaligen Verwarnungen wurde ich am 3. September 1940 aus der Reichshauptstadt ausgewiesen und mit einem Redeverbot für das Reichsgebiet und die besetzten Gebiete belegt. Mir wohlgesonnene Generale sorgten dann dafür, daß ich schleunigst eingezogen wurde, um unter dem Schutz der Wehrmachtsuniform für einen weiteren Zugriff der Gestapo unerreichbar zu sein. Ob wir solchen Ausweisungsbefehlen nachkommen sollten, war ein schweres Gewissensproblem für uns ‹Illegale›. Kurz zuvor war der rheinische Pfarrer Paul Schneider wegen Nichtbefolgung der Ausweisung ins Konzentrationslager gebracht worden, und kurz vor meiner Einziehung wurde der Quäker Hermann Stöhr in Stettin wegen Wehrdienstverweigerung erschossen. Die Leitung der Bekennenden Kirche hatte uns angewiesen, uns ausweisen und zum Militär einziehen zu lassen. Ich folgte dieser Anweisung, wenn auch beunruhigten Gewissens. Die Verbindung mit der Gemeinde und dem durch den Krieg doppelt schwer gewordenen Kampf der Bekennenden Kirche blieb unverändert intensiv. Ich hatte als Soldat das Bisherige in veränderter Form fortzusetzen: ein Zeuge Jesu Christi unter meinen Kameraden zu sein, der betroffenen Zivilbevölkerung der besetzten Gebiete mich als Freund zu bewähren, den Wehrwillen meiner Kameraden zu zersetzen und meinen Vorsatz, nie für Hitler auf einen Menschen zu schießen, durchzuhalten. Meine Weigerung, Offizier zu werden, und meine von mir erbetene Ausbildung zum Kompaniesanitäter erleichterte mir das.»

Weltanschauung statt Religion

Kein Platz für Pfarrer in der Schule

Es galt, mal wieder eine Schwachstelle «auszumerzen»: Da hatten die Nazis schon gleich nach 1933 in den deutschen Schulen «für Ordnung gesorgt», indem sie alle unliebsamen Lehrer vor die Tür gesetzt und die Lehrpläne mit ihrer Ideologie vollgestopft hatten. Da hatten sie 1936 die Hitler-Jugend von der Partei- zur Staatsjugend gemacht, um den Nachwuchs «körperlich, geistig und sittlich im Dienste des Nationalsozialismus zum Dienst am Volk und zur Volksgemeinschaft zu erziehen» und schließlich 1939 die Jugenddienstpflicht zwangsverordnet – Gelegenheiten ge-

«Arischen Christen nicht zumutbar»

Wie die Nazis ihnen «rassisch» nicht genehme Pastoren loswurden, zeigt ein Denunzierungsschreiben eines Parteigenossen aus dem Kirchenvorstand an den Präsidenten der Kirchenregierung in Wolfenbüttel:

Dörnbergerstraße 2 Braunschweig, den 17. April 1937

Herrn
Staatsrat Kurt Bertram
Braunschweig
Braunschweigische Staatsbank

Sehr geehrter Herr Staatsrat, lieber Parteigenosse Bertram!

Wie ich Ihnen bereits mündlich mitteilte, ist in der Pauligemeinde der Pastor Goetze als Pfarrer seit längeren Jahren angestellt. Goetze, der als Außenseiter genügend bekannt ist, und dessen politische Einstellung mehr wie unzuverlässig ist, und der schon vor längerer Zeit durch Äußerungen von der Kanzel gegen das Dritte Reich sehr unliebsam aufgefallen ist, hat jetzt erneut das Mißfallen innerhalb der Gemeinde hervorgerufen. Es hat sich herausgestellt, daß dieser Pfarrer Halbjude ist. Nachdem dies bekannt ist, kann man sich ja seine Einstellung gegenüber dem Dritten Reich erklären.

Ich bin z. Zt. von der Partei in den Kirchenvorstand der Pauligemeinde eingesetzt worden. Ich bitte Sie, mit allen Mitteln zu versuchen, daß dieser Pfarrer seines Postens enthoben wird.

Oder soll durch solche Sachen, wie Besetzung der Pfarrstellen durch Juden und Halbjuden, die Deutsche evangelische Kirche sich selbst zersetzen? Die Erbitterung der nationalsozialistischen Gemeindemitglieder über Goetze ist selbstverständlich groß.

Ebenfalls bedaure ich, Ihnen mitteilen zu müssen, daß ich mir von Pastor Goetze, der Vorsitzender des Kirchenvorstandes ist, keinerlei Vorschriften mehr machen lasse, denn es geht wohl nicht an, daß ich als Nationalsozialist und politischer Leiter mir von einem Halbjuden irgendwelche Vorschriften machen lasse, bzw. diesen Herrn als Führer eines Vorstandes anerkennen kann.

Im Interesse der nationalsozialistischen Kirchenmitglieder bitte ich nochmals veranlassen zu wollen, daß Pastor Goetze von seinem Posten in einer deutsch-evangelischen Gemeinde verschwindet.

Heil Hitler
gez.
xxxxxxx[9]

Am folgenden Tag verlor Pastor Goetze den Vorsitz im Kirchenvorstand.

nug, um die Jugendlichen ganz und gar auf Nazi-Kurs zu trimmen.[10] Und dennoch: Der Religionsunterricht in den Schulen blieb ihnen ein Dorn im Auge. Das ließ die Partei nicht ruhen: Mit den bewährten Mitteln Druck und Drohung wollten sie die Kinder dazu bringen, die Religionsstunde mit dem sogenannten Weltanschauungsunterricht zu vertauschen, wo sie mit so erbaulichen Themen wie «Das Volk und sein Bluterbe», «Adolf Hitler und seine Mitkämpfer» oder «Brandstifter Weltjude» berieselt wurden.

Ohne Schulung keine Kur für Kinder

Dagegen machte die Evangelische Kirche in Württemberg mobil: Oberkirchenrat Theophil Wurm, seit langem aktiv in der Bekennenden Kirche, rief im Juni 1939 mit einem Rundbrief seine Pfarrkollegen zu besonderer Wachsamkeit in dieser Frage auf.[11]

In HJ und Schule wuchs der Druck auf die Eltern und Kinder, sich vom Religionsunterricht abzuwenden. In einer Gemeinde, so berichtete Wurm, hätten sich die Eltern vor einigen Monaten tatkräftig und erfolgreich für den Kindergottesdienst eingesetzt, ebenso entschieden lehnten sie jetzt den Weltanschauungsunterricht ab. Der Schulleiter habe daraufhin den Kindern Mitte Mai 1939 eine vervielfältigte Mitteilung mit nach Hause gegeben. Der Wortlaut: «Ihr Kind ... soll in der Zeit vom ... bis ... zu einer Erholungskur nach ... geschickt werden. Nach den neuesten Verfügungen wird diese Kur davon abhängig gemacht, ob Sie sich zur Weltanschauung des Führers bekennen und dementsprechend Ihr Kind in den staatlichen national-sozialistischen Weltanschauungsunterricht schicken. Da das letztere nicht der Fall ist, werden Sie um die Anmeldung Ihres Kindes zum Weltanschauungsunterricht gebeten, falls Sie dies jedoch nicht wollen, wird um eine kurze schriftliche entsprechende Mitteilung gebeten.»

In einem anderen Ort Württembergs wurde den Kindern einer Grundschulklasse gesagt, sie müßten zwischen Weltanschauungsunterricht und Religion wählen. Die Note für den Religionsunterricht komme nicht mehr ins Zeugnis, dafür aber die in «Weltanschauung». Wenn ein Schüler später die Oberschule besuchen wolle, werde er nicht mehr in Religion, wohl aber in seiner Weltanschauung geprüft. Daraus, so der Lehrer zu den Grundschülern, könnten sie entnehmen, was sie zu tun hätten.

Väter im Rathaus überrumpelt

Ein anderer Fall: Der Schulleiter hatte den Kindern mitgeteilt, ihre Eltern würden bald aufgefordert, sie zum Weltanschauungsunterricht anzumelden. Am 10. Mai 1939 war Elternversammlung, etwa 150 Mütter und 20 Väter kamen. Alle waren gegen die neue Nazi-Schulung. Daß so wenige Männer an dem Treffen teilnahmen, hatte einen besonderen Grund: Sie waren überraschend ins Rathaus bestellt worden. Bürgermeister, Ortsgruppenleiter und der Oberlehrer redeten auf sie ein; einer verlas ein Formular und dann wurden die Väter aufgefordert, einer nach dem anderen sofort zu unterschreiben. Nur drei oder vier ließen sich nicht überrumpeln. Als das Nazi-Manöver im Rathaus bekannt wurde, breitete sich im Ort rasch Empörung aus. Zahlreiche Frauen bestürmten ihre Männer unter Tränen, die Anmeldung ihrer Kinder zum Weltanschauungsunterricht zurückzunehmen. Schwere Gewissenskonflikte waren die Folge.

Besonders unverhohlen wurde in einer anderen Gemeinde mit Drohungen gearbeitet: Ein Lehrer hatte zu einer Schülerin des siebten Schuljahres gesagt: «Wenn du am Weltanschauungsunterricht nicht teilnimmst, lasse ich dich die Bibel lesen, bis du schwarz wirst.» Zu einem anderen Kind sagte derselbe Lehrer: «Was ist dein Vater?» – «Postbote.» – «Wenn er nicht unterschreibt, wird er sehen, was kommt, dann kann er die Straße kehren.» Die etwa hundert Väter und Mütter, die ihre Kinder nicht vom Religionsunterricht abmeldeten, wurdem am 28. April 1939 ins Schulhaus bestellt. Der evangelische Ortspfarrer, selbst Vater eines Grundschulkindes, war nicht eingeladen. Als er trotzdem teilnehmen wollte, warfen die Nazis ihn und seine Frau kurzerhand hinaus. Er wolle die Einigkeit der Versammlung nur stören und müsse mit einer Anklage wegen Hausfriedensbruch rechnen.

Die Rede des Schulleiters wurde immer wieder durch Zwischenrufe unterbrochen. Die Angriffe auf den Geistlichen wurden geschlossen zurückgewiesen, und als die Proteste überhandnahmen, wußten sich die Nazis nicht mehr selbst zu helfen; sie riefen das Überfallkommando. Dies steigerte die Erregung noch; bald lief die Versammlung auseinander. Vor einem kleinen Kreis Unentwegter gab der Schulleiter klein bei: Die Schärfe der Worte solle hüben und drüben vergessen sein; es handele sich ja um eine freiwillige Sache ...

Zur Strafe ein knackiges Diktat

Am 24. April 1939 hatte die Knabenklasse 7 der «Deutschen Schule» von 9.30 Uhr bis 10.30 Uhr, also innerhalb der regulären Schulzeit, Weltanschauungsunterricht. Von 32 Schülern nahmen ganze fünf teil. Die restlichen 27 mußten in einem anderen Raum ein schweres Diktat schreiben, bei dem der beste Schüler immerhin sieben, der schlechteste 43 Fehler machte. Zur Strafe für diese angeblich schwache Leistung mußten die Schüler am nächsten Tag von 14 bis 16 Uhr, einige bis 16.30 Uhr, nachsitzen. Als sie sich beim Schulleiter über die ungerechte Behandlung beschwerten, erhielten sie zur Antwort, das sei ganz in Ordnung.

In einer fränkischen Gemeinde gab der Schulleiter der dortigen zweiklassigen Volksschule am Samstag, 20. Mai, den Kindern ein Formular aus, das sie genau 24 Stunden später, Punkt zwölf Uhr, unterschrieben wieder abgeben sollten. Es handelte sich um eine Anmeldung zum Weltanschauungsunterricht. Bis Sonntagmittag gingen nur zwei Anmeldungen beim Schulleiter ein – die seiner eigenen Kinder.

Das Konkordat bot wenig Schutz

Die katholische Kirche

Notwendigerweise mußten die Nazis mit den Kirchen in Konflikt kommen, da die Partei die alleingültige Weltanschauung und einen totalen Herrschaftsanspruch vertrat. Für selbständige Kirchen blieb so kein Platz im Reich, auch wenn im Regierungsprogramm vom 1. Februar 1933 das «Christentum als Basis unserer gesamten Moral» bezeichnet wurde. Da die Nazis vorgaben, das Abendland vor dem kirchenfeindlichen Bolschewismus zu retten, gaben sich Gläubige und Geistliche gern der Illusion hin, die Partei vertrete «den Standpunkt eines Positiven Christentums» (§ 24 des NSDAP-Programms), ein in zwölf Hitler-Jahren nie geklärter Begriff.

Das Verhältnis zwischen Katholiken und Nazis wurde seit der Machtübernahme bis 1935 wohlmeinend geprägt durch das Konkordat zwischen dem Deutschen Reich und dem Vatikan vom 20. Juli 1933. Es garantierte den Katholiken freie Religionsausübung, Bekenntnisschulen sowie religiöse und wohltätige Vereine. Hitler gewann durch diesen Vertrag internationales Ansehen und die politische Abstinenz vieler Geistlicher. Sie durften nun in keiner Partei Mitglied sein. Damit wurden der Zentrumspartei viele führende Köpfe entzogen.

Obwohl das Konkordat sofort im stetigen Kleinkrieg zwischen untergeordneten Stellen wie Gestapo, SA und Hitlerjugend auf der einen Seite und den Geistlichen, Vereinen und Gemeinden auf der anderen verletzt wurde, blieb die offizielle Kirchenleitung loyal, lehnte aktiven Widerstand ab. Gegen die politischen Ziele der Nazis wie «Eroberung neuen Lebensraumes», Antisemitismus und Abschaffung der Demokratie erhob sie keinen Einspruch.

Der politische Katholizismus konnte nichts mehr dazu sagen: er war zerschlagen. Das Zentrum löste sich am 8. Juli 1933 auf, wenige Tage nach der Paraphierung des Konkordats; die Christliche Gewerkschaft wurde am 24. Juli 1933 liquidiert, die noch aktive «Katholische Aktion», eine Laienorganisation, am 30. Juni 1934 tödlich getroffen, als ihr Motor und Leiter, Ministerialrat Klausener, im Zusammenhang mit dem angeblichen Röhm-Putsch erschossen wurde. Weder Papst noch Bischöfe machten Anstalten, den politischen Katholizismus zu retten. Ihnen genügte, auf Grund des Konkordats einen Anspruch auf zwanzig Millionen katholische deutsche Seelen zu haben.

Nach 34 internen Protestnoten aus Rom gegen Konkordatsbrüche antwortete Papst Pius XI., von allen Bischöfen gedrängt, am 14. März 1937 mit seiner Enzyklika *‹Mit brennender Sorge›*. Trotz des diplomatischen Stils wurde klar, daß die brennendste Sorge des Vatikans dem inneren Zerfall des deutschen Katholizismus unter dem Nazi-Druck galt. Die Gläubigen erkannten, daß weder ihre Vereine noch ihre Schulen überleben würden.

Propagandistisch vorbereitet wurde diese Verdrängungspolitik der Nazis durch die 1935 beginnenden Devisen- und Sittlichkeitsprozesse gegen Ordensleute und Geistliche, die das Vertrauen zur Kirche schwächen sollten. Allerdings blieb die kritische Haltung von Gläubigen und Kirche immer noch gespalten. Sie lehnten die Angriffe auf den Glauben und die kirchliche Macht ab, nicht aber den Nationalsozialismus insgesamt. Erst die Aktion zur «Vernichtung lebensunwerten Lebens» bewirkte ab 1939 im Lauf der Zeit ernstzunehmende Opposition, nicht dagegen die «Reichskristallnacht» 1938. Grundsätzlicher Widerstand blieb der Einzelfall.[12]

Katholiken im Wartestand

Zwischen Anpassung und Widerstand

Walter Dirks, Jahrgang 1901, nach dem Krieg Mitbegründer der *Frankfurter Hefte* und jahrelang Leiter der Hauptabteilung Kultur beim Westdeutschen Rundfunk, gehörte vor 1933 zu einer Gruppe sozialistisch motivierter Linkskatholiken. Stellvertretend für eine Reihe von ihnen beschreibt er seine Haltung gegenüber den braunen Machthabern.

«Unter dem Titel ‹Faschistische Lockung – antifaschistische Entscheidung› hatte ich noch nach der Machtergreifung im Februar 1933 in mehreren Städten gegen das Unabwendbare gekämpft. Im Sommer 1933 setzte ich dann in verzweifelter Hoffnung, aber ohne ein wirkliches Zutrauen auf die zweite, die sozialistische Revolution in der Nazi-Bewegung, auf den Aufstand der Sozialisten gegen die Nationalsozialisten. ...

Als die Hitlerherrschaft fixiert zu sein schien – ‹für mindestens 10 Jahre›, schrieb ich damals Gesinnungsfreunden –, war es mit allen Aktionsplänen zu Ende. Wir richteten uns im System der Diktatur ein. Den Mut zu aktivem Widerstand brachten wir nicht auf. Das war gewiß typisch für viele Deutsche, aber gewiß ebenso für die meisten katholischen Linksintellektuellen – und für die Rechtsintellektuellen auch. Der Jugendbund ‹Deutsche Volkschaft›, dem ich trotz diesem irreführenden Namen damals sehr nahestand, hatte immerhin den Mut, sich unter offenem Protest aufzulösen, in trotziger Resignation. Natürlich hielten wir linken Katholiken zusammen, aber unsere heimlichen aufsässigen Gespräche kann man nicht Widerstand nennen. Wir machten eher den Versuch, ‹in Anstand zu überleben› – oder vorsichtiger und wahrer ausgedrückt: ‹mit einigem Anstand zu überleben›. Ich schäme mich, daß ich es fast schon für Mut hielt, wenn ich Juden mit dem gelben Stern heimlich grüßte. Wir erfuhren dies und jenes über Haussuchungen, welche die Gestapo in unseren Kreisen unternahm, und einmal konnte ich in München einen Mann der katholischen Jugendbewegung vor dem Zugriff der Polizei warnen ...

Später hat mich verwundert, daß keine aktive Widerstandsgruppe auf die Idee gekommen ist, mich zu werben; ich mußte ihnen doch von den Kampfjahren als Antifaschist bekannt sein. Entweder hatte man mich nicht entdeckt, oder nicht viel von mir gehalten. Von mir aus jedenfalls habe ich nichts unternommen, sondern mich kleingehalten. In unserer journalistischen Berufsarbeit haben mein Kollege und ich in einer kritischen Stunde offen den Gehorsam verweigert, ohne Folgen. Diese Berufsarbeit selbst – im Feuilleton der *Frankfurter Zeitung* – galt dem problematischen Versuch, in der Zeit der Barbarei Bildung und Gesittung zu dokumentieren ...

1944 hatte ich über Pfarrer Poelchau Kontakt mit einem Gesinnungsgenossen, dem pazifistischen Pater Metzger, – er saß wie die Männer vom 20. Juli in Plötzensee ein, ehe er ermordet wurde. Wir lebten also durchaus in der Atmosphäre der Opposition, hatten aber nicht den Mut, aktive kämpferische Gegner des Regimes zu werden. Das ist wohl ebenso für viele Katholiken wie andererseits für viele Intellektuelle typisch.

Wichtiger, weil allgemeiner, ist eine andere Erfahrung gleichfalls nicht eigentlichen Widerstandes, so doch einer kollektiven und auch wirksamen Opposition: der Sonntagsgottesdienst, vor allem die Eucharistiefeier. Da gingen wir jeden Sonntag ganz getreu gemäß der Sonntagspflicht, in Wahrheit aber einem tiefen Bedürfnis folgend, in die Gemeinde, die in ihrem Geist, in ihren Gebeten, in der Predigt eindeutig eine christliche Oase in der Wüste war. Unser Bedürfnis danach war um so tiefer, als uns nicht nur der Glaube, sondern auch diese Abwesenheit des Nazi-Ungeistes in die Kirche zog. Mein Blockwart, dem ich zwölf Jahre lang mit Erfolg aus dem Wege gegangen war, kam in der letzten Nacht des Krieges zu mir und zeigte mir – unter Tränen – die gelogenen Berichte über mich, die er regelmäßig bei der Kreisleitung abgeliefert hatte. Ihm, einem proletarischen SA-Mann, der offenbar durch das kräftige Ressentiment gegen die Nazi-Bonzen motiviert war, hatte die soziale Haltung unserer Familie gefallen; deshalb hatte er unter anderem immer wieder bescheinigt, ich sei ‹kein Kirchgänger›. Wahrscheinlich sind damals viele Katholiken, die erst im letzten Drittel der Nazi-Zeit feststellen konnten, daß nun auch ihre Bischöfe etwas gegen das Regime zu sagen wagten, in den Sonntagsmessen gegen die massive Propaganda, die uns von allen Seiten bedrängte, immunisiert worden. Ob es in allen Landesteilen so war, weiß ich nicht; in Frankfurt jedenfalls war es so. Das geschah nicht offen und aggressiv, sondern in indirekter Methode: dadurch, daß wir in der Kirche in einer völlig anderen Atmosphäre frische Luft atmen konnten, die Worte der Bergpredigt vernahmen, im Alten und Neuen Testament dem Judentum nahe waren, Trost und Stärkung fanden. Das hat ganz gewiß seine Wirkung getan. Es ging bei uns Katholiken nicht so dramatisch zu wie bei den Evangelischen, die gegen eine nationalsozialistische bürgerliche Tradition und den Reichsbischof die Bekennende Kirche mobilisieren mußten und konnten, aber vielleicht geschah es bei uns – auch in der Hut der Weltkirche – um so selbstverständlicher.

Wenn wir sonntags von der Frühmesse in unsere Siedlung zurückkehrten und den evangelischen Kirchgängern begegneten, grüßten wir einander betont freundlich, auch deshalb, weil sie und wir nicht in Sachen des Führers, sondern Jesu und der christlichen Kirche unterwegs waren. Es erforderte keinen Heldenmut, aber doch auch eine gewisse Risikobereitschaft, am stillen Protest der Christen, an ihrer stillen Opposition festzuhalten.»[13]

Rückzug auf Prozessionen

Katholische Jugendarbeit in der Defensive

7. Juni 1933: 97 Mitglieder des katholischen Gesellenvereins Kolping aus Eichstätt in Bayern auf dem Weg zum Gesellentag in München. Die meisten tragen stolz ihr schwarz-orangefarbenes Hemd. Sie wollen Flagge zeigen, im Gegensatz zu ihrer Kirchenleitung, die ums Konkordat ringt. Zehntausende fahren wie sie nach München – obwohl die Nazis öffentliche Aufmärsche und Fahnentragen verboten haben. Kolpingführer Präses Hürth setzt noch am 10. Juni 1933 auf Verständigung: «Unsere Hoffnung ist, daß die beiden großen Führer, Adolf Kolping aus dem 19. Jahrhundert und Adolf Hitler aus dem 20. Jahrhundert, sich doch die Hand reichen möchten.»[14]

Die Basis will es anders: Es kommt zu Schlägereien mit SA und SS, so daß die Leitung den Gesellentag schließlich abbrechen muß. Die Eichstätter hatten vergeblich dafür gesammelt, daß auch 43 Arbeitslose mitfahren konnten. Das Schicksal des Kolpingvereins bleibt ungewiß.

Was sich die katholischen Bischöfe vom Konkordat erhofft hatten, den Schutz der katholischen Kirche und ihrer Aktivitäten, erwies sich als Illusion. Schon am 20. Juli 1933 wurde den Jugendverbänden jede Betätigung außerhalb des kirchlichen und karitativen Gebiets verboten. Das bedeutete praktisch das Aus für die Arbeit in der Öffentlichkeit. Die HJ verdrängte die Kirche aus dem Freizeitbereich der jungen Deutschen. Eine Aufgabe allerdings blieb den katholischen Gruppen: Sie sollten künftig nur noch beten.[15]

Wer das nicht begreifen wollte, dem erteilten die Nazis massive Nachhilfe: «Mein Jungscharführer Geis wurde aus der Reichsbahn hinausgeworfen, weil er sich nicht rechtzeitig umgestellt hat, d. h. aus dem Verein ausgetreten ist. Mein DJK-Führer[16], der Hilfspostbote ist, wird um die Hälfte seiner Arbeitszeit gekürzt ... Da er nun auf mein dringendes Anraten zur SA geht, beginnt bereits das neue Bohren ‹Ja, solange du aktiv in diesem Verein mitwirkst, glaubt dir doch kein Mensch, daß du wirklich Nationalsozialist bist›», klagte ein Eichstätter Pfarrer, der im Kolpingverein mitarbeitete, im August 1933. Angesichts knapper Ausbildungsplätze in diesem wirtschaftlich kaum entwickelten Gebiet argumentierten Eltern in Hinblick auf die Zukunftschancen ihrer Kinder gegenüber dem Pfarrer: «Ja, ich muß meinen Buben jetzt auch bald zum Jungvolk ... anmelden, weil wir sonst keine Lehrstelle dafür bekommen. Und jetzt ist es gleich, wo unsere Buben sind, nachdem sich sogar Bischöfe hinter das neue Reich stellen ...» Wirtschaftliche Sorgen bewirkten einen langfristigen Aderlaß für die katholischen Jugendgruppen sogar in diesem konservativen Landkreis.

Prügeleien mit der HJ

Wer blieb, wurde in Prügeleien mit der HJ «gestählt» und entwickelte eine Art Märtyrerhaltung: «Die Nazis sollen sehen, daß wir auch noch da sind», so eine Tagebuchnotiz des Eichstätter Jugendführers Neubrand. Bald zeigte sich: Die Zahl der Prozessionen und Wallfahrten nahm zu, nicht nur im Raum Eichstätt. «Wallfahrt nach Wemding zu unserer Gottesmutter. Waren zu 15 Mann vom Jugendverein. Wir trugen Kreuz und Fahnen. Um 15 Uhr Schlußandacht und Prozession bzw. Marschkolonne nach Otting», schrieb Neubrand am 29. Juli 1934. Kirchliche Feiern, früher eher eine lästige Gewohnheit für Jugendliche, wurden so zu einer Demonstration gegen die Nazis.

Da die Hitlerjugend den Mittwoch für Heimabende und den Sonnabend als Staatsjugendtag für die Erziehungsarbeit in Anspruch nahm, führte man auch in Eichstätt mit dem Segen der Deutschen Bischofskonferenz Jugendsonntage oder «Gott-Bekenntnistage» ein. Hier sollte den beeindruckenden Freizeitmöglichkeiten der HJ ein «tiefes Gemeinschaftserlebnis» entgegengesetzt werden. An Stelle der früheren Gruppen trat zunehmend religiöse Erneuerung und Jugendmission. Die aktiven Eichstätter Jugendlichen unter Neubrand gestalteten diese Feiern mit Erfolg: 1000 junge Leute beteiligten sich an einer Jugendmission und zogen im November 1934 in einer Prozession durch das 8000-Einwohner Städtchen. Soviel geballte Präsenz konnte nicht länger gutgehen.

Vereinsverbot umgangen

Im Januar 1935 verbreiteten die örtlichen Behörden das Gerücht, die katholischen Vereine seien aufgelöst. Je nach Mentalität stellten die Gruppen ihre Tätigkeit ein oder trafen sich weiter illegal. Im Oktober 1935 wurden einige Eichstätter Jugendführer von der Gestapo verhaftet. Der Domkaplan und Neubrand kamen ins KZ Dachau. Ihr gerade nach Berlin versetzter Bischof Preysing paukte die beiden nach einiger Zeit frei. Sie verließen freiwillig Eichstätt. Der neue Bischof Rackl und sein Dompfarrer unterstützten ab 1936 das inzwischen auch anderswo entwickelte neue Konzept der «Pfarrjugendarbeit»: Katholische Jugendgruppen wurden jetzt von den Pfarrern in den Gemeinden geführt. So traf sie 1938 das Vereinsverbot nicht mehr. Offiziell hieß es, man wolle «eine Kernschar (von Jugendlichen) religiös vertiefen und für apostolische Aufgaben» vorbereiten.

Der Dompfarrer sammelte die Jugendlichen in Bibel- und Singstunden um sich, oft bis zu 300 Interessierte. Zum kirchlichen Nachtgebet im Dom trafen sich regelmäßig rund 800 Menschen. Zu Großveranstaltungen wie

Lenzmonat

	Deutsche Gedenktage	Heilige Namen
1 Freitag	1935 Rückkehr des Saarlandes	Suitbert, B.
2 Sonnabend	1689 Die Franzosen verwüsten Heidelberg	Agnes von Böhmen
3 Sonntag	1918 Friede von Brest-Litowsk	Kunigunde, Kaiserin
4 Montag		Grimo
5 Dienstag	1935 Hans Schemm gest.	Friedrich von Hallum
6 Mittwoch	1930 Großadmiral v. Tirpitz gest.	Fridolin; Rodgang
7 Donnerstag	1936 Wiederherstllg. d. dtsch. Wehrhoheit	Volker
8 Freitag	1917 Graf Zeppelin gest.	Humfried
9 Sonnabend	1888 Kaiser Wilhelm I. gest.	Goerich; Bosa, B.
10 Sonntag Eintopf-Sonntag	Heldengedenktag	Gustav; Wirnto
11 Montag	1888 Raiffeisen gest.	Rosina; Quiriakus
12 Dienstag	1877 Wilhelm Frick geb.	Dionys d. Kartäuser
13 Mittwoch	1938 Wiedervereinig. Österr. m. d. Dtsch.R.	Dietholf
14 Donnerstag	1803 Klopstock gest.	Paulina
15 Freitag	933 Sieg Heinrichs I. i. d. Ungarnschlacht	Zacharias, P.
16 Sonnabend	1939 Err. d. Reichsprot. Böhmen u. Mähr.	Heribert
17 Sonntag	1813 Aufruf „An mein Volk"	Gertrud
18 Montag	1915 Unterg. v. U 29 m. Otto Weddigen	Narziß
19 Dienstag	1873 Max Reger geb.	Landoald
20 Mittwoch	1770 Hölderlin geb.	Joachim; Wulfram
21 Donnerstag	1933 Tag von Potsdam	Gründ.; Ratmund
22 Freitag	1939 Einglieder. d. Memellandes i. d. Reich	Karfr.; Nikolaus v. d. F.
23 Sonnabend	1868 Dietrich Eckart geb.	Karsamstag; Marbod
24 Sonntag		Ostersonntag; Aldemar
25 Montag	1907 Ernst v. Bergmann gest.	Osterm.; Eynard, Eremit
26 Dienstag	1827 Ludwig van Beethoven gest.	Felix, B.
27 Mittwoch	1845 Physiker W. C. v. Röntgen geb.	Ruppert; Frowin
28 Donnerstag	1884 Gründ. d. deutsch. Kolonialgesellsch.	Tutilo; Gundelinde
29 Freitag	1934 Landjahrgesetz	Berthold, Gen.-Prior
30 Sonnabend	1559 Adam Riese gest.	Dietmut; Dodo
31 Sonntag	1923 Franzos. ermord. i. Essen 13 dt. Arb.	Wido

Die Arbeit ehrt die Frau wie den Mann, das Kind aber adelt die Mutter. Adolf Hitler

März

Das Kirchenjahr
1 F Albinus, B.; Justin, B.
2 S Simplizius, P.
3 S **4. Fastens.** Kunigunde, Kaiserin
4 M Kasimir; Luzius, P.
5 D Hadrian, M.
6 M Perpetua u. Felizitas
7 D Thomas v. Aquin
8 F Johannes von Gott
9 S Franziska v. Rom, W.
10 S **Passionss.** 40 Märt. v. Sebaste
11 M Eulogius, Pr. u. M.
12 D Gregor d. Gr., P.
13 M Nikephor, Patr.
14 D Mathilde, dtsch. Königin
15 F 7 Schm. Mariä; Klemens M. Hofb.
16 S Heribert, Erzb. v. Köln
17 S **Palms.** Patrizius, B.
18 M Cyrillus, Patriarch v. Jerusalem
19 D Joseph (wird am 1. April gefeiert)
20 M Kuthbert, B.
21 D Gründonnerstag
22 F **Karfreitag**
23 S Karsamstag
24 S **Ostersonntag**
25 M **Ostermontag**
26 D Ludger, B.
27 M Johannes von Damaskus
28 D Joh. Kapistran
29 F Ludolf, B.
30 S Quirinus; Roswitha
31 S **Weißer Sonntag** Balbina

Das Kreuz von Golgatha / kann dich nicht von dem Bösen / Wo es nicht auch in dir / wird aufgericht't erlösen. Ang. Sil.

Aus dem katholischen ‹*Berliner Bistumskalender 1940*›: Völkisches neben dem Kirchenjahr, Hitler neben Angelus Silesius, dem frommen schlesischen Dichter.

Wallfahrten und Bekenntnistagen kamen zwischen 1600 und 2000 Personen.

Diese erfolgreiche Arbeit durfte ab 1936 nur in kirchlichen Räumen stattfinden, was nicht unbedingt ein Nachteil war. Dompfarrer Kraus in seinen Erinnerungen: «Heil kam uns von unseren Feinden! Sie haben wohl manchen gesunden Zweig am Baum der Kirche abgeschnitten, aber noch mehr die Wasserschößlinge, ich will sagen, Vereine und Gruppen und Grüppchen, die auf ihre Sonderart pochten und ein Sonderdasein führten, Splittergruppen, die sich in Eifersüchteleien und Nichtigkeiten vertraten. Viele Vereine und Bünde waren Vorwerke der Kirche, aber Vorwerke wie jene der alten Festungen, die im Krieg wertlos waren.»

Pfarrer im Zweifrontenkrieg

Nicht jede Weigerung, in die HJ einzutreten, war gleich Widerstand. Ein Gemisch von persönlichen Bindungen, Konkurrenzgefühlen gegenüber der HJ und der besonderen Situation in der Gemeinde machten die Katholiken in Eichstätt unanfälliger für den Nationalsozialismus als andere. Allerdings zeigte sich dabei auch die Zerstrittenheit in der Frage, wie man ihm gegenübertreten solle: Gehörten die Bischöfe Preysing und Rackl zu den scharfen Gegnern der Nazis unter ihren Kollegen und in der Diözese, so fürchtete sich das Domkapitel, d. h. die Geistlichen, die die Diözese mitverwalteten, vor jeder Auseinandersetzung, jedem Zwischenfall. Dompfarrer Kraus nennt seine Tätigkeit sogar einen «Zweifrontenkrieg gegen meine Feinde, die Nazis, und gegen meine Gegner im Domkapitel».

Die schlichten Gläubigen litten, wenn sie Nazi-Gegner waren, unter der abwartenden Einstellung vieler Geistlicher, sie stärkten sich am Mut einzelner. Wer sich in der Zwickmühle sah, schmückte zu Fronleichnam sein Haus mit weißblauen Kirchenfahnen und zu Führers Geburtstag mit der Hakenkreuzfahne!

Sturm auf das Bischofspalais

Der «Tag von Potsdam» war gerade vorbei, da zeigten die Nazis den Kirchen ihr wahres Geischt, ihre positive Haltung gegenüber religiösem Zeremoniell war nur vorgetäuscht. Und auch das Konkordat vom 22. Juni 1933 sicherte der katholischen Kirche nicht die erhoffte freie Religionsausübung. Schon kurz danach wurden unbotmäßige Geistliche in

«Schutzhaft» genommen, und sei es nur deshalb, weil sie die Nazi-Fahne nicht in ihrer Kirche geduldet hatten.

Auch die kirchliche Jugendarbeit wurde zunehmend erschwert. Schon Ende 1933 strich die evangelische Kirche hier die Segel; Reste der katholischen Jugend existierten unter schwerem Druck bis 1938. In der HJ versuchten die Nazis, die Jugendlichen der Kirche zu entfremden und so ihre Position insgesamt zu schwächen. Diesem Ziel dienten auch Aktionen gegen Geistliche wie beispielsweise die Erstürmung des Bischöflichen Palais und die Verhöhnung des Bischofs von Würzburg Matthias Ehrenfried am 7. April 1934, der darüber zehn Tage später ein Protokoll anfertigte.[17]

Gegen 14.30 Uhr hatte sich eine Menschenmenge längs der Häuser um den großen Platz vor dem Bischofspalais versammelt. Da das «Braune Haus» direkt gegenüber lag, dachte der Bischof arglos an irgendeine der vielen Veranstaltungen der örtlichen Nazis. Doch er hatte sich getäuscht: «Schon eine Viertelstunde später rückte eine große Menschenmasse im Zuge vor das Palais und gegen 3 Uhr war der ganze Platz dicht von Demonstranten besetzt.» Auf tausend Mann schätzte der Geistliche die Menge. An eine zufällige Zusammenkunft mochte er dabei nicht mehr glauben; er vermutete einen vorbereiteten Überfall auf seinen Amtssitz.

Wie er später erfuhr, war die Aktion am Vormittag den Beteiligten durch Boten mitgeteilt worden. Auch darüber hinaus war etwas durchgesickert: Hunderte von Neugierigen und Mitwissern waren ebenfalls zur Stelle, um ja das zu erwartende Schauspiel nicht zu versäumen. Etwa ein Drittel der Versammelten trug Nazi-Uniformen, unter anderem die der HJ. Doch auch die übrigen waren Nazis: sie erhoben die Hand zum «Deutschen Gruß», riefen «Heil Hitler!» und grölten das *‹Horst-Wessel-Lied›*.

Nazis fordern: «Hängt ihn auf!»

Immer wieder erschollen Sprechchöre: «Wer hat uns vom Bolschewismus errettet? – Hitler», ehe ein Artikel aus der *Mainfränkischen Zeitung* über das Verbot der Erstkommunion am 8. April in Waldbüttelbrunn verlesen wurde. Die Begründung: Der Pfarrer war am Gründonnerstag in «Schutzhaft» genommen worden, die Kinder konnten nicht vollends für die Erstkommunion vorbereitet werden. Dann drangen wieder Sprechchöre über den Platz. Sie attackierten die katholischen Jugendvereine: «Was soll mit den katholischen Jugendverbänden geschehen?» – «Sie sollen verrecken.» – «Was muß mit den schwarzen Jugendführern geschehen?» – «Sie müssen nach Dachau! Sie sollen gehängt werden.»

Danach verlas ein Nazi-Redner den Ostergruß Papst Pius' XI. an die katholischen Jugendverbände. Bei jedem Satz schrie die Masse «Pfui». Vor dem Bischofssitz mehrten sich die Rufe: «Heraus mit ihm! Holt ihn heraus!» – «Was soll mit dem Bischof von Würzburg geschehen?» – «Er muß nach Dachau!» «Was soll dort mit ihm geschehen?» – «Er soll aufgehängt werden!» – «Was ist der Bischof von Würzburg?» – «Ein Landesverräter! Ein Volksverräter!»

Über zehnmal hörte der Geschmähte diese Worte. Er verständigte die Polizei. Sechs Beamte trafen bald darauf vor dem Bischofspalais ein und versuchten, den Haupteingang zu schützen – ohne großen Erfolg. Als die Nazi-Demonstranten riefen: «Heraus mit der Politik aus der Kirche», trat der Bischof an das geöffnete Fenster seines Amtszimmers und ergriff das Wort: «Wir tragen die Politik nicht in die Kirche. Wir verteidigen die Rechte der Kirche. Wir fürchten uns nicht.» Die Reaktionen der Demonstranten: Sie warfen Schuhnägel und Sand durch das Fenster ins Bischofszimmer.

Polizei sorgt für «Schutzhaft»

Der Bischof berichtet: «Da die Demonstranten die verstärkte Polizei nicht überrennen und die Tür nicht eindrücken konnten, holten einige einen großen Balken, etwa 4 m lang und 40 cm im Umfang. Die Vordersten hängten sich an den Balken, und nun begann das Aufbrechen des Portals. Zwei Polizisten wurden dadurch nicht unerheblich verletzt. Als das Portal eingedrückt war, gelang es der Polizei noch, die Vorhalle zu halten und den Aufgang in die Gemächer des Bischofs zu sperren. Die Gauleitung war von irgendeiner Seite verständigt worden. Sie erschien im Auto noch vor dem Aufbrechen des Portals, griff aber nicht ein. Erst als die Türe gesprengt war und sie wahrscheinlich Schlimmeres befürchtete, drang sie in das Bischöfliche Palais und vermochte den Demonstranten Ruhe zu gebieten.»

Angesichts der Gewaltaktion der Nazis erklärte der Polizeiinspektor dem Bischof, er könne für seine Sicherheit keine Garantie übernehmen. Er müsse ihn deshalb für die Nacht in «Schutzhaft» nehmen. Die Antwort des Bischofs auf diese Ankündigung: «Ich freue mich, daß ich der erste Bischof bin, der in Schutzhaft kommt.»

Am folgenden Tag war Matthias Ehrenfried wieder auf freiem Fuß und begann seine Visitationsreisen. Die Gauleitung der Nazis verbot allen Behörden und den örtlichen Parteiorganisationen, sich am Empfang zu beteiligen, allerdings ohne das erhoffte Ergebnis, wie der Bischof in seinem Bericht am 16. April voller Genugtuung feststellte: «Das katholische Empfinden ist aber noch so lebendig, daß in den bisher besuchten Pfarreien sich Bürgermeister und Staatsbeamte beteiligen – wenn auch als Privatpersonen.»

Krach um Kreuze

Machtprobe im Münsterland

Im südoldenburgischen Bösel bei Cloppenburg sollte Ende Oktober 1936 die neue Schule feierlich eingeweiht werden. Der zuständige oldenburgische Minister für Kirchen und Schulen, Pauly, wollte dem Festakt höchstpersönlich die erforderliche Würde verleihen. Um dem örtlichen Pfarrer, einem bekannten Gegner der Nazis, eins auszuwischen, legte Pauly die Zeremonie auf Sonnabend, den 24. Oktober, einen Tag, an dem der Pfarrer wegen der Beichte in der Kirche festsaß. Dieser Umstand bescherte den Böselern eine erneute Einweihung: Mindestens ebenso festlich segnete der Pfarrer am nächsten Tag das Schulhaus – mit größter Beteiligung der Bevölkerung!

Das konnten und wollten die Nazis, die sich in den oldenburgischen Landkreisen Vechta und Cloppenburg mit ihrer bäuerlichen, katholisch-konservativen Bevölkerung ohnehin in der Diaspora fühlten, nicht auf sich sitzen lassen.[18] Nazi-Schulrat Anton Kohnen übernahm den Fall, befragte Lehrer und Bürgermeister der Gemeinde Bösel und berichtete schließlich seinem Vorgesetzten, Minister Pauly, nach Oldenburg. Pauly schäumte über die Unbotmäßigkeit des Pfarrers und seiner Schäflein. Er brütete einen Denkzettel aus, den er als Erlaß am 4. November 1936 herausgab: «Sämtliche öffentliche Gebäude des Staates, der Gemeinden und der Gemeindeverbände gehören dem ganzen deutschen Volk, ohne Rücksicht auf das religiöse Glaubensbekenntnis der einzelnen Volksgenossen. Dies gilt auch für alle Volksschulgebäude. Es ist daher nicht zulässig, daß solche öffentlichen Gebäude kirchlich eingeweiht oder eingesegnet werden. Aus gegebener Veranlassung wird darauf besonders hingewiesen. Öffentliche Verwaltungsgebäude des Staates sind von alters her mit konfessionellen Zeichen – zum Beispiel Kruzifix oder Luther-Bild – nicht ausgestaltet worden. Dies entspricht schon deshalb einem sachlichen Bedürfnis, weil der Staat das ganze deutsche Volk umfaßt ... Demgemäß ordnen wir an, daß künftig in Gebäuden des Staates, der Gemeinden und Gemeindeverbände kirchliche und andere religiöse Zeichen ... nicht mehr angebracht werden dürfen. Die bereits vorhandenen sind zu entfernen ...»

Zum 15. Dezember erwartete Pauly Vollzugsmeldung; die traditionellen Kruzifixe sollten bis dahin aus den Schulen verschwinden.

Paulys Anordnung wurde nicht öffentlich bekanntgemacht. Dennoch dauerte es nicht lange, bis sich seine Absicht herumgesprochen hatte. Die katholische Kirche wollte sich dem Nazi-Erlaß nicht fügen. Der Vertreter des Bischofs von Münster für Vechta und Cloppenburg, Offizial Vorwerk, ließ am 15. November von allen Kanzeln seines Sprengels eine Erklärung verlesen, in der von den «vielen Äußerungen aus allen Teilen des Landes und allen Kreisen der Bevölkerung» gesprochen wurde, die «Zeugnis (geben) von dem großen Schmerz und der ungeheuren Erregung», die Paulys Verordnung hervorgerufen habe. «Das Reichskonkordat und das Schulgesetz garantieren», hieß es weiter, «die konfessionelle Schule, das heißt, die katholische Schule, in der also die Lehren und Anschauungen des katholischen Glaubens gelten. Darum legen wir gegen die Verordnung schärfste Verwahrung ein. Es ist für alle Katholiken eine heilige Gewissenspflicht, für die christliche Erziehung im Glauben an das Kreuz, das Zeichen des Erlösers, einzutreten. Darum können wir niemals unsere Zustimmung geben, daß das Kreuz aus dem Erziehungsraum der Kinder verbannt wird. Helfet alle mit und tretet für die Erhaltung des Kreuzes in der Schule ein ...» Die Gläubigen reagierten so heftig auf die Kanzelerklärung, daß sich selbst die Gestapo nicht traute, gegen den Offizial vorzugehen.

Ekel im Hals

Drei Tage später trafen sich rund 3000 Katholiken in Bethen bei Cloppenburg zur traditionellen Wallfahrt der Kriegsteilnehmer. Die Rede des Geistlichen, des späteren Probstes Franz Uptmoor, war scharf und wurde entgegen dem Brauch immer wieder durch Beifall unterbrochen, als er die Zuhörer zum gemeinsamen Kampf gegen Pauly aufrief: «... wir Kriegsteilnehmer werden es ihm zu Bewußtsein bringen, daß wir auch heute noch zu kämpfen wissen, und, wenn es sein muß, zu sterben verstehen. Wir werden deshalb kämpfen bis zum Letzten und Äußersten für das Zeichen des Christentums, für das Kreuz ... Es steigt einem ja der Ekel im Halse auf, wenn man so manche Leute ihre patriotischen Phrasen dreschen hört, aber wenn es heißt, Opfer zu bringen, Tag für Tag Opfer zu bringen, dann sind sie nicht da ... Wir werden der Welt zeigen, daß wir keine ehrlosen Schwächlinge sind, daß wir Männer sind von katholischem Stolz und Selbstbewußtsein. Und wenn man uns heute das Heiligste und Kostbarste, was wir haben, das Kreuz, aus der Hand und aus den Schulen reißen will, dann werden wir Kriegsteilnehmer wie ehedem in diesem Kampfe um das Kreuz in vorderster Linie stehen.» Die markigen Worte verfehlten ihre Wirkung nicht. Die Bevölkerung rückte noch enger zusammen; man fühlte sich aufgerichtet und stark. Die Nazis hatten weniger zu melden denn je. Alles, was sie an Organisationen im Münsterland aufgebaut hatten, geriet ins Wanken. Die Mitglieder verweigerten den Dienst, Massenaustritte häuften sich. In einzelnen Orten wurde BdM, HJ und SA offiziell für aufgelöst erklärt.

Die Kirchen waren in diesen Tagen noch voller als sonst. Überall wurden die Wegekreuze geschmückt und neue aufgestellt. Vielerorts wurden

Unterschriften gegen den Pauly-Erlaß gesammelt und nazifeindliche Flugblätter in Umlauf gebracht. In Paulys Ministerium stapelten sich wütende Protestbriefe. Der Bauer Johannes Herbrügge schrieb: «Als katholischer Bauer und Familienvater von sechs Kindern lege ich starken Protest ein gegen die Entfernung des Kreuzes aus der Schule. Ist das der Dank für unsere Taten in bezug auf Winterhilfe und Steuern?»

Furcht vor Rebellion

Die Antworten der Bürgermeister, die über «das Veranlaßte» an Pauly zu berichten hatten, ähnelten sich in der Tendenz: Immer wieder war da von «Erregung im Volke» die Rede und längst nicht überall war die Anweisung aus Oldenburg in die Tat umgesetzt, so in Friesoythe: «Wir weisen darauf hin», schrieb der Bürgermeister, «daß derjenige, der dazu bestimmt wird, die Kreuze abzunehmen, unter starker polizeilicher Bedekkung zu erscheinen hat, da bei der Durchführung der Aktion es unweigerlich zu einer offenen Rebellion kommen wird.»

Die Kreisleiter der Nazis ergriff Panik, sie gingen ihren Gauleiter Carl Röver um Hilfe an. Auch die Landräte mußten dem Minister ihre Unfähigkeit gestehen, den Erlaß durchzusetzen. Pauly selbst hielt sich bedeckt, der Gauleiter sollte den Karren aus dem Dreck ziehen.

Am Nachmittag des 24. November kündigten die Nazis für den folgenden Tag, einen Mittwoch, eine Parteikundgebung in der Cloppenburger Münsterlandhalle an. Als Thema der Röver-Rede nannte die Lokalzeitung: «Was hat der Gauleiter den Münsterländern zu sagen?», doch niemand wollte nationalsozialistische Allgemeinplätze hören, sondern wissen, wie es im Kruzifix-Streit weitergehen sollte. Für alle Nazi-Organisationen galt Präsenzpflicht. Über 5000 Menschen kamen. Tausende harrten draußen und standen durch Lautsprecher mit dem Saal in Verbindung. Den Verlauf der Versammlung schildern Briefe und Berichte, die von Hand zu Hand weitergereicht wurden.

Spott für den Gauleiter

Um 16.15 Uhr ertönte von draußen ein Kommando. Jetzt lautete die Parole: Eisiges Schweigen. Gauleiter Röver mit seinem Stab betrat durch den Mittelgang die Halle. Kein «Heil!»-Rufen, kein Händeklatschen, nur böse Bemerkungen. Als er vorn am Rednerpult angelangt war, klatschten zaghaft einige Unentwegte des Arbeitsdienstes. Als es unruhig wurde, nahmen einige Polizisten im Saal und an den Ausgängen Aufstellung, es nützte nichts. Ohne die vorgeschriebene Begrüßung mit «Heil Hitler» nahm der Gauleiter das Wort: «Meine lieben Münsterländer, ich bin heute in euer schönes Ländchen gekommen. Ich weiß, bei euch ist eine bewegte Zeit.» Dann folgten ein paar Sätze über Kolonien, Rasse und Industriekartoffeln. Es bildeten sich Sprechchöre, die immer wiederholten: «Zur Sache! Das Kreuz!» Auch die Forderung Rövers, «als Volksgenossen enger und enger zusammenrücken zu einer wahren Volksgemeinschaft», erntete nur Spott und Zwischenrufe. Das war zuviel für Röver, er beschimpfte die Menge und kommandierte die SA in den Saal. Sie marschiert auf und schuf Ruhe, doch nur für kurze Zeit. Als sein Brüllen nichts nützte, verlegte sich Röver auf das Bitten. Aber seine Phrasen über den gewaltigen nationalsozialistischen Umbruch im Vaterland kamen nicht an. Auf Plattdeutsch und hochdeutsch schallte ihm erneut entgegen: «Das wollen wir nicht hören!»

In einem Bericht heißt es: «Der Gauleiter spricht ruhig weiter. ‹Wenn wir erst eine Stunde hier beisammen sind, dann werden wir uns ganz sicher verstehen.› Die Antworten des Saales ist ein allgemeines höhnisches Lachen. Der Gauleiter verliert die Selbstbeherrschung und brüllt: ‹Die Feiglinge sollen nach vorn kommen!› Darauf setzt ein heftiger, allgemeiner Widerspruch von Tausenden ein. Die Empörung wird bedrohlich. Der Gauleiter versucht es nun wieder in Güte. Er geht endlich zum Thema über und sucht die Verordnung des Ministers zu verteidigen, indem er hinweist auf angebliche Verfehlungen der Geistlichen gegen die Partei. Die Versammlung ruft: ‹Das geht uns hier nichts an. Was hat das mit dem Kreuz zu tun? Zur Sache!›

Flaggenschmuck zur Siegesfeier

Ein anderer Bericht schildert den Versammlungsverlauf so: «(Röver) schreit in die Menge: ‹Ich bin noch niemals feige gewesen, ich sehe immer die Tatsachen so, wie sie sind ... Nie und in Ewigkeit nicht wird von uns etwas gegen die Religion getan. (Neue Zurufe. Röver wird immer erregter.) Es wird hier im Münsterland behauptet, die Verordnung des Ministers Pauly kämpfe gegen den Glauben. Dagegen muß ich mich wehren. Das ist eine Lüge! ... (Lautes Rufen durcheinander.) ... Warten Sie doch nur, ich habe einen Erlaß in der Tasche. Sie werden mit mir zufrieden sein.› (Erneutes Gebrüll im ganzen Saal.) Röver: ‹Haltet die Schnauze! Wer hier nicht die Schnauze halten kann, der fliegt hinaus!› Auf einen Wink des SA-Sandartenführers geht die SA nach hinten in die Halle, um Ruhe zu halten ... Röver hat sich inzwischen gesetzt. Nachdem er einige Schluck Wasser getrunken hat und die Ruhe einigermaßen wiederhergestellt ist, beginnt er wieder zu reden: ‹Es gibt ein Wort von der Treue, die das Mark der Ehre ist. Ich verstehe und schätze solche Treue. Ich bin ehrlich genug, hier festzustellen, daß die Verordnung des Ministers Pauly besser unterblieben wäre. (Bravo! Bravo! Tobender Beifall) ... Wenn man nur gleich zu mir gekommen wäre, die Angelegenheit wäre in drei Tagen erledigt gewesen, denn den Mut und die Größe werden wir doch wohl noch aufbringen, einen Fehler wieder gutzumachen!›

Mit zitternder Stimme liest Röver nun vor: ‹Die Verfügung vom 4. November 1936 wird ... wieder zurückgenommen. Die Kreuze bleiben in den katholischen Schulen, die Lutherbilder in den evangelischen Schulen.›

Da setzt ein Beifall ein, wie man ihn aus so freudigem Herzen kommend in der Halle wohl noch nie gehört hatte ...

Die Kunde von dem errungenen Sieg verbreitete sich mit großer Schnelligkeit in der Stadt Cloppenburg, die bald einen reichen Flaggenschmuck angelegt hatte. Feierliches Glockengeläut klang von den Türmen in die jubelnden Herzen.»

In den gleichgeschalteten Lokalzeitungen las sich das alles ganz anders. Überschrift «Großkundgebung mit Gauleiter Röver. Eindrucksvolles Vertrauensbekenntnis». Und die *Oldenburger Volkszeitung* meldete: «Der Gauleiter erhält stürmischen Beifall.» Doch der Versuch, die Niederlage noch in einen Erfolg umzumünzen, scheiterte. Die Bevölkerung wußte es besser.

Nazis sprechen von Canossa-Gang

Intern steckten die Nazis schnell zurück. Aus einem Bericht der NS-Kreisleitung Vechta vom 4. Dezember 1936 «zur weltanschaulichen Lage»:

«Das Münsterland steht noch vollkommen unter dem Eindruck des Paulyschen Erlasses betr. Entfernung der Kruzifixe aus den Schulen. Bei der ungeheuren Hetze der Geistlichkeit und bei Berücksichtigung von deren Machtstellung erscheint dieses verständlich ... Der Paulysche Erlaß war natürlich Wasser auf die Mühlen der Priester, er muß von unserem Standpunkt zweifellos als ein grober taktischer Fehler angesehen werden. (...) Sühneandachten wurden für neun Tage angesetzt, die stets brechend voll waren, abends wurden allerorts die Glocken geläutet, und vom Turm in Dinklage, später auch in Mühlen, strahlte ein riesiges Kreuz elektrischer Birnen weit ins Land. (...) Es ist nur eine allzu bedauerliche Tatsache, daß in den ländlichen Ortsgruppen viele Austritte erfolgen sollten, falls die Verfügung nicht zurückgenommen werden sollte; ja, daß es sogar vorkam, daß sich in einer Ortsgruppe der Ortsgruppen-Propagandaleiter zum Sprecher aller politischen Leiter, Warte und Walter und SA-Führer machte und erklärte, sie ließen sich für ihr Kreuz totschlagen und die Verfügung sei der Anfang vom Bolschewismus. (...) Die Zurücknahme der Verfügung hat natürlich riesiges Siegesbewußtsein auf der Gegenseite hervorgerufen. (...) Eines hat uns die ganze Angelegenheit ... gezeigt, daß wir mit unserer Behauptung recht hatten, daß unsere großen Massenversammlungen der Vergangenheit eine Vorspiegelung falscher Tatsachen waren und ... leicht ein falsches Bild über die tatsächliche Lage vermittelten. (...) Es wird auf die Dauer gesehen hier wohl kaum ganz ohne KZ und einige Verfügungstruppen gehen. (...) Allgemein kann festgestellt werden, daß das Selbstbewußtsein und das Prestige des Klerus kolossal gestiegen ist und daß man die Zurücknahme als einen Canossa-Gang der Bewegung ansieht, die ihr Ziel einmal zu erkennen gab, aber anscheinend noch nicht die Macht hat, dieses durchzusetzen ...»

Die Katholiken hatten ihr Ziel erreicht, die Kruzifixe blieben in den Schulen, die Nazis hatten – selten genug – eine Niederlage kassiert.[19]

Der mehrwöchige Konflikt um den Kreuzerlaß ist in seiner Heftigkeit sicher nicht typisch für katholische Regionen, er zeigt jedoch deutlich, daß immer dann, wenn kirchliche Belange im engeren Sinne von den Nazis angetastet wurden, Unmut und Proteste am stärksten waren. Diese Kampfeslust blieb dagegen häufig aus, wenn es zum Beispiel um die Verfolgung politischer Nazi-Gegner oder um die Entrechtung der Juden ging. Da sah man lieber weg und schwieg.

Sorge um Seelen und Soziales

Ein Priester berichtet

Zur Zeit des Röhm-Putsches am 30. Juni 1934, der Aktion Hitlers zur Ausschaltung der SA-Führung, befand sich der Kaplan Wilhelm Albs mit einer Jugendgruppe in Holland. Die ungeschminkte Berichterstattung dort machte ihm endgültig klar, daß das Regime zu Hause hemmungslos mit Lüge und Gewalt umging. Nachdem ihm als Priester durch das Konkordat politische Arbeit untersagt war, überlegte er, wie er nun als Seelsorger zu handeln habe.[20]

Dr. Wilhelm Albs wurde 1907 als Sohn eines protestantischen Vaters und einer katholischen Mutter in Berlin geboren. Zunächst protestantisch getauft, wechselte er als Kind auf Wunsch seiner Mutter noch widerwillig die Konfession; eigentlich wollte er protestantischer Pastor werden. Sein Abitur machte er am stockkonservativ-monarchistischen Städtischen Hohenzollerngymnasium, an dem auch nach 1918 die kaisertreuen Lehrer das Sagen hatten. Als – nun bewußter – katholischer Außenseiter in dieser Umgebung entdeckte er die Zentrumspartei als politische Heimat für sich. Seit 1931 arbeitete er als katholischer Priester in verschiedenen Gemeinden des Bistums Berlin.

Zusammenhalt in der Diaspora

Dr. Wilhelm Albs berichtet: «Mir war wichtig, die Gläubigen, mit denen ich es zu tun hatte, zusammenzuhalten, damit sie dem Sog des Nationalsozialismus nicht anheimfielen. Die Nazis waren ja bestrebt, die Leute zu entwurzeln: Beamte wurden in andere Provinzen versetzt, schlesische Volksschulabgänger mußten ihr ‹Landjahr›, eine Art Arbeitsdienst auf Großgütern, beispielsweise in Pommern, ableisten. Auch arbeitslose Jugendliche aus dem Ruhrgebiet kamen als Knechte und Mägde dorthin. Man hoffte wohl, in diesen protestantischen Gegenden würden sie sich mangels katholischer Betreuung und auf Grund sozialer Vereinsamung leichter braun einfärben lassen.

Die Bischöfe reagierten aber auf die ‹wandernde Kirche›, wie wir das nannten, und verstärkten den Einsatz von Geistlichen.

Ich bewarb mich um so eine Diasporastelle in Pommern, versuchte Religionsunterricht und Messen abzuhalten. Damals war das in Schulräumen noch erlaubt, bzw. mein Schulleiter, der aus Trier hierher versetzt worden war, erlaubte es mir. Ein evangelischer Lehrer spielte Harmonium zu den Gottesdiensten. Das Zusammengehörigkeitsgefühl war sehr stark unter allen Nicht-Nazis; Konfessionsschranken verloren ihr Gewicht.»

Caritas-Direktor in Berlin

Ab 1941 hatte Pfarrer Albs Gelegenheit, als Caritas-Direktor von Berlin nicht nur die Seelen vor den Nazis zu retten, sondern den Katholiken auch Häuser und Institutionen zu erhalten, in denen sich christlicher Geist und Nächstenliebe entfalteten. Er erinnert sich:

«Der Caritas-Verband ist ja auch heute noch Träger der katholischen Heime, Anstalten und sozialen Gemeindearbeit. Im Konkordat war er als eigenständige Organisation anerkannt worden, rechtlich der NSV, der ‹Nationalsozialistischen Volkswohlfahrt›, gleichgestellt. Wir versuchten nun, soviel ehrenamtlich tätige Mitglieder für die Nachbarschaftshilfe in den Gemeinden auszubilden wie nur möglich, also für Kranken-, Erziehungs- und Altenhilfe in den Familien. Damals erreichten wir den höchsten Mitgliederstand aller Zeiten in Berlin: 100000 Menschen arbeiteten bei uns mit.

Der andere Schwerpunkt war: Die Nazis sollten an keines unserer Häuser herankommen! Sie waren ja in der Zwickmühle. Unsere Kindergärten waren kriegswichtig, denn die Frauen mußten im Kriege arbeiten. Wohin sollten sie also mit ihren Kindern? Unsere Krankenhäuser mit unserem Personal, den Ordens- und Caritas-Schwestern, waren sogar lebensnotwendig. Aber natürlich wußten die Herren genau, daß ihr Gedankengut bei uns keinen Platz hatte. Gleich nach meiner Amtsübernahme sollten auf Grund eines Erlasses die Kindergärten übergeben werden. Ich gab die Devise aus: nicht übergeben, die Polizei soll beschlagnahmen.

Da dies zur Zeit der Predigten von Bischof Galen gegen die Euthanasie war, die Nazis also schon genug Ärger mit der beunruhigten Öffentlichkeit hatten, passierte nichts weiter, im Gegenteil. Da wir festblieben, ordnete Hitler an, daß bis Kriegsende keine kirchlichen Einrichtungen mehr übernommen werden sollten. Als dann der Bombenkrieg über Berlin einsetzte, waren wir vollauf damit beschäftigt, alte Leute, Kranke und Kinder zu evakuieren. Da hatte sowieso keiner mehr Zeit für ‹Übernahmen›.»

Verbannung für Mönche

Die Gestapo schließt ein Kloster

Große Menschenansammlungen, die nicht sie organisiert hatten, fürchteten die Nazis wie der Teufel das Weihwasser. Dazu gehörten auch Prozessionen und Wallfahrten der katholischen Kirche, die sich gerade im Dritten Reich häufig genug nicht über mangelnden Zulauf beklagen konnten. Das galt auch für die Wallfahrtsstätte in der Nähe des Franziskanerklosters Ottbergen bei Hildesheim. Die Zahl der Pilger wurde z. B. für 1936 auf rund 20000 geschätzt – zuviel! Die Nazis sannen auf Abhilfe. Als geeignete Maßnahme erschien ihnen die Schließung des Klosters. Dazu bediente man sich der Arbeit eines Provokateurs.

Am 12. Juli 1941 erkundigte sich ein Unbekannter an der Klosterpforte, ob dort der Hirtenbrief zu kaufen sei, der an den zurückliegenden Sonntagen in der Diözese Hildesheim verlesen worden sei. In der Hand hielt der Fragesteller einen Packen hektographierter Hirtenbriefe, die er auf der Treppe gefunden habe. Vom Kloster aus wurde die Gestapo per Telefon informiert, damit sie den für die Vervielfältigung Verantwortlichen suche. Als bald darauf bekannt wurde, auch im Dorf seien am Morgen hektographierte Hirtenbriefe verteilt worden, tauchte die Gestapo im Kloster auf. Ihre Beamten durchsuchten das Gebäude und fanden einen Vervielfältigungsapparat. Jetzt hatten die Nazis den gesuchten «Beweis» gegen die Klosterbrüder!

Noch am selben Tag wurden Kloster und Kirche geschlossen, fünf Patres verhaftet und in das Polizeigefängnis nach Hannover gebracht. Sie hatten Glück: Nach einwöchigem Verhör wurden sie mit der Auflage entlassen, sich nicht im Umkreis von 100 Kilometern rund um ihr Kloster aufzuhalten. Die übrigen Mönche durften noch im Kloster bleiben.

Für den 17. Februar 1942 setzte die Gestapo die Räumung der Klosterkirche an, das Kloster selbst wurde beschlagnahmt. Unter der Aufsicht von Gestapo-Beamten mußten Geistliche aus Hildesheim und Bewohner Ottbergens die Kirche ausräumen. Das Kloster wurde enteignet und zunächst für den weiblichen Arbeitsdienst genutzt, gegen Kriegsende diente es als Lazarett. Nach 1945 wurde es wieder kirchliches Eigentum.[21]

«Büro Grüber»

Hilfe für Verfolgte

Für den 15. September 1935 wurde der Reichstag nach Nürnberg gerufen. Seine Aufgabe: den auf dem «Reichsparteitag» verkündeten neuen Regelungen, die den Juden die seit Anfang des 19. Jahrhunderts zugestandene bürgerliche Gleichberechtigung wieder raubten, formal Gesetzeskraft zu verleihen. Diese «Nürnberger Gesetze» bestimmten, daß Juden nicht mehr «Reichsbürger», sondern bloße «Staatsangehörige» waren – ohne aktives und passives Wahlrecht. Sie durften auch nicht mehr Beamte werden. Mischehen zwischen Deutschen und Juden sowie «der außereheliche Verkehr zwischen Juden und Staatsangehörigen deutschen oder artverwandten Blutes» wurden ebenso verboten wie die Beschäftigung nichtjüdischer weiblicher Angestellter unter 45 Jahren in jüdischen Haushalten.

Nach dem Boykott jüdischer Geschäfte am 1. April 1933 waren die Nürnberger Gesetze der bislang deutlichste Beweis für die antijüdische Politik der Nazis.[22] Auf ihrer Grundlage wurde die Entrechtung der Juden in den folgenden Jahren konsequent fortgesetzt. 13 Ergänzungsverordnungen wurden von den Nazis erlassen, die die Juden aus den freien Berufen hinausdrängten und ihnen Schritt für Schritt alle Lebensmöglichkeiten in Deutschland nahmen. Juden durften zum Beispiel nicht Arzt, Tierarzt oder Apotheker werden, sie konnten nicht als Rechtsanwalt oder Steuerberater arbeiten.

Im Ausland bewirkten die Nürnberger Gesetze einen Sturm der Empörung. In Deutschland selbst waren die Reaktionen verhaltener, gehörte doch eine erhebliche Portion Mut dazu, sich dem Terror-Regime der Nazis zu widersetzen.

In einigen kirchlichen Kreisen gab es Überlegungen, wie den bedrängten jüdischen Mitbürgern ihr Schicksal erleichtert werden konnte. Der Berliner Pfarrer Heinrich Grüber, Mitglied der Bekennenden Kirche, gehörte zu denjenigen, die sich besonders aktiv um die Verfolgten kümmerten. Sein Eindruck war, daß eine Organisation fehlte, die «auf dem Boden der Evangelischen Kirche mit ganzer Kraft helfen konnte».

Grübers Vorschlag, eine Hilfsstelle der evangelischen Kirche zu gründen, fand in dieser Versammlung allgemeine Billigung.

«Zuerst hielten wir unseren Kreis bewußt klein und trafen uns nur zu streng vertraulichen Besprechungen, um unser Vorhaben nicht von vornherein zu gefährden ...

Im Herbst 1936 nahmen wir unsere Tätigkeit auf. Die Gestapo, die einen offiziellen Zusammenschluß der jüdischen Organisationen in der Reichsvertretung der Juden zugelassen hatte, gestattete keine ähnliche Organisation im Rahmen der Evangelischen Kirche. Es stellte sich aber bald heraus, daß die Gestapo von unserer Arbeit Kenntnis hatte. Das erfuhr ich bei einer Vorladung zur Gestapo-Leitstelle, die zwar einem anderen Anlaß galt, bei der man mir jedoch zu verstehen gab, daß unsere Arbeit bekannt sei. Unsere Hilfsstelle ist nie offiziell anerkannt worden. Wir hielten es zunächst auch nicht für angebracht, einen solchen Antrag zu stellen. Als ich aber 1938 bei der Gestapo-Leitstelle beantragte, die Arbeit des Büros als Werk der Evangelischen Kirche zu genehmigen, bekam ich keine Antwort. Das erste Schreiben, das wir von der Gestapo erhielten, trug die Aufschrift ‹Büro Pfarrer Grüber›. Diesen Namen haben wir übernommen. Unter dieser Bezeichnung, die mir gar nicht angenehm war, ist unsere Stelle später in aller Welt bekanntgeworden.

Die Bruderräte der Evangelischen Kirche in Deutschland und damit auch die Pfarrer der Bekennenden Kirche wurden von uns laufend unterrichtet. Nachdem wir später in allen Landeskirchen und Landesteilen Zweigstellen unseres Büros errichtet hatten, hielten diese Filialen engen Kontakt zu den örtlichen Landesbruderräten und zu den Bekennenden Gemeinden. Die ‹Deutschen Christen› und die amtlichen Stellen der Evangelischen Kirche haben unsere Arbeit bewußt nicht zur Kenntnis genommen ...

Da uns keine kirchlichen Mittel zuflossen, arbeiteten wir in ziemlich primitiven Verhältnissen. Das Nötigste, zum Beispiel Schreibmaschinen, wurde uns von Auswanderern geschenkt. Im Jahr 1937 stand noch die Auswanderungsplanung für Einzelpersonen und Familien im Mittelpunkt unserer Arbeit. Daneben galt unsere Sorge den Menschen, die infolge amtlicher Verordnungen oder durch übereifrige Parteigenossen ihre Arbeit verloren hatten. Die Zahl derer, die bei uns Hilfe suchten, wuchs stetig bis zum Herbst 1938 ...»[23]

Auswanderung im Mittelpunkt

Bald reichte das Büro in der Oranienburger Straße für die Arbeit nicht mehr aus. Seit dem Juden-Pogrom der Nazis am 9. November 1938 – im beschönigenden Nazi-Jargon ‹Reichskristallnacht› genannt –, bei dem aber nicht nur Glasscheiben jüdischer Geschäfte zu Bruch gingen, sondern Synagogen brannten und Juden zusammengeschlagen und sogar ermordet wurden, waren die Räume und die wenigen Helfer dem stark angeschwollenen Zustrom der Hilfe- und Ratsuchenden nicht mehr gewachsen.

«Im Februar 1939 verlegten wir unsere Arbeit in ein altes Patrizierhaus an der Stechbahn, das im Krieg zerstört worden ist. Es lag im alten Berlin, nahe dem Schloß, in einer kleinen, verschwiegenen Straße, die zur Friedrich-Werderschen-Kirche führte. Dort hatten im Mittelalter die Reitturniere stattgefunden, daher die Bezeichnung Stechbahn.

Wir bezogen in der abgeschlossenen Etage des zweiten Stockes eine typische Berliner Wohnung ...

Die Zahl der Menschen, die uns hier aufsuchten, wechselte mit den Maßnahmen, die die Gestapo ergriff oder androhte. Im Durchschnitt kamen täglich etwa fünfzig Personen zu uns. Viele kamen öfter, zum Beispiel, wenn sie mit der Auswanderungsabteilung zu tun hatten. Wir hielten jeden Tag von 8 bis 17 Uhr Sprechstunde. Darüber hinaus hatten wir einen Früh- und Spätdienst eingerichtet, der sich in dringenden Fällen mit mir oder Pfarrer Sylten in Verbindung setzte ...

Die Arbeit für diese Menschen war im ‹Büro Grüber› folgendermaßen aufgeteilt: Die Berliner Hauptstelle und ihr Beirat, bestehend aus vier Abteilungsleitern sowie Superintendent Albertz, Pastor Braune, Amtmann Schako und Rechtsanwalt Dr. Arnold, wurde in allen deutschen Ländern und Provinzen von Nebenstellen unterstützt, die mit Vertrauensleuten besetzt waren. Unsere Arbeitszweige waren die Auswandererberatung mit Vorbereitung und Durchführung der Auswanderung einschließlich der Kinderauswanderung und die Planung von Siedlungen in anderen Ländern, des weiteren die Stellenvermittlung nach dem Ausland, die Wohlfahrtsarbeit durch Geldunterstützung und Textilspenden sowie die Rechtsberatung.

In einigen Städten übernahm die Bekennende Kirche durch ihren Bruderrat eine Nebenstelle, zum Beispiel in Köln, Dresden und Leipzig. In Frankfurt am Main, München, Braunschweig, Bremen, Münster, um nur einige Städte zu nennen, fanden sich die Bezirksstellen der Inneren Mission bereit, mit uns zusammenzuarbeiten. Zu uns gehörten aber auch Männer und Frauen in anderen Positionen, die für diese Arbeit besonders geeignet waren, so in Pommern Margarete Lachmund, eine Quäkerin ...

Der eigentliche Schwerpunkt unserer Arbeit lag in der Auswanderungsabteilung mit der ihr angeschlossenen Siedlungsplanung. Bei der großen Zahl von Menschen, die Deutschland verlassen mußten, war mit Einzelauswanderung wenig getan. Der November 1938 hatte uns gezeigt, daß Eile geboten war. Wir versuchten nun alles, um größere Siedlungen in Übersee möglich zu machen. Der Versuch, in Verbindung mit der Schwedischen Mission in Abessinien eine Siedlung zu gründen, war schon früh am italienisch-abessinischen Krieg gescheitert. Dagegen gelang es unter äußerst schwierigen Verhältnissen, einige Siedlungskolonien in mittelamerikanischen Staaten zu schaffen. Mit der türkischen Nationalbank verhandelten wir über die Unterbringung hochqualifizierter Fachkräfte. Ein anderer Plan, auf der philippinischen Insel Mindanao eine Siedlung anzulegen, kam nicht über Vorarbeiten hinaus ...

Die Menschen, deren letzte Rettung die Auswanderung war, kamen aus allen sozialen Schichten. Die meisten waren getaufte Juden oder Juden aus ‹Mischehen›, die mit ihren ‹arischen› Frauen oder Männern Deutschland verlassen wollten. Seit September 1939, seit Ausbruch des Krieges, nahmen die Möglichkeiten, auszuwandern, ab ...

Je mehr die Auswanderungsmöglichkeiten sich verminderten, desto größer wurde der Kreis der Menschen, die uns um Hilfe baten. Es zeigte sich auch bald, daß unsere Wohlfahrtsabteilung verstärkt werden mußte, weil eine umfassende Unterstützung für die Menschen nötig wurde, die wegen ihres hohen Alters oder aus anderen Gründen nicht auswandern konnten oder wollten.

Informationen aus den Lagern

Nachdem die meisten der bis dahin verhafteten nichtarischen Pfarrer im Frühjahr 1939 aus dem Konzentrationslager entlassen worden waren, konnte ich mir einen genauen Überblick über die Schikanen verschaffen, denen sie und die anderen Häftlinge in den Lagern ausgesetzt wurden. Ich war der Meinung, daß man dazu nicht schweigen durfte. So versuchte ich, kirchliche Stellen dafür zu interessieren. Die Bekennende Kirche wurde auf den Tagungen des Preußischen und des Berliner Bruderrates von mir unterrichtet, aber ihr waren ja die Hände gebunden. Dann setzte ich mich mit dem Geschäftsführer der Lutherischen Bischofskonferenz, Martin Gauger, in Verbindung. Er verschaffte mir die Möglichkeit, auf einer Tagung der Lutherischen Kirchenführer über meine Ermittlungen zu berichten.

Vielleicht schilderte ich den versammelten Bischöfen die Mißhandlungen, denen KZ-Häftlinge ausgesetzt wurden, etwas zu ausführlich. Ich hörte jedenfalls, wie einer der Würdenträger sagte: ‹Wir müssen nun langsam zum zweiten Punkt der Tagesordnung übergehen.› Der Vorsitzende der Konferenz, Bischof Theophil Wurm, der 1940 dann den Machthabern wegen der Euthanasie tapfer widersprochen hat, geleitete mich zur Tür und sagte: ‹Ich danke Ihnen im Namen der Brüder und wünsche Ihnen und Ihrer Arbeit Gottes Segen.› Das war eine der ganz großen Enttäuschungen, die ich erlebt habe. Daß man Gottes Segen braucht, war mir klar, aber ich hatte gehofft, daß diese Kirchenführer uns helfen würden ...

Weihnachten kam die Gestapo

Am 19. Dezember 1940 holte mich die Gestapo. Für diesen Tag war die Bescherung der Kinder angesetzt. Als die Gestapo in das Büro eindrang, fand sie die Mitarbeiter damit beschäftigt, den Weihnachtstisch aufzubauen. Jede Tätigkeit mußte sofort eingestellt werden. Das Telefon wurde gesperrt, die Kasse und sämtliche Akten wurden beschlagnahmt. Vormittags hatte ich eine Besprechung mit einem schwedischen Freund und amerikanischen Quäkern gehabt und war deshalb erst später in mein Büro gekommen. Ich sah, daß alle aufgeregt herumstanden und daß die Eingangstür von zwei Gestapo-Leuten bewacht wurde. Einer von ihnen trat gleich auf mich zu, führte mich ins Haus und sagte: ‹Sie haben das Zimmer nicht zu verlassen und mit niemandem zu sprechen.› Er erklärte mir, daß ein Schutzhaftbefehl wegen ‹kommunistischer Umtriebe› gegen mich vorliege, daß meine Arbeit verboten sei und mein Büro geschlossen werde. Ich bat mir noch aus, allen anwesenden Mitarbeitern die Hand geben zu dürfen. Das wurde mir gestattet. Dann fuhren sie mit mir davon.

Nach meiner Verhaftung hat Werner Sylten, unterstützt von unserem Beirat, das Büro noch zwei Monate lang weitergeführt. Im Februar 1941 wurde er ebenfalls abgeholt. Nach längerer Haft im Polizeipräsidium Berlin überführte man ihn in das Konzentrationslager Dachau. Dort sahen wir uns wieder und dort blieben wir zusammen, bis er auf einem der sogenannten Invalidentransporte ermordet wurde.

Weiterarbeit im Untergrund

Andere Mitarbeiter bildeten nach meiner Verhaftung eine illegale Organisation, die Lebensmittelkarten und Ausweispapiere beschaffte. Man kann sich heute wohl kaum die Gewissenskonflikte vorstellen, in die manche Helfer dabei gerieten. Sie waren gezwungen, mit kriminellen Elementen zusammenzuarbeiten und mußten der Obrigkeit gegenüber zu jeder Lüge und Täuschung bereit sein. Sie stellten, wenn es sein mußte, Kennkarten, Postausweise, Wehrpässe und Arbeitsbücher zur Verfügung. Sie fälschten Lebensmittelkarten und arbeiteten mit bestochenen Elementen der Gestapo zusammen, um verfolgten Freunden den Grenzübergang zu ermöglichen ...

Gott half beim Blitzkrieg[24]

Kanzelabkündigung zum Erntedankfest 1939

«In tiefer Demut und Dankbarkeit beugen wir uns am heutigen Erntedankfest vor der Güte und Freundlichkeit unseres Gottes: Wieder hat er Flur und Feld gesegnet, daß wir eine reiche Ernte in den Scheunen bergen durften; wieder hat er seine Verheißung an uns wahr gemacht, daß er uns Speise geben wird zu seiner Zeit.

Aber der Gott, der die Geschicke der Völker lenkt, hat unser deutsches Volk in diesem Jahr noch mit einer anderen, nicht weniger reichen Ernte gesegnet. Der Kampf auf den polnischen Schlachtfeldern ist, wie unsere Heeresberichte in diesen Tagen mit Stolz feststellen konnten, beendet, unsere deutschen Brüder und Schwestern in Polen sind von allen Schrecken und Bedrängnissen Leibes und der Seele erlöst, die sie lange Jahre hindurch und besonders in den letzten Monaten ertragen mußten. Wie könnten wir Gott dafür genugsam danken!

Wir danken ihm, daß er unsern Waffen einen schnellen Sieg gegeben hat.

Wir danken ihm, daß uralter deutscher Boden zum Vaterland heimkehren durfte und unsere deutschen Brüder nunmehr frei und in ihrer Zunge Gott im Himmel Lieder singen können.

Wir danken ihm, daß jahrzehntealtes Unrecht durch das Geschenk seiner Gnade zerbrochen und die Bahn freigemacht ist für eine neue Ordnung der Völker, für einen Frieden der Ehre und Gerechtigkeit.

Und mit dem Dank gegen Gott verbinden wir den Dank gegen alle, die in wenigen Wochen eine solche gewaltige Wende heraufgeführt haben: gegen den Führer und seine Generale, gegen unsere tapferen Soldaten auf dem Lande, zu Wasser und in der Luft, die freudig ihr Leben für das Vaterland eingesetzt haben.

Wir loben Dich droben, Du Lenker der Schlachten,
und flehen, mögst stehen uns fernerhin bei.

Der Leiter
der Deutschen Evangelischen Kirchenkanzlei

Dr. Werner
Der Geistliche Vertrauensrat der Deutschen Evangelischen Kirche
D. Marahrens Schultz D. Hymmen

Von den letzten Mitarbeitern meines Büros, es waren nur noch ungefähr dreißig, haben wenige den Tag der Befreiung erlebt; alle anderen sind gestorben, vergast oder, wie es damals hieß, ‹auf der Flucht erschossen› worden ...»

Von der Kanzel ins KZ

Menninghüffen ist ein kleiner Ort bei Bielefeld. Während der Nazi-Zeit war hier der spätere Präses Dr. Ernst Wilm Gemeindepfarrer. Als Mitglied der Bekennenden Kirche gehörte Wilm, Jahrgang 1901, seit 1939 dem westfälischen Bruderrat an, der oppositionellen Kirchenleitung. Nicht zuletzt durch die Nähe Menninghüffens zur evangelischen Krankenanstalt Bethel, in der Wilm zeitweise tätig war, rückte die von den Nazis betriebene Vernichtung «unwerten Lebens» in den Vordergrund seines Kampfes gegen das Hitler-Regime. Seine Predigten gegen die Euthanasie brachten Wilm schließlich in das KZ Dachau.

Den Widerstand in der evangelischen Kirche sieht auch Wilm heute nicht primär als politisch an, «sondern es war einfach der Kampf, den wir einzelne Pfarrer und die Kirche selber geführt haben gegen die Übergriffe des Staates und der Nationalsozialistischen Partei, gegen Eingriffe in die Freiheit der Kirche, in den Glauben der Kirche und auch in das Eintreten der Kirche für andere Menschen. Diesen Kleinkrieg, den habe ich in meiner Gemeinde, die sehr kirchlich geprägt war, ja beinahe auf Tod und Leben führen müssen.»

Wilm erinnert sich: «Ein Parteigenosse hat zu einem Bauern in meiner Gemeinde gesagt: ‹Solange der Pastor Wilm hier war, kamen wir nicht weiter mit der Partei.› Und der Bauer hat ihm geantwortet: ‹Seit ihr den Wilm weggeholt habt, kommt ihr erst recht nicht weiter.› Man muß sich darüber klar sein, daß in dieser Gemeinde neunzig Prozent aller erwachsenen Gemeindemitglieder die sogenannte ‹Rote Karte› unterschrieben hatten und damit die deutschchristliche Kirchenbehörde abgelehnt hatten, die nationalsozialistisch war. Sie hatten sich dem Bruderrat der Bekennenden Kirche unterstellt. Von hier kam der laufende Widerstand von den Synoden und den Gemeinden gegen alle Übergriffe, die nun passierten. Bei mir wurde es dann ganz heiß, als Hitler am 1. September 1939 die Anweisung gegeben hatte, daß Menschen, die unheilbar krank seien, zum Tode befördert werden müßten. Damit nahm das ‹Leermorden› der Anstalten in Deutschland seinen Anfang.»[25]

Wilm schwieg nicht, sondern trat mutig auf die Kanzel und protestierte öffentlich gegen die Tötung von Geisteskranken.

Aus der Gemeinde Brot und Speck

Seine Gemeinde stand hinter ihm, auch dann noch, als ihr Pfarrer in Dachau saß. Wilm: «Als wir in Dachau ankamen, wußten wir, daß wir in ein Todeslager gekommen waren, in dem ein Mensch nichts mehr galt, in dem wir zugrunde gehen sollten. Ich habe im ersten Sommer schon ganz schwere Hungerödeme gehabt und war dem Tode nahe. Ich bin eigentlich nur wie durch ein Wunder ins Revier gekommen und später durch Pakete, die wir dort empfangen durften, gerettet worden.» Die Pakete kamen von seiner Gemeinde. Bischof Meiser hatte erreicht, daß sie an Wilm geschickt werden durften. Die Menninghüffener brachten Speck, Wurst und Brote ins Pfarrhaus. Die Gaben wurden rasch nach Dachau gesandt, wo sie nicht nur Pastor Wilm, sondern auch vielen anderen aus der Pfarrerbaracke über den quälenden Hunger hinweghalfen und sie am Leben erhielten.

In Dachau erlebte Ernst Wilm den schrecklichen KZ-Alltag: «Wir waren in Dachau keine Menschen mehr. Wir waren nur noch eine Nummer. Und wann diese Nummer ausgestrichen werden würde, das konnte man sich ungefähr an den zehn Fingern ausrechnen. Meine Nummer war 30156. Die Nummer eines der letzten im Januar 1945 eingelieferten Häftlinge war etwas höher als 100200, woran man sehen kann, wie viele Menschen durch das Lager gegangen sind. In diesem Lager wurden die Menschen auf jede Weise, die es nur gab, zu Tode gebracht: Sie wurden geschlagen, sie wurden mit einem Wasserschlauch aufs Herz gespritzt, bis sie tot waren, sie verhungerten, sie wurden zu medizinischen Versuchen benutzt und kamen dabei um, sie wurden gehenkt usw. usw.»

Zusammenhalt im «Pfaffenblock»

Wie konnte man das alles seelisch ertragen? «Das, was in Dachau für uns als Pfarrer das Erlösende war, und das, was uns auch erhalten hat, war die Gemeinschaft im Glauben, die wir miteinander halten konnten. Wir hatten in dem sogenannten ‹Pfaffenblock 26› sogar eine Kapelle, die war auf Veranlassung des Papstes für die katholischen Priester errichtet worden. Wir als evangelische Pfarrer durften sie auch benutzen. Wir mußten zwar dafür eine Stunde früher aufstehen, um 4 Uhr, aber dafür konnten wir dann jeden Morgen dort unsere Andacht halten und die katholischen Mitbrüder ihre Messe. Und wir haben auch als katholische und evangelische Geistliche jeden Abend miteinander gebetet und uns mit ‹Gelobt sei Jesus Christus in Ewigkeit, Amen› gegrüßt. Wir haben aber auch, das muß gesagt werden, in Dachau die kommunistischen und sozialistischen Häftlinge, auch die aus Polen, der Tschechei, Holland, Italien, Norwegen, Frankreich usw., als Kameraden und zum Teil auch als menschliche, helfende Freunde kennengelernt.

Ich erinnere mich an einen Blockführer, der früher der Führer der kommunistischen Sportjugend war und sich für uns weigerte, vor der ganzen Mannschaft, einen Mithäfling zu prügeln. Er kam dafür in den Strafblock. Ich habe mit ihm selber über das Verhältnis von Kommunisten und evangelischen Geistlichen und katholischen Geistlichen gesprochen, und wir haben uns sehr verstanden. Er hat gesagt: ‹Ich habe jetzt ein anderes Bild von einem Pfarrer bekommen.› Und ich habe gesagt: ‹Ich habe ein anderes Bild von Kommunisten bekommen.›»

Problem «Gnadentod»

Proteste gegen das Euthanasieprogramm

Am 9. Oktober 1939 erhielten die Heil- und Pflegestätten Baden-Württembergs den Erlaß des Reichsinnenministers Nr. IV g 3697/39, der besonders in Kirchenkreisen wie ein Schock wirkte, waren doch drei Viertel aller Anstalten im ganzen Reich unter ihrer Leitung. In dem Erlaß hieß es: «Zu melden sind sämtliche Patienten, die

1. an nachstehenden Krankheiten leiden und in den Anstaltsbetrieben nicht oder nur mit mechanischen Arbeiten (Zupfen u. ä.) zu beschäftigen sind:

Schizophrenie,
Epilepsie (wenn exogen, Kriegsdienstbeschädigung oder andere Ursachen angeben),
senile Erkrankungen
Therapie-refraktäre Paralyse und andere Lues-Erkrankungen,
Schwachsinn jeder Art,
Encephalitis,
Huntington und andere neurologische Endzustände;
oder

2. sich seit mindestens 5 Jahren dauernd in Anstalten befinden;
oder

3. als kriminelle Geisteskranke verwahrt sind;
oder

4. nicht die deutsche Staatsangehörigkeit besitzen oder nicht deutschen oder artverwandten Blutes sind unter Angabe von Rasse und Staatsangehörigkeit.»[26]

Zunächst einmal wurden diese Bogen ordentlich ausgefüllt. Es schien ja auch keine Gefahr vorzuliegen, zumal z. B. der württembergische Innenminister seinen Anstalten mitteilte:

«. . . kann gewährt werden.»

Die Vernichtung «lebensunwerten» Lebens

Adolf Hitler Berlin, 1. September 1939

Reichsleiter Bouhler und
Dr. med. Brandt
sind unter Verantwortung beauftragt, die Befugnisse namentlich zu bestimmender Ärzte so zu erweitern, daß nach menschlichem Ermessen unheilbar Kranken bei kritischster Beurteilung ihres Krankheitszustandes der Gnadentod gewährt werden kann.

gez. Adolf Hitler

Hitlers Leibarzt Brandt und seine Komplizen waren allein dem Führer unterstellt und wie alle Beteiligten zur absoluten Geheimhaltung verpflichtet.

Die Terminologie schien unverfänglich: Die euthanasiewilligen Ärzte bildeten als «Gutachter» eine «Reichsarbeitsgemeinschaft der Heil- und Pflegeanstalten», die mit Hilfe von Fragebogen die Kranken «erfassen» sollte. Aus dem Wagenpark der SS wurde eine «Gemeinnützige Krankenhaustransportgesellschaft mbH» gebildet, die «Verlegungen» durchführte. Die «Gemeinnützige Stiftung für Anstaltspflege» übernahm die Kosten. Rund 50 Ärzte und Techniker kannten sowohl Umfang als auch Tragweite dieser Aktion, in deren Verlauf ca. 70000 Menschen umkamen. Die hierbei gewonnenen experimentellen Erfahrungen der «Vergasungstechniker» wurden später der SS für die «Endlösung» zur Verfügung gestellt.

«Die gegenwärtige Lage macht die Verlegung einer größeren Anzahl von in Heil- und Pflegeanstalten untergebrachten Kranken notwendig. Im Auftrag des Reichsverteidigungskommissars werde ich die notwendigwerdenden Verlegungen von Fall zu Fall anordnen. Die Kranken werden nebst ihren Krankenakten in Sammeltransporten verlegt . . . Die Benachrichtigung der Angehörigen über die Verlegung erfolgt durch die Aufnahmeanstalt.» Die Kriegslage ließ nur an Maßnahmen zum Schutz der Kranken denken.

Die älteste Epileptikeranstalt Deutschlands, die «Pfingstweide» im Schwarzwald, war die erste Anstalt des evangelischen Wohltätigkeitsver-

In trauriger Pflichterfüllung müssen wir Ihnen zu unserem Bedauern mitteilen, daß Ihre Schwester ..., die auf ministerielle Anordnung gemäß Weisung des Reichsverteidigungskommissars aus mit der Reichsverteidigung im Zusammenhang stehenden Gründen in unsere Anstalt verlegt wurde, am 10. Oktober 1940 infolge einer Mundbodenphlegmone mit nachfolgender Blutvergiftung verstorben ist.

Sofort einsetzende medikamentöse Beeinflussungen unsererseits sind leider ohne Erfolg geblieben. Eine Benachrichtigung über die Erkrankung unterblieb in dem Bestreben, Sie nach unserer Meinung nicht unnötigerweise zu beunruhigen, zumal nach ärztlichem Ermessen, infolge eines anfänglichen normalen Verlaufs der Krankheit ein Anlaß zu irgendwelchen Befürchtungen nicht bestand. Das unerwartete Hinzutreten einer Blutvergiftung hat zwar unsere Annahme leider nicht bestätigt, aber Ihrer Schwester einen sanften und nicht schmerzhaften Tod gebracht und sie von ihrem schweren Erdendasein erlöst. Möge Ihnen diese Tatsache zum Troste gereichen und Ihr Schmerz dadurch gelindert werden.

Im Hinblick darauf, daß unsere Anstalt nur als Durchgangsanstalt für diejenigen Geisteskranken bestimmt ist, die in eine andere Anstalt unserer Gegend verlegt werden sollen, und auf Grund dessen, daß der Aufenthalt in unserer Anstalt der Feststellung von Bazillenträgern dient, wie sich solche bekanntlich immer wieder unter derartigen Kranken befinden, hat die zuständige Ortspolizeibehörde, um den Ausbruch und die Verschleppung übertragbarer Krankheiten zu verhindern, mit dem in derartigen Fällen gerechnet werden muß, auf Grund des § 22 der Verordnung zur Bekämpfung übertragbarer Krankheiten die sofortige Einäscherung der Leiche und die Desinfektion des Nachlasses angeordnet. Einer Einverständniserklärung der Angehörigen bedarf es in solchem Falle nicht.

Der Nachlaß, der in diesem Falle weder umfangreich noch wertvoll war, wurde durch die Desinfektion infolge Verwendung nachhaltigster Mittel so beschädigt, daß er nur noch als Altmaterial betrachtet werden konnte und sich eine Versendung nicht mehr gelohnt haben würde. Er ist deshalb, Ihr Einverständnis voraussetzend, an die NSV. zur Verwertung abgegeben worden. Falls Sie die Urne mit den sterblichen Überresten Ihrer Schwester auf einem bestimmten Friedhof beisetzen lassen wollen — die Überführung der Urne findet kostenlos statt —, bitten wir Sie unter Beifügung einer Einverständniserklärung der betreffenden Friedhofverwaltung um Mitteilung. Sollten Sie uns innerhalb von 14 Tagen keine diesbezügliche Nachricht zukommen lassen, werden wir die Beisetzung der Urne anderweitig veranlassen.

Zwei Sterbeurkunden, die Sie für eine etwaige Vorlegung bei Behörden sorgfältig aufbewahren wollen, fügen wir bei.

Heil Hitler!

i. A.: Dr. .. (unleserlich).

bandes Innere Mission, in der die Aktion durchgeführt wurde. Im Januar 1940 kam eine Liste mit dreizehn Patientennamen an, die in eine nicht näher benannte Anstalt aus «Reichsverteidigungsgründen» verlegt werden sollten. Drei Tage später traf der Transport ein, kurz darauf erhielten die Angehörigen die Todesnachricht (siehe linke Seite).

Die Anstaltsleitung erhob Protest beim württembergischen Innenministerium und benachrichtigte den Landesverband der Inneren Mission. Die «medizinischen» Auswahlkriterien hatten darin bestanden, daß man die Buchstaben B bis H gewählt hatte.

Einspruch vom Bischof

Es verbreitete sich wie ein Lauffeuer, daß Geisteskranke um ihr Leben fürchten mußten. Deswegen zögerten Anstalten die Rücksendung ihrer Fragebögen «wegen Überlastung» hinaus. Allerdings mußten sie dann mit «Gutachtern» rechnen, die ihnen die «Arbeit» abnahmen. Neben den Anstaltsleitungen protestierte auch Landesbischof Wurm beim Reichsinnenminister, allerdings von vornherein ohne große Hoffnung: «Ich kann mir denken, Herr Minister, daß dieser Einspruch als unbequem empfunden wird. Ich wage auch kaum die Hoffnung auszusprechen, daß meine Stimme gehört werden wird. Wenn ich trotzdem diese Darlegungen gemacht habe, so tat ich es in erster Linie deshalb, weil die Angehörigen der betroffenen Volksgenossen von der Kirchenleitung einen solchen Schritt erwarten. Sodann bewegt mich allerdings auch der Gedanke, daß dieser Schritt vielleicht doch zu einer ernsten Nachprüfung und zum Verlassen dieses Weges Anlaß geben könnte.»

Die Behörden teilten mit, «daß die getroffenen Maßnahmen einer Rechtsgrundlage nicht entbehren». Man erwarte, «daß die Innere Mission ihren Widerstand gegen die Durchführung der in Rede stehenden Maßnahmen aufgibt».

Mündlich argumentierte ein württembergischer Ministerialrat gegenüber einem Oberkirchenrat so:

«Die planwirtschaftlichen Maßnahmen werden auf Grund einer Anordnung des Führers selbst durchgeführt, die zwar nicht verkündigtes Gesetz ist, aber ihre rechtliche Grundlage hat. Das 5. Gebot: Du sollst nicht töten, ist gar kein Gebot Gottes, sondern eine jüdische Erfindung, mittels derer die Juden, die größten Mörder der Weltgeschichte, immer wieder versuchen, ihre Feinde von einer tatkräftigen Gegenwehr abzuhalten, um sie dann desto leichter erledigen zu können.»

Hilfe durch «Verlegungen»

Welchen Spielraum hatten nun noch kirchliche Gegenmaßnahmen? Viele Anstaltsleitungen benachrichtigten die Angehörigen über die anstehenden «Verlegungen». Aber nur relativ wenige hatten den Mut oder sahen sich dazu in der Lage, ihre Kranken zu Hause zu pflegen. Dieses Verfahren wurde durch das württembergische Innenministerium verboten. Mancher hielt sich dran, andere luden nun die Angehörigen zu Besuchen ein und informierten sie dann vor Ort. Eine weitere Möglichkeit bestand in zähen Verhandlungen mit den Transportleitern, um einige der Todeskandidaten als unentbehrliche Arbeiter in den Anstaltsbereichen, z. B. Wäscherei, Landwirtschaft usw., «zurückgestellt» zu bekommen. Um etliche wurde bis zu viermal verhandelt, um sie dann doch noch «freigeben» zu müssen, denn der Plan, ca. 50 Prozent aller Kranken aus geschlossenen Anstalten zu beseitigen, bewirkte nur eine erneute Namennennung auf neuen Listen. «Sabotierte» eine Anstalt die Aktionen zu sehr, drohte man mit vollständiger Auflösung und «Verlegung» aller Kranken.

Auf der Tagung des «Verbandes Deutscher Evangelischer Heimerziehungs-, Heil- und Pflegeanstalten» am 3. Dezember 1940 in Berlin wurde klar, daß überall im Reich höchstens aufschiebende Wirkungen erzielt worden waren. Je größer die Anstalt, um so schwerer war die Menge der Patienten zu schützen. In Berlin gab es z. B. nur kleinere katholische Anstalten. Eines leitete Helene Weber, von den Nazis zwangspensionierte Ministerialrätin und nach 1949 Bundestagsabgeordnete. Durch Atteste befreundeter Ärzte, aufnahmebereite Familien und Unterbringung in «neutralen» Heimen konnte sie die gefährdeten ihrer knapp 50 Schützlinge retten.

«Lebensunwert» auch mit Typhus

Was aber sollten psychiatrische Landeskliniken mit 500 Patienten machen, zumal sich herausstellte, daß es gar nicht nur um unheilbar Geisteskranke ging, wie Pastor Braune, Vizepräsident der Inneren Mission, in seiner Denkschrift an Hitler vom 9. Juli 1940 zeigt: «Herr Heiner, der früher Leiter eines Kraftwerks in den Kreuznacher Anstalten war, erkrankte vor wenigen Jahren an Typhus und blieb Bazillenträger. Im Zusammenhang mit der körperlichen Erkrankung zeigten sich seelische Depressionen. Daraufhin wurde er in der Heil- und Pflegeanstalt Bedburg-Hau im Rheinland untergebracht. Noch vor Weihnachten 1939 besuchte ihn sein Sohn. Der Vater war geistig völlig klar, litt nur unter Depressionen. Am 7. März 1940 erfolgte die Verlegung im Sammeltransport nach Grafeneck, ohne daß die Familie benachrichtigt wurde. Erst auf Anfrage nach seinem Befinden wurde über die Verlegung von Bedburg-

Hau nach Grafeneck Nachricht gegeben. Eine Anfrage in Grafeneck blieb unbeantwortet. Nach etwa 4 Wochen erfolgte der Bescheid, daß der Kranke infolge von Kreislaufschwäche verstorben sei und daß die Leiche sofort eingeäschert werden mußte. Die Urne stünde zur Verfügung. Die Urne und der Schriftverkehr trugen bereits die Nummer 498.»

Schon am 12. Mai 1940 war man bei Nummer A 1092, am 28. Juni 1940 bei A 3111. Normalerweise hatte Grafeneck in Württemberg hundert Betten...

Trotz dieser Ereignisse rangen sich die kirchlichen Leitungsgremien nicht zu großen öffentlichen Widerstandsaktionen durch. Man protestierte schriftlich bei den «zuständigen» Stellen. Nur Einzelkämpfer, wie zum Beispiel Bischof Graf von Galen, der «Löwe von Münster», in seinen drei Predigten vom Juli und August, wagten lauten Protest, der auch über den «Feindsender» Londoner Rundfunk im Reich verbreitet wurde. Kaum war eine Predigt in Münster gehalten, ging sie zudem in ungezählten Abschriften von Schreibmaschine zu Schreibmaschine. Selbst an die Front gelangte sie mit der Feldpost, und als Flugblatt kam sie auf deutsche Städte nieder.

Anzeige wegen Mord

Am 28. Juli 1941 erstattete Bischof Galen sogar Anzeige beim Landgericht Münster und zitierte aus dem Brief während der nächsten Predigt: «Da ein derartiges Vorgehen nicht nur dem göttlichen und natürlichen Sittengesetz widerstreitet, sondern auch als Mord nach § 211 des StGB mit dem Tode zu bestrafen ist, erstatte ich gemäß § 139 des StGB pflichtgemäß Anzeige.»[28]

Seinen Hörern malte er die Konsequenzen der Vernichtungspolitik aus: «Wenn einmal zugegeben wird, daß Menschen das Recht haben, ‹unproduktive› Mitmenschen zu töten ... dann ist *grundsätzlich* der Mord an allen unproduktiven Menschen, also an den unheilbar Kranken, den Invaliden der Arbeit und des Krieges, dann ist der Mord an uns allen, wenn wir altersschwach und damit unproduktiv werden, freigegeben. Dann braucht nur irgendein Geheimerlaß anzuordnen, daß das bei Geisteskranken erprobte Verfahren auf andere ‹Unproduktive› auszudehnen ist ...»

Christenpflicht sei in dieser Situation, sich dem Einfluß derjenigen zu entziehen, «die unschuldige Menschen, unsere Brüder und Schwestern, dem Tode überliefern», ihren Umgang zu meiden, «damit wir nicht mitschuldig werden ...»

Dieser Mann wurde nicht verhaftet, obwohl der Gauleiter Westfalens es in seinen Berichten nach Berlin immer wieder forderte. Er war zu populär. Viele Neugeborenen erhielten seinen Vornamen Clemens August; auf Reisen durch die Diözese flaggte man verbotenerweise die Kirchenfahnen, schmückte die Wege mit Blumenteppichen und Tannengrün. Etliche Nazis hielten für ihn die Todesstrafe angebracht, denn «man sagt jedenfalls in Münster schon jetzt, da gegen den Bischof nichts unternommen wird, muß er doch im Recht mit seinen Behauptungen sein». Goebbels, und wohl auch Hitler, befürchteten allerdings «daß, wenn etwas gegen den Bischof unternommen würde, die Bevölkerung Münsters während des Krieges abzuschreiben sei. Dazu könne man ruhig noch ganz Westfalen nehmen.»

Wer allerdings nur Hilfsprediger war, wie Max Lachmann, der in seiner Predigt Euthanasie Mord nannte, konnte sich vier Jahre Dachau einhandeln. Allerdings wurde im September 1941 die ganze Aktion erst einmal auf Eis gelegt. Die Öffentlichkeit sollte sich zunächst beruhigen. Im Dezember 1942 erreichten neue Meldebögen die Anstalten, alle psychiatrischen Patienten betreffend. Die katholische Bischofskonferenz beschloß daraufhin im März 1943, jegliche Auskünfte über Kranke in ihren Häusern als «sittlich nicht erlaubt» zu bezeichnen, da sie «aller Wahrscheinlichkeit nach als Unterlage zur Einleitung des sogenannten Euthanasie-Verfahrens» dienten. Pastor Bodelschwingh bewirkte eine ähnliche Haltung auf der protestantischen Seite.

Vorwurf «Heimtücke»

Eine Pastorenfrau kämpft um ihren Mann

Die Nazis hatten ihre Augen und Ohren überall, selbst im fernen Australien. Den Bremer Pastor Gustav Lahusen kostete dies beinahe das Leben: Ihm fehlte die rechte Gesinnung, und seinen Mund konnte er auch nicht halten.

1932 hatte sich der damals 42jährige Geistliche nach Sydney eingeschifft, um dort die deutsche evangelische Gemeinde zu betreuen – mit spürbarem Erfolg. Besonders die Frauen-Vereinigung blühte auf. Doch als die Nazis Stützpunktleiter im Ausland ernannten und zwischen «Reichsdeutschen» und denen unterschieden, die aus politischen oder rassistischen Gründen Bürger eines anderen Staates geworden waren, geriet Lahusen in Bedrängnis. Sicher – er kümmerte sich intensiv um die deutsche Sprache, hielt die Erinnerungen an deutsche Landschaften, Kultur und Literatur in zahlreichen Vorträgen wach, doch fehlte ihm der «völkische» Schwung. Die Ansprache zum Tode des Reichspräsidenten Hindenburg im August 1934 bestärkte die Auslands-Nazis in ihren schon längst gehegten Vorbehalten, als der Name des «Führers» bei der Trauerfeier unerwähnt blieb. Auch die deutschsprachige Zeitung *Die Brücke* nahm Anstoß: In Lahusens Worten habe man das Gefühl für die Größe des Aufbruchs unter Hitler vermißt – und das nicht zum erstenmal.[29]

Einsatz für Verbannte

Für Zugeständnisse sah Lahusen keinen Anlaß, erst recht nicht, als er direkten Kontakt mit den Judenverfolgungen der Nazis bekam. Er ließ sich in den Vorstand der Quäker wählen, einer religiösen Gruppe, die dort half, wo die Not am größten war. Jetzt unterstützten sie die aus Deutschland vertriebenen «Nichtarier» bei der oft schwierigen Eingewöhnung in der Fremde. Lahusen lud die Verbannten ins Pfarrhaus ein und half mit Rat und Tat. Meist kamen christliche «Nichtarier», die in «Mischehen» lebten; die gläubigen Juden hatten ihre eigene Hilfsorganisation.

Lahusens Einsatz blieb den Nazis nicht verborgen. Prompt zitierte ihn die Reichsregierung auf das Konsulat: Er habe seine Arbeit bei den Quäkern sofort einzustellen, ansonsten werde sich der Generalkonsul nicht mehr an der Kirchenarbeit beteiligen. Die Nazis hatten den richtigen Hebel angesetzt: Ohne die finanzielle Unterstützung der Reichsvertretung sah es in Lahusens Gemeinde schlecht aus. Der Pastor reagierte taktisch: Er versprach, sich aus dem Vorstand der Quäker zurückzuziehen, verschwieg aber, daß er seine Arbeit dort auch ohne Amt wie bisher fortsetzen wollte.

Der erste Schnüffler

Als Pastor Lahusen und seine Familie im Frühjahr 1939 gemäß einer Vereinbarung mit der evangelischen Kirche nach Deutschland zurückkehrten, spürten sie schon auf der Schiffsreise die veränderte Atmosphäre. Offensichtlich kümmerte sich der Erste Offizier des Dampfers unter Nazi-Flagge nicht nur um die Schiffsführung, sondern hatte auch die Aufgabe, die Ohren zu spitzen.

In Deutschland angekommen, bezogen die Lahusens ein Pfarrhaus in Bad Kreuznach. Schon bald durchbrach Pastor Lahusen die sich zunächst selbst auferlegte Zurückhaltung, er eckte wieder an. Bei einer Konfirmationsfeier, die ein Amtsbruder der «Deutschen Christen» abhielt, brachte ihn die Verpflichtung der Jugendlichen auf das Nazi-Reich auf die Palme. Ein Schlagabtausch mit seinen Kollegen am folgenden Tag blieb nur scheinbar ohne Folgen ...

Ein Brief aus Koblenz

Es dauerte nicht lange, bis im Pastorat ein Brief der Gestapo aus Koblenz eintraf, in dem «der Pfarrer Lahusen zu einer Besprechung in die Dienststelle der Geheimen Staatspolizei gebeten» wurde. Die zweistündige Fahrt trat der Geistliche am nächsten Tag, dem 9. Mai 1940, ohne große Befürchtungen an; als Gepäck hatte er nur ein Buch bei sich. Was konnte man ihm denn schon vorwerfen?

Doch er blieb länger als erwartet: «Bis Mitternacht wartete ich, aber kein Schlüssel drehte sich in der Haustür», erinnert sich Maria Lahusen, seine Frau: «Als es endlich Morgen wurde, rief ich die Zweigstelle der Gestapo unseres Ortes an, doch angeblich wußte man dort von nichts. So faßte ich mir ein Herz und rief in Koblenz an. ‹Warten Sie, bis Ihnen Näheres mitgeteilt wird. Die Besprechungen sind noch nicht abgeschlossen.› Schon wurde der Hörer aufgelegt ...

Am nächsten Tag erschien ein Mann in Uniform. Er teilte mir mit, mein Mann sei in Schutzhaft genommen worden. Der Grund sei ihm nicht bekannt, und er könne auch nichts über Verlauf und Dauer sagen.

Frau Lahusen setzte sich in den Zug nach Koblenz, um bei der Gestapo vorzusprechen: «Wie vertraut sollte mir der Bahnhof werden, der Weg in die Kapuzinergasse, wo sich das Gefängnis befand und von dort ein paar Schritte weiter die viel unheimlichere Stelle, die ‹Geheime Staatspolizei›. Sie lag im ‹Vogelsang›. Dort meldete ich mich beim Pförtner, der meinen Namen in ein Buch eintrug. Irgendwo summte es, eine Tür öffnete sich, und einige SS-Männer traten heraus. Mich übersahen sie, als wäre ich gar nicht da. Ich blickte auf die Worte an der Wand: Unsere Ehre heißt Treue. ... Ein junger Mann kam auf mich zu. ‹Heil Hitler! Sie haben ja schon gehört, daß Ihr Mann in Schutzhaft bleibt, drüben im Gefängnis. Er hat zersetzend gewirkt. Sie können ihn alle vier Wochen in unserer Begleitung sehen.› ‹Und jetzt?› fragte ich. ‹Nein, zuerst müssen Sie schriftlich die Sprecherlaubnis einholen.›»

Wiedersehen in der Zelle

Als Frau Lahusen auf ihrem Rückweg wieder am Gefängnis vorbeikam, faßte sie nach kurzen Zögern Mut und zog am Glockenstrang: «Das schwere Tor öffnete sich einen Spalt und ein einfaches, aber menschliches

Gesicht blickte mich fragend an. Ich atmete auf und bat, den Anstaltsleiter sprechen zu dürfen. Man führte mich zu ihm. Herr E. sah mich prüfend an, und ich erfuhr, daß mein Mann in einer Einzelzelle saß, ohne Bücher, ohne Arbeit. Langsam fühlte Herr E. im Gespräch vor, gab schließlich seine Zurückhaltung auf und sagte leise: ‹Wenn Sie nicht darüber sprechen, können Sie Ihren Mann ein paar Minuten sehen.› Das Angebot verschlug mir die Sprache, aber man sah mir wohl an, daß ich jeden Schwur geleistet hätte. Er gab Weisung, den Gefangenen zu holen, und kurz darauf standen wir uns gegenüber. Wieviel läßt sich in ein paar Minuten besprechen; vor allem erfuhr ich einige der Aussprüche, die ein Denunziant der Geheimen Staatspolizei mitgeteilt hatte. Auch, daß ein Tag allein in einer Zelle unendlich lang ist, daß ein Tag ohne Arbeit bedrückender ist, als wenn man glaubt, zuviel bewältigen zu müssen. Die Zeit war um. Noch einmal lächelten wir uns zu, ach, was für eine ungeheure Stärkung bedeutete das kurze Beisammensein.»

Bei ihrer nächsten Fahrt nach Koblenz erfuhr Frau Lahusen Näheres: «Die Aussprüche, wegen derer die Festnahme erfolgte, waren ‹heimtückischer› Natur, einer sogar ‹zersetzend›. Wegen des letzteren wurde Anklage auf Defätismus erhoben. ‹Sie können von Glück sagen, daß Ihr Mann nicht ins KZ gekommen ist›, erklärte mir Didinger, der junge Mann, dem ich bei der Gestapo zugeteilt worden war. ‹Wir haben berücksichtigt, daß er Offizier im Ersten Weltkrieg war und daß er sich im Ausland der Pflege des Deutschtums angenommen hat. Allerdings, vom dortigen Stützpunktleiter liegt auch die Meldung vor, daß er sich zwar als guter Deutscher erwiesen hat, aber in keiner Weise als Nationalsozialist.› ...

Beiläufig fuhr Didinger fort: ‹Die Mutter Ihres Mannes war Engländerin, nicht wahr?› Ich bestätigte es. ‹Aha›, ein lauernder Blick streifte mich, ‹von da liegt wohl schon eine Tendenz vor für ...› – ‹Sie hatte ihre sechs Söhne im Weltkrieg›, unterbrach ich ihn. ‹Nichts als verdammte Schuldigkeit›, ereiferte sich Didinger, ‹jedenfalls hat Ihr Mann die Wehrkraft untergraben und da greifen wir hart durch.› Zaghaft erkundigte ich mich, was er denn getan habe, fürchtete zugleich erschreckende Enthüllungen. ‹Ihr Mann hat in einer Gesellschaft, bei der fast 20 Personen anwesend waren, geäußert: England hat auch sehr gerüstet, man darf es nicht unterschätzen.› Wie, das war alles?! Aber mein Gegenüber brüllte los: ‹Wo alles darauf ankommt, unser Volk wehrfreudig zu erhalten!›»

In der Gestapo-Zentrale

Von jetzt an mied Frau Lahusen das Haus der Gestapo. Statt dessen ging sie jetzt jede Woche ins Gefängnis: «Beschwingt eilte ich durch die Kapuzinergasse, und mancher erstaunte Blick folgte mir, weil ich so froh einem solchen Ort zustrebte. Aber wie wurde ich auch empfangen! Nicht nur von meinem Mann, sondern von allen, die wie er jetzt im Büro arbeiteten. Sie wurden ja beteiligt am Inhalt der beiden Koffer, an den Raritäten an Eßbarem, die ich dank der Hilfe vieler Spender immer wieder heranschleppte. Im Büro arbeiteten etliche politische Gestrauchelte, unter ihnen einige katholische Priester, weißhaarig, ehrwürdig. Der Mann an der Pforte erzählte mir, er sei bei ihrer Verhandlung dabei gewesen. Ersichtlich ekelte es ihn noch, davon zu sprechen.

Man hatte den beliebten Vorwurf der sittlichen Verfehlung erhoben, dazu geisteskranke Kinder als Zeugen vernommen. Diese brachen auf an sie gerichtete Fragen in dumpfes Lallen aus, der Richter hörte ein ‹ja› heraus, und damit galten die Priester als überführt. Einen jungen Pfarrer traf ich, der einem Kriegsgefangenen ein Wörterbuch gegeben hatte, weil dieser die deutsche Sprache erlernen wollte. ‹Beihilfe zur Flucht› lautete das Urteil. Die Ansicht des Pfarrers, ein Feind sei auch ein Mensch, hatte das Urteil noch verschärft, ihm sieben Monate eingebracht. Doch wir beneideten ihn um dieses abgeschlossene Urteil, denn Schutzhaft war unabsehbar, blieb unberechenbar, aber im Ungewissen lassen, gehörte ja als bewußter Bestandteil zu dieser Art von Bestrafung.»

Im Gefängnis unter Amtsbrüdern

Die Ungewißheit ließ Frau Lahusen keine Ruhe. Sie wollte Klarheit gewinnen und entschloß sich daher, nach Berlin zu fahren. Ihr Ziel: Prinz-Albrecht-Straße 8, die Zentrale der Geheimen Staatspolizei: «Nach nächtlicher Fahrt suchte ich die Prinz-Albrecht-Straße auf. Mein Herz klopfte ...

Da öffnete sich eine Tür und ein herzliches ‹Grüß Gott› erklang. Ein Bayer schüttelte mir die Hand, und es folgte eine freundliche Aussprache. Hartl haßte die Pfarrer, für ihn waren sie Kriecher und Feiglinge, die selber nicht glaubten, was sie predigten. Ich holte ein Foto von meinem Mann aus dem 1. Weltkrieg hervor, die Aufnahme eines schneidigen Offiziers mit dem EK I. Es muß ein Augenblick nachtwandlerischer Sicherheit gewesen sein, daß ich gerade dieses Bild einsteckte und es nun Hartl reichte. Er sah es eine Weile fast ungläubig an. ‹Forsch, sehr forsch›, stellte er kopfschüttelnd fest. Dieses Foto, für uns längst Vergangenheit, weckte offensichtlich Sympathie bei meinem Gegenüber und beeinflußte durchaus den Gang der Handlung ...

Jedenfalls fuhr ich von meinem ersten Besuch in Berlin hoffnungsvoller zurück. Mein Gesprächspartner Dr. Hartl, ein früherer Schriftsteller, hatte keine Maske getragen. Ich fuhr die Nacht durch, um so schnell wie möglich wieder bei den Kindern zu sein. Unsere außergewöhnliche Lage konnte ich ihnen nicht erklären, sie waren zu jung – unser Ältester war erst 8 Jahre alt –, um die Zusammenhänge zu verstehen. Der Vater war ihnen ein Begriff, sie liebten und achteten ihn. Die Heimat? Diese Liebe sollte erst wachsen. Und nun steckte man hier den Vater ins Gefängnis. Nein, ich beließ es bei der Erklärung, daß der Vater wegen des Krieges anderswo arbeiten müsse. Wohl gingen einmal Kinder an unserem Haus vorbei und riefen: ‹Hier wohnen die australischen Juden›, aber es war nicht so gemeint. Den Kindern konnte ich die Sorglosigkeit erhalten, man war uns wohlgesonnen in dem kleinen Ort. Und jemanden anzuzeigen wegen anderer Anschauung, das mißfiel auch manchen Parteileuten. Wir versuchten natürlich alle Beziehungen zu nutzen, durch die wir uns eine eventuelle Freilassung versprachen, aber entweder war der Arm nicht lang genug oder jemand hatte Furcht, sich selbst zu schaden. Manchmal fehlte es jedoch an der Bereitschaft, helfen zu wollen. Ein Menschenleben – wozu der Aufwand? Doch eines Tages glückte es. Jemand verschaffte einem Verwandten die Möglichkeit zu einem Gespräch mit Müller. Müller? Ich hatte bisher noch nicht von ihm gehört. ‹Wie, Sie wissen nicht, wer Müller ist? Kommt doch gleich nach Heydrich!›»

Hilfe durch den Schwager

Maria Lahusen reiste erneut in die Reichshauptstadt: «Ich traf meinen Schwager in einem Berliner Hotel und wartete dort auf seine Rückkehr aus dem Reichssicherheitshauptamt. Er sah erschöpft aus, mußte sich zuerst umziehen, weil ihm das Hemd auf dem Leibe klebte. Dann berichtete er: ‹Ich wurde in das riesige Zimmer von Gestapochef Müller geführt, der mich kühl bis eisig betrachtete. Schon als ich anfing, mein Anliegen vorzubringen, fiel er mir ins Wort: ‹Sparen Sie sich Ihre Darstellung, ich kenne Leute wie Ihren Schwager. Judenfreunde und getarnte Idealisten. Aber das sind kleine Fische. Dann weiter mit schneidender Stimme: ‹Ihr Schwager hat wehrzersetzende Äußerungen getan und darauf steht der Tod!› Mich überfiel es heiß und kalt, denn mein Gegenüber meinte, was er sagte, das war unmißverständlich. Was für ein Balanceakt, sich auf einen solchen Menschen einzustellen. Noch nie habe ich mich der Willkür eines Menschen so ausgeliefert gefühlt. Der Bann löste sich erst, als Müller fortfuhr: ‹Nur wegen seiner Verdienste um das Deutschtum kommt er nicht ins KZ, sondern bleibt im Gefängnis›.» . . .

So unglaublich das auch klingen mag, nach diesem Gespräch betrachteten wir den Aufenthalt im Gefängnis sogar als Geschenk. Es war eines. Immer häufiger stieß ich auf Leute, oft harmlosere Fälle, die gleich ins KZ gesteckt wurden. Aber wir rechneten nun mit längerer Haft und richteten darum einen Briefwechsel ein. Gossmann, ein Büroangestellter, übernahm die Vermittlung. Heute mag man in diesem Angebot eine kleine Gefälligkeit sehen, damals hätte sie ihn selbst ins KZ bringen können, wäre er dabei ertappt worden. Wir warnten ihn, aber er winkte nur ab. Er gehörte zu denen, die sich ihrer Menschenwürde beraubt sahen und sich erleichtert fühlten, wenn sich eine Möglichkeit zum Widerstand bot. Mut war rar geworden in dieser Zeit.»

Vor dem Sondergericht

«So vergingen neun Monate. Nach langem Warten kam dann endlich die Gewißheit in Form einer Abschrift der Anklageschrift an das Sondergericht Koblenz. Von den früher erwähnten elf strafbaren Aussprüchen hatte man nur vier aufrechterhalten. Alle verstießen gegen das ‹Heimtükkegesetz›, sie seien ‹böswillig, gehässig, hetzerisch und von niedriger Gesinnung zeugend›.

Seltsamerweise war das oft zitierte Wort von Englands Rüstung fallengelassen worden und damit der Vorwurf des Defätismus. Die vier für die Anklage ausgesuchten Aussprüche lauteten:

– Dieser Krieg ist eine Strafe Gottes.
– Der Nürnberger Parteitag ist ein Schaustück weltlicher Machtentfaltung.
– Die Judenbehandlung bleibt ein Schandmal, das wir nie wieder auslöschen können.
– Man darf heute keine Kritik üben.»

In der Anklageschrift hieß es dazu: ‹Diese Bemerkung besagt, daß die freie Meinungsäußerung im Dritten Reich ausgeschlossen sei. Auch ist sie geeignet, das Vertrauen zur politischen Führung zu untergraben. Das Tatbestandsmerkmal der Böswilligkeit liegt vor.›»

Das KZ droht

Die Verhandlung war auf den 10. Februar 1941 festgesetzt. «Als ich den Saal betrat», erinnert sich Frau Lahusen, wurde gerade ein anderer Fall abgeschlossen. Eine alte Frau wurde freigesprochen. Jemand hatte sie angezeigt wegen Abhörens fremder Sender. Der Gerichtsdiener flüsterte mir zu: ‹Ungünstig, zwei Freisprüche geben die nicht gern am selben Tag.› – Doch als in unserem Fall das Hin und Her zwischen Ankläger und Angeklagtem vorüber war, schien mir eine ganz wohlwollende Atmosphäre zu herrschen. Plötzlich meldete sich unerwartet jemand zu Wort. Ein Mann, es tut mir leid sagen zu müssen, wieder einer von den ‹verrannten› Amtsbrüdern, erinnerte daran, daß der Angeklagte ‹zersetzend› gewirkt habe, durchaus nicht im Sinne der Propaganda. Der Vorsitzende sah ihn kurz an, dann sagte er kühl: ‹Es spricht auch viel dafür, die Dinge mit offenen Augen zu sehen wie sie sind.› Im Saal herrschte hörbare Stille. Der Vorsitzende faßte zusammen: ‹Es handelt sich bei dem Angeklagten um einen Mann vaterländischer Gesinnung und vornehmer Denkungsart. Er ist national und sozial, aber kein Nationalsozialist!› Fast blieb einem der Atem weg. Es stimmte, der Angeklagte bekannte sich nicht zur geforderten Weltanschauung und damit war er straffällig. Neun Monate forderte der Staatsanwalt, auf fünf wurde schließlich erkannt.

Uns fiel ein Stein vom Herzen, denn diese Zeit war ja verbüßt. So glaubten wir jedenfalls. Doch die Geheime Staatspolizei scherte sich um kein Urteil. Als wäre nichts geschehen, führte sie den Gefangenen zurück. Bald sickerte das Gerücht durch, daß nach Ablauf eines Jahres mit Entlassung zu rechnen sei. Aber nach vier Wochen wurde auch diese Hoffnung jäh zunichte. Es hieß, der Gefangene käme nun doch ins Konzentrationslager. Das traf uns völlig unerwartet.»

Aufs höchste beunruhigt fuhr Frau Lahusen wieder einmal zur Gestapo nach Koblenz: «Dort trat mir Didinger lächelnd entgegen: ‹Wissen Sie, es handelt sich ja nur um ein Schulungslager. Dort lernt man das dem arischen Menschen gemäße Verhalten. Jetzt als Häftling darf Ihr Mann den deutschen Gruß nicht benutzen, aber dort muß er täglich mehrmals mit diesem Gruß an einer Büste des Führers vorbeigehen. Manchmal kommen Leute schon nach einem viertel Jahr wieder heraus.›»

Mit viel Glück erhielt Frau Lahusen dann in Berlin die Zusage, man werde ihrem Mann helfen: «Nun erst erzählte ich meinem Mann von der bevorstehenden Verlegung in ein Konzentrationslager. Es warf ihn fast um. Gewiß fühlte er, daß es von dort für ihn keine Heimkehr gäbe, denn nichts würde ihn davon abhalten, auch dort das Unrecht laut anzuprangern.

Kurze Zeit später kam die versprochene ‹Hilfe› aus Berlin. Sie bestand aus einem Schriftsatz, in dem sich der Gefangene verpflichten sollte, auf Lebenszeit auf die Ausübung seines Berufes zu verzichten. Ohne einen Augenblick zu überlegen, wies mein Mann dieses Ansinnen zurück. Ich versuchte, ihn umzustimmen, denn was hieß schon ‹auf Lebenszeit›? Auch während der Blitzsiege hatten wir nie an ein tausendjähriges Reich geglaubt. Doch mein Mann blieb hart. So viel Entgegenkommen, das widerstrebte ihm.»

Bei einem weiteren Bittgang in die Berliner Prinz-Albrecht-Straße wurde Frau Lahusen gefragt: «Wäre Ihr Mann bereit, Kriegsdienst zu tun, nicht an der Front, irgendwo am Schreibtisch?» Ich war dessen durchaus nicht sicher, betonte aber das Gegenteil. Die Enttäuschung kam schnell. Mein Mann weigerte sich. Auch dieser Erpressung wollte er nicht zustimmen. Mir jedoch ließ es keine Ruhe. Ich wollte und mußte alles versuchen, um die Überführung ins Lager zu verhindern.»

Gefälligkeit von der SS

Die Freilassung kam von unerwarteter Seite: «Ein uns unbekannter höherer SS-Offizier, der einem Freund unserer Familie eine Gefälligkeit schuldete, bewirkte sie. Den Fall kannte er nicht, er interessierte ihn auch nicht. Am Jahrestag der Inhaftierung, so ließ man mich wissen, sollte sich das Tor bedingungslos öffnen.

Pünktlich zog ich am Glockenstrang des Gefängnisses, begrüßte freudig den Pförtner. ‹Ihr Mann ist schon entlassen›, sagte er, ‹hier, da sehen Sie die Eintragung im Buch.› – ‹Und wo ist er?› fragte ich verwundert. Er zuckte die Schultern. ‹Keine Ahnung.› Seltsam. Was blieb mir übrig, als mich erneut auf den Weg zum ‹Vogelsang› zu machen. Didinger war schnell zur Stelle. ‹Sie suchen Ihren Mann, nicht wahr? Sie dachten, er sei frei.› Die hämische Freude dieses Menschenjägers belebte seine Züge. ‹Wissen Sie, er hat es ja wie Gott in Frankreich gehabt im Gefängnis, er befindet sich jetzt anderswo.› Doch wo, das wollte er mir nicht sagen ...

In meiner Hilflosigkeit fiel mir der junge Gefängnispfarrer ein. Ich rief ihn an. Es gäbe ein zweites Gefängnis in Koblenz, da wolle er sich erkundigen. Ich wartete an dem verabredeten Treffpunkt, und dort tauchte nach einer Stunde sein munteres Gesicht auf. ‹Er ist im Polizeigefängnis, ich habe mit ihm gesprochen. Es geht ihm gut, soll ich Ihnen sagen. Er sitzt mit drei Sittlichkeitsverbrechern in einer Zelle und hilft ihnen bei einem Kreuzworträtsel.› ‹Aber warum? Warum ist er dahin gekommen?›

Man hatte auch meinem Mann keinen Grund genannt. Er vermutete, die hiesige Gestapostelle sei nicht einverstanden gewesen mit seiner Entlassung. Sie habe einfach zeigen wollen, daß sie die Macht habe, sich durchzusetzen. Hatte sie die Macht? – Ich blieb die Nacht in Koblenz, totmüde und schlaflos. Am nächsten Tag telefonierte ich mit Berlin. Dr. Hartl war nicht dort, aber man versprach mir, es ihm zu berichten.

Kriegsdienst bei der Spionageabwehr

Zwölf Tage (bis zum 23. Mai 1941) gingen ins Land, dann standen wir uns wirklich in Freiheit gegenüber, mit zahlreichen Auflagen zwar, insbesondere der Ausweisung aus dem Rheinland. Das bedeutete sofortige Abreise der Familie mit dem notwendigsten Hab und Gut. Ach, wie hastig packten wir, nur fort aus dieser Gegend! Eine weitere Auflage war die Ableistung des ‹Kriegsdienstes›. In dem Schriftstück hieß es wörtlich: ‹Der aus Schutzhaft Entlassene hat Kriegsdienst zu leisten. Wegen seiner Vorstrafe ist er nicht wehrwürdig, darum wird er angehalten, sich zu melden bei dem Oberkommando der Wehrmacht, Berlin, Spionageabwehrdienst.› Wir faßten uns an den Kopf, aber es wurde Wirklichkeit: Der wegen ‹Heimtücke› Vorbestrafte fand Anstellung bei der Spionageabwehr. Was wir jedoch nicht wußten, aber sehr bald wahrnahmen: Man arbeitete dort weitgehend unter seinesgleichen.

Die Arbeit in der Briefprüfstelle war langweilig. Man mußte sich damit begnügen, Briefe unzensiert durchzulassen, sie dann und wann mit einem aufmunternden Vermerk zu versehen. Natürlich, Widerstand konnte in mancher Weise geleistet werden, wenn auch Klugheit gebot, ihn nicht in kleiner Münze zu verschwenden.»

Schon bald nahm Pastor Lahusen, dem jegliche Tätigkeit in seinem Beruf verboten war, in Berlin Kontakte zur kirchlichen Widerstandsgruppe um Generalsuperintendent Dibelius und Pfarrer Bonhoeffer auf und betätigte sich in der Leitung der Bekennenden Kirche.

Presse

«Mutter, ich glaube nicht alles was in der Zeitung steht, aber wenn alle so schreiben, ist was dran!»

Aus: Kurt Halbritter, ‹*Adolf Hitlers Mein Kampf*›

Berliner Ausgabe

Berliner Ausgabe

Berlin, Donnerstag, 2. Februar 1933

VÖLKISCHER BEOBACHTER

Herausgeber Adolf Hitler

Kampfblatt der national-sozialistischen Bewegung Großdeutschlands

Reichskanzler Hitler an die deutsche Nation

Aufruf der Reichsregierung zur gemeinsamen Wiederaufbauarbeit von Staat und Volk – Reichstag aufgelöst – Neuwahlen am 5. März

Aufruf an das deutsche Volk

Die versprochene Gleichheit und Brüderlichkeit erhielten wir nicht, aber die Freiheit haben wir verloren

in Einigkeit und Treue für des Reiches Rettung

Binnen 4 Jahren muß der deutsche Bauer der Verelendung entrissen sein

Binnen 4 Jahren muß die Arbeitslosigkeit endgültig überwunden sein

Drei SS.-Männer, ein SA.- ... ein Parteigenosse ... mordet!

Probleme in der Provinz

Die deutsche Presse um 1933

Wie war es möglich, daß Deutschlands Presse den Nazis 1933 schon bald ihre Spalten öffnete? Sicher – die entschlossene Gleichschaltung erklärt vieles. Die Nazis hatten eben erkannt, welche Bedeutung der Presse als Instrument der Massenlenkung in ihrem autoritären Staat zukam. Dennoch bleibt ein erklärungsbedürftiger Rest, den vielleicht ein Blick in die Presselandschaft der Weimarer Republik etwas aufhellen kann.

Da gab es zunächst die renommierte Großstadtpresse mit durchaus republikanischer Linie – liberale Verlagshäuser wie Mosse und Ullstein, Blätter wie die *Frankfurter Zeitung,* die *Vossische Zeitung,* das *Berliner*

Tageblatt, die *Münchner Neuesten Nachrichten* oder das *Hamburger Fremdenblatt.*

Aber das waren ganze fünf von rund 3400 Tageszeitungen, die am Ende der Weimarer Republik in Deutschland erschienen. Und die meisten davon hatten mit schweren Problemen zu kämpfen, deren Ursachen lange vor der Weltwirtschaftskrise wurzelten. Einige Zahlen für Bayern zeigen, daß die Misere der deutschen Presse strukturell bedingt war: Von den 479 Tageszeitungen, die Anfang 1933 im Freistaat gedruckt wurden, hatten drei Viertel nur eine Auflage von weniger als 3000 Exemplaren; 30 Prozent davon kamen noch nicht einmal auf 900 Stück und nur knapp fünf Prozent der bayrischen Blätter fanden mehr als 15000 Käufer.[1]

Fast jede größere Landgemeinde hatte ihre Heimatzeitung, in fast allen Bezirken konkurrierten mindestens zwei Blätter. Dennoch ist es verfehlt, von einer Zeitungsvielfalt zu sprechen. Üppig blühte die Weimarer Presselandschaft lediglich in Berlin und – mit Abstrichen – in anderen Großstädten; in der Provinz sah es dagegen eher traurig aus. Die typische Lokalzeitung bot ihren Lesern wenig Anregungen. Umfassende Information über Politik und Wirtschaft war ihre Sache nicht: Viele «Tages»-Zeitungen kamen nur dreimal in der Woche heraus, irgendwann am Vormittag, wenn der Verleger, der nicht selten zugleich sein eigener Redakteur und Drucker war, die Kleinauflage auf der handbetriebenen Tiegelpresse endlich fertig hatte.

Durchschnittlich vier Seiten stark war sein Blatt an normalen Tagen; nur sonnabends gab es vielleicht zwei Seiten mehr – wenn genügend Anzeigen eingegangen waren.

Die beiden ersten Seiten bezogen die Kleinverleger als druckfertige Matern – meist mit rechtskonservativer Tendenz aus Alfred Hugenbergs Scherl-Konzern; auf der dritten Seite stand das, was ohnehin die meisten Leser interessierte: kurze lokale Notizen, Berichte und Ankündigungen, eingereicht von den Vereinsschriftführern, zugeliefert vom Dorflehrer oder als «Füller» einfach abgeschrieben aus dem Nachbarblatt. Ein günstig erstandener Kitschroman, ein paar amtliche Bekanntmachungen und wenige Annoncen – fertig war das Blatt. Im Gegensatz zu den meisten größeren Regional- und Großstadtzeitungen standen diese Kleinzeitungen wirtschaftlich auf schwachen Füßen. Ihre Erträge waren gering, Investitionen im technischen Bereich also kaum möglich. So hinkte man immer stärker hinter der Entwicklung her. Klar, daß solche Zeitungen in der Wirtschaftskrise nur mit viel Glück und der Treue ihrer Abonnenten überleben konnten. Viele Blätter blieben auf der Strecke, verloren ihre Selbständigkeit.

Anfang 1933 machten sich die Nazis – an ihrer Spitze Propagandaleiter Goebbels und der Chef des parteieigenen Eher-Verlages und Reichsleiter für die Presse Max Amann – ans Werk: Sie betrieben die inhaltliche

Gleichschaltung und gleichzeitig die wirtschaftliche Übernahme möglichst vieler Verlage.

Hinzu kam ein oft übersehener Prozeß: Die Ortsgruppenleiter und SA-Führer strebten ebenso wie Goebbels und Amann nach einer ergebenen Presse in ihrem Machtbereich. Die lokalen Nazi-Funktionäre verschafften sich mit ihren Terrortruppen eingeschüchterte und daher gefügige Redakteure, denen man fast jeden Befehl geben konnte. So wurden die Kleinzeitungen willfährige Instrumente, deren wirtschaftliche Notlage keinen widerborstigen Kurs zuließ.

Mit Schlägerhorden und Verboten

Die SPD-Zeitungen werden ausgeschaltet

Die Sozialdemokraten, deren Politik in den meisten «bürgerlichen» Zeitungen beharrlich ignoriert wurde, hatten sich schon im Kaiserreich daran gemacht, wo immer möglich Parteizeitungen auch in der Provinz zu gründen. Verglichen mit den meisten konservativen Heimatzeitungen war die SPD-Presse unter dem Dach der «Konzentration AG» gut organisiert und durchaus lebensfähig. Die SPD verfügte über zahlreiche Druck- und Verlagshäuser, in denen die damals modernsten Satz- und Druckmaschinen standen. Vor 1929 erschienen die sozialdemokratischen Blätter mit der stattlichen Auflage von 1,3 Millionen Exemplaren.

Zwar hatte sich dieses Potential in den Krisenjahren abgeschwächt, doch schien es den Nazis immerhin als so bedrohlich, daß sie schon bald nach ihrer Machtübernahme über die in der Weimarer Verfassung gegebenen Möglichkeiten hinaus nach umfassenderen Vollmachten strebten, um ihre Kritiker mundtot zu machen.

Auch die KPD-Presse, an ihrer Spitze die *Rote Fahne,* mit ihren rund fünfzig Zeitungen, darunter die *Arbeiter-Illustrierten-Zeitung,* die vor allem in den größeren Industriestädten des Reiches gelesen wurde, wollten die Nazis vernichten – noch vor den «Sozi-Blättern». Bereits am 4. Februar 1933 erschien die Verordnung des Reichspräsidenten «Zum Schutz des deutschen Volkes», die es dem Reichsinnenminister ermöglichte, Zeitungen «wegen unrichtiger Nachrichten» zu verbieten. Was richtig war und was nicht, bestimmten selbstverständlich die Nazis. Und nach dem Reichstagsbrand konnte Hitler mit Hilfe der Verordnung «Zum Schutz von Volk und Staat» auch die Pressefreiheit außer Kraft setzen. Damit war der Weg frei für die Zerstörung erst der kommunistischen, dann der sozialdemokratischen Presse.

Das Zentralorgan des SPD-Vorstandes, der damals noch täglich erscheinende *Vorwärts,* hatte schon am Ende der Weimarer Republik Verbote hinnehmen müssen – unter den Reichskanzlern Brüning und von Papen. Für den Fall der Machtübernahme durch Hitler rechnete die SPD-Führung nur mit einer kurzen Dauer seines Regimes und schlimmstenfalls mit einer Art Sozialistengesetz wie unter Bismarck.

So glaubten Partei und Presse auch nicht, ihre Taktik ändern zu müssen: in aller Offenheit setzten sie ihren Kampf fort.

Am 30. Januar 1933 schrieb der *Vorwärts:* «Gegenüber dieser Regierung der Staatsstreichdrohung stellt sich die Sozialdemokratie ... mit beiden Füßen auf den Boden der Verfassung und der Gesetzlichkeit. Sie wird den ersten Schritt von diesem Boden nicht tun.» Eine Erklärung, die typisch war für den defensiven Legalitätskurs des SPD-Vorstandes. Am folgenden Tag meinte das SPD-Zentralorgan zu Forderungen nach einem Generalstreik, dies bedeute, die «Munition der Arbeiterklasse zwecklos in die leere Luft» zu schießen.

SA verwüstet Redaktionen

Die Nazis dagegen handelten und machten ihre schon vor der Machtübernahme geäußerten Drohungen wahr. Am 3. Februar 1933 wurde der *Vorwärts* mit allen Kopfblättern auf vier Tage wegen eines klassenkämpferischen Aufrufs der Parteispitze vom 2. Februar verboten.

Ein neuerliches Verbot – dieses Mal für eine Woche – traf den *Vorwärts* am 14. Februar wegen eines Artikels seines Chefredakteurs Stampfer über Nazi-Ausschreitungen gegen kommunistische Einrichtungen in Eisleben bei Halle.

Während des Wahlkampfes für die Reichstagswahl am 5. März eskalierte der brutale Terror der Nazis gegen Kommunisten und Sozialdemokraten: Täglich wurden Parteifunktionäre und -journalisten von den braunen Schlägerhorden überfallen, die auch in die Druck- und Verlagshäuser eindrangen und dort kurz und klein schlugen, was ihnen in die Hände fiel. Kaum eine Redaktion entging den Verwüstungen der Polit-Rabauken. Der *Vorwärts* hielt seinen Kurs: «Unsere Leser wissen, daß über der oppositionellen Presse in Deutschland das Damoklesschwert der Pressenotverordnung hängt. Das freie Wort ist eingeengt. In drei Wochen soll gewählt werden. Über dem Wahlkampf lauert die Notverordnung, auf den Straßen wütet der Terror. Gegen die eine Hälfte des Volkes, ja, gegen seine Mehrheit, ist eine beschimpfende Agitation entfacht, die das Bild des deutschen Volkes vor der Welt verzerrt. Unverantwortliche, aber mächtige Kräfte drohen dem Volk mit offener Gewalt, wenn es sein verfassungsmäßiges Recht gebraucht ... Die Knebelung der Presse mag Kritik unterdrücken, sie mag das freie Wort zum Schweigen verurteilen –

Rheinische Zeitung

Hauptorgan der Sozialdemokratischen Partei für den Bezirk „Obere Rheinprovinz"

Köln (August-Bebel-Haus) Dienstag den 28. Februar 1933 42. Jahrgang — Nr. 50

Beschlagnahmt!

Die heutige Ausgabe der „Rheinischen Zeitung" ist polizeilich beschlagnahmt worden.

Köln, den 28. Februar 1933

Verlag der „Rheinischen Zeitung".

Ein Beispiel für viele: Die sozialdemokratische *Rheinische Zeitung* mit Berichten über den Reichstagsbrand wird von den Nazis beschlagnahmt

aber eines vermag sie nicht: Sie kann die geschichtliche Wahrheit nicht aus der Welt schaffen.»

Die Nazis ließen sich nicht beirren: Am 14. Februar wurde der *Vorwärts* erneut für eine Woche verboten. Am 23. Februar meldete die Redaktion das Wiedererscheinen ihres Blattes mit der Schlagzeile: «Wieder in Front! Der *Vorwärts* bleibt das Kampfblatt der Sozialdemokratie!» Ein Irrtum, denn der Reichstagsbrand lieferte dem preußischen Ministerpräsidenten Göring den Vorwand, die SPD-Presse während des Reichstagswahlkampfes zum Schweigen zu bringen. Noch bevor am 28. Februar die neue Notverordnung veröffentlicht wurde, unterdrückte ein Funkspruch aus dem preußischen Innenministerium in der Nacht zuvor alle sozialdemokratischen Druckschriften auf volle zwei Wochen.

Die «Begründung»: ein angebliches Geständnis eines verhafteten Tatverdächtigen, er habe vor der Brandstiftung Verbindungen zur SPD gehabt. Noch in der Nacht ließen Beamte der Schutzpolizei auf Weisung der Nazis die Rotationsmaschinen des *Vorwärts* anhalten und die bereits gedruckten Exemplare beschlagnahmen. Gegen eine Reihe sozialdemokratischer Redakteure wurden Haftbefehle erlassen – auch gegen Stampfer, dem es aber gelungen war, rechtzeitig bei Freunden unterzutauchen.

Rettung durch AP

Der damals 26jährige Benjamin der *Vorwärts*-Redaktion, Rudolf Brendemühl, seit 1928 Reporter der SPD-Zeitung, erinnert sich an die letzten Tage seines Blattes:

«Die nicht mehr zum Versand gekommene Ausgabe des *Vorwärts* trug in der ganzen Breite der ersten Seite die Überschrift ‹Riesenbrand im Reichstag› mit dem Bericht über die Feuersbrunst. Ein Teil des Berichtes war von mir telefonisch aus dem nahe beim Reichstag gelegenen Restaurant ‹Schwarzes Ferkel› durchgegeben worden. Eine kurze Schilderung hatte ich Victor Schiff, dem verantwortlichen Redakteur für das Ausland, durchgesagt. Ich widersprach dabei der ausgegebenen offiziellen Nachricht, daß der gefaßte holländische Kommunist van der Lubbe aus Leyden der Brandstifter sei. In der das brennende Gebäude umlagernden Menschenmenge gab es nur die eine Meinung, es handele sich um ein bestelltes Bubenstück der neuen Machthaber. Als ich die Telefonzelle verlassen hatte, standen plötzlich zwei Männer vor mir, die meinen Ausweis sehen wollten. ‹Geheime Staatspolizei› war ihre Begründung. Ehe ich mich weiter mit ihnen auseinandersetzen konnte, ergriff ein Dritter meinen Arm und sagte zu den beiden anderen: ‹Ich heiße Walter Brockmann von der Associated Press. Dieser Herr, der da telefoniert hat, gehört zu unserer Redaktion und untersteht damit dem Schutz der amerikanischen Botschaft.› Damit zog er mich auf die Straße und nahm mich in seinem Auto mit. Damit war ich dem Zugriff der Gestapo entgangen.

Der *Vorwärts* kam nicht mehr zu seinen Abonnenten und konnte auch auf der Straße nicht verkauft werden.»[2]

Ihre Leser hatte die *Vorwärts*-Redaktion kurz vor Schluß noch gebeten, die Abonnements nicht zu kündigen: «Der *Vorwärts* hat nicht die Absicht, Abonnementsgelder einzuziehen, ohne einen Gegenwert zu liefern. Da die Verbreitung einer periodischen Druckschrift verboten ist, wird er versuchen, die Leserinnen und Leser durch Lieferung nichtperiodischer Druckschriften zu entschädigen ...»

Doch jeglicher Optimismus war fehl am Platz: Das Erscheinungsverbot für den *Vorwärts* wurde am 13. März um vierzehn Tage verlängert, am 27. März noch ein weiteres Mal und schließlich nicht mehr aufgehoben. Außerhalb Preußens stellten die SPD-Zeitungen ihr Erscheinen Mitte März ein.[3]

Ein Zeitungsverbot wird «begründet» (9. Februar 1933)

... Auf Grund ... der Verordnung des Reichspräsidenten zum Schutze des deutschen Volkes vom 4. Februar wird die in Friesoythe erscheinende ... *Tageszeitung für den Amtsbezirk Friesoythe* mit sofortiger Wirkung bis zum 14. Februar einschließlich verboten ... Die Gründe, die zu diesem Verbot führten, sind nach dem Schriftsatz des Oldenburgischen Ministeriums des Inneren folgende gewesen: «In Nr. 31 ... [vom] 7. Februar 1933 befindet sich auf der letzten Seite ein Wahlaufruf des Landesvorstandes der Oldenburgischen Zentrumspartei mit der Überschrift:
Aufruf! An das Zentrumsvolk in Stadt und Land!

Dieser Aufruf enthält die folgenden Sätze: «Die ‹Dunkelmänner› und ‹geheimen Drahtzieher›, deren Ziel nach nationalsozialistischem Ausspruch der ‹reaktionäre Feudal-Klassenstaat› ist, haben Hitler in diese Reaktion eingespannt. Nach falscher Informierung des Reichspräsidenten erfolgte die Reichstagsauflösung. Wahlen statt Taten!»

In der Behauptung, der Herr Reichskanzler Hitler habe sich von Dunkelmännern und geheimen Drahtziehern, deren Ziel der reaktionäre Feudalklassenstaat sei, in die Reaktion einspannen lassen, liegt eine Beschimpfung und böswillige Verächtlichmachung des Reichskanzlers, ebenso in der weiteren Behauptung, der Reichskanzler habe den Reichspräsidenten falsch informiert. Gleichzeitig enthalten beide Sätze offenbar unrichtige Nachrichten, deren Verbreitung geeignet ist, lebenswichtige Interessen des Staates zu gefährden ...[4]

Morgen-Ausgabe

Vorwärts

Wählt Liste 2 Sozialdemokratie

DIENSTAG

28. Februar 1933

BERLINER VOLKSBLATT

Zentralorgan der Sozialdemokratischen Partei Deutschlands

Riesenbrand im Reichstag

Gestern in der zehnten Abendstunde brach im Reichstagsgebäude an mehreren Stellen zugleich ein Riesenbrand aus. Das Feuer ergriff den Sitzungssaal und schlug bald zur Kuppel heraus. Die Feuerwehr aus ganz Berlin wurde zusammengezogen. Der Sitzungssaal brannte vollständig aus. Es liegt Brandstiftung vor.

Der Reichstag brennt!

Kuppel gefährdet

Ein Täter

Maurer van der Luebbe aus Leyden

Feuer eingekreist

Die letzte Ausgabe in Berlin, 28. Februar 1933

Neubeginn mit leeren Händen

Ein Parteiblatt im Exil

Am 10. Mai 1933 ordnete der Generalstaatsanwalt in Berlin die Beschlagnahme des Parteivermögens und sämtlicher SPD-Zeitungsbetriebe an. Nazi-Truppen stürmten die *Vorwärts*-Redaktion. Wenige Tage später, am 17. Mai, stiegen der Chefredakteur des *Vorwärts,* Friedrich Stampfer, und Hans Vogel, einer der beiden SPD-Vorsitzenden, sowie ihr Mitarbeiter Fritz Heine von der am Fuß des Riesengebirges liegenden Katzensteinbaude auf dem Grenzweg zwischen Deutschland und der Tschechoslowakei zum Kamm aufwärts. Über kleine Waldpfade erreichten sie den ersten Ort in der Tschechoslowakei. Ihre Emigration hatte begonnen. In Prag nahm bald darauf der Exil-Vorstand der SPD seine Arbeit auf, und am 18. Juni erschien in Karlsbad die erste Ausgabe des jetzt wöchentlich erscheinden *Neuen Vorwärts.*

Fritz Heine über die Motive: «Es soll das Sprachrohr der Emigrations-SPD werden, soll die in alle Winde verstreuten Kräfte sammeln helfen, soll die Fahne des Widerstands hissen und der Welt draußen zeigen, daß der Kampf auch drinnen weitergeht. Es soll aber auch kritisch Bericht erstatten über die Politik Hitlers; soll beitragen zur Klärung der Meinungen innerhalb der SPD und Rechenschaft legen über Vergangenes und Ziele für die Zukunft setzen.»[5]

Die Pressearbeit in der Emigration bedeutete einen kompletten Neuanfang. Heine:

«Größe und Umfang der Aufgaben – und Schwierigkeiten – stehen in einem heute schwer vorstellbaren Mißverhältnis zu den Möglichkeiten. Nichts ist da. Stampfer ist buchstäblich mit leeren Händen in die Emigration gegangen. Verschwunden ist die *Vorwärts*-Redaktion in Berlin mit den Dutzenden von Redakteuren, von Hunderten von Mitarbeitern, dem großen Verlag und der Riesendruckerei.

Der fast 60jährige Stampfer ist allein: Chefredakteur, Redakteur und Mitarbeiter in einer Person. Er muß ein Konzept entwickeln, Mitarbeiter suchen, erste Voraussetzungen für das neue Gesicht der neuen Zeitung schaffen.

Auch die ‹Verlagsleitung›, mit der man mich betraut, beginnt mit einem leeren Schreibtisch im SOPADE (wie sich die Exil-SPD nannte) -Büro. Kein Abonnent, keine Anschriften, keine Verbindung, nichts, gar nichts. Finanziell sieht es nicht viel besser aus. Redaktion und Verlag müssen denkbar sparsam wirtschaften. Die Anlaufkosten werden zu 100 Prozent aus den schmalen Mitteln finanziert, die der Parteikassierer dem Zugriff der neuen Machthaber entziehen kann. Alfred Nau und Rudolf Leeb bringen einen Großteil der noch vorhandenen Barbestände des Parteivorstandes unter Lebensgefahr nach Prag. (Aber 99 Prozent des Parteivermögens – jahrzehntelang zusammengetragen – besteht aus Gebäuden, Druckereien, Zeitungen und Einrichtungen und fällt den Nazis in die Hände.)

Technisch war das Zeitungsmachen im Exil nicht ganz einfach. Die Redaktion saß in Prag. Gesetzt und gedruckt wurde in dem mehr als 100 Kilometer entfernten Karlsbad. Hier hatten die sudetendeutschen Sozialdemokraten eine leistungsfähige Druckerei aufgebaut, die auch den Druck des *Neuen Vorwärts* leicht bewältigen konnte. Der Leiter des Karlsbader Betriebes, Ernst Sattler, gab seinen Namen für unseren neugegründeten ‹Graphia›-Verlag und schirmte uns weitgehend von Unerfreulichem ab, dem Emigranten zumeist ausgesetzt sind, wenn sie im fremden Land publizieren wollen.

Probleme blieben genug. So mußte ich fast wöchentlich nach Karlsbad, um das Blatt zu umbrechen, also dafür zu sorgen, daß die Seiten voll und die Beiträge entsprechend Stampfers Weisungen an den richtigen Stellen standen.

Auf Dünndruckpapier ins Reich

Es gelang, dem *Neuen Vorwärts* Verbreitung in 42 Ländern der Welt zu verschaffen, vor allem natürlich in den europäischen Zentren der Emigration.

Für die Interessenten in Deutschland war das normale Zeitungsformat selbstverständlich nicht geeignet, obwohl manche Auslandsreisenden – besonders in der ersten Zeit – Exemplare mit in die Heimat schmuggelten. Für die ‹illegal› tätigen politischen Freunde wurde in Prag eine Miniaturausgabe geschaffen, von den technisch begabten Mitarbeitern Kurt Lorenz und Erhard Dill zunächst fotografisch verkleinert und dann in Karlsbad auf Dünndruckpapier in größeren Auflagen hergestellt. Besucher der zehn Grenzsekretariate der SOPADE rings um Deutschland und Kuriere brachten die Klein-Ausgaben in immer neuen Verstecken ins Reich. Auch befreundete Eisenbahner halfen beim Einschmuggeln der Zeitung, deren Verteilung in Deutschland gegen Ende 1936 angesichts des lückenloser werdenden Gestapo-Netzes und der knapper werdenden Finanzen fast gänzlich eingestellt wurde.

Auch in der Tschechoslowakei lasteten die NS-Pressionen immer stärker auf der Regierung. Der deutsche Gesandte Eisenlohr erschien 29mal im Prager Außenministerium, um stets barscher werdende Proteste gegen die Tätigkeit der SOPADE und besonders gegen Erscheinen und Schreibweise des *Neuen Vorwärts* vorzubringen. Im Sommer 1937 sah sich Staatspräsident Dr. Benesch gezwungen, den Exilvorstand der SPD vor die Alternative zu stellen, entweder die politische und publizistische Tätigkeit ganz einzustellen oder das Land zu verlassen.

Letzte Ausgabe blieb ohne Leser

Frankreichs sozialistischer Ministerpräsident Léon Blum gewährte Asylrecht ohne Bedingungen. Hans Vogel sondierte im Spätherbst 1937 ‹als Vorhut› die politischen Voraussetzungen in Paris. Ich hatte die technischen Bedingungen zu klären – in Paris viel schwieriger als im deutschen Sprachgebiet der ČSR.

Große, leistungsfähige Druckereien schieden aus sprachlichen, finanziellen und anderen Gründen für die Herstellung des *Neuen Vorwärts* aus. Nach langem Suchen fand sich eine kleine ‹Quetsche› an der Peripherie der Stadt, im Besitz eines russischen Emigranten, die Fremdsprachensatz herstellen und unser Blatt drucken konnte. Die Technik war zwar durchaus museumsreif, Gebäude und Einrichtungen nicht für die Augen eines Gewerbe-Inspektors geeignet, aber dieses eher exotische Unternehmen des grafischen Gewerbes schaffte es ‹irgendwie›, den *Neuen Vorwärts* jede Woche auszuliefern.

Der schwerste Tag in den sieben Jahren der Existenz des Exilorgans war der des Kriegsausbruchs 1939. In einer vielstündigen Vollsitzung des SOPADE-Vorstandes ... wurde der Aufruf beraten, der an die Spitze der nächsten Ausgabe des Blattes kommen sollte. Stampfer – sonst in vielen Krisenjahren bewährter Formulierer wichtiger Beschlüsse – sah sich außerstande, Stellung zu beziehen. Für ihn hatte, wie er es ausdrückte, ‹diese Stunde kein Schwert›. Erklärt wurde, für den Sturz Hitlers gemeinsam mit allen demokratischen Kräften Europas zu kämpfen. Ziel der Politik sei ein Frieden, der die Gewaltakte Hitlers wieder gutmache und dem deutschen wie den anderen vergewaltigten Völkern Recht und Freiheit wiedergebe.

5. Mai 1940. Die deutschen Armeen auf dem Marsch gegen Paris. Das französische Heer in Auflösung. Die deutschen Emigranten interniert oder auf der Flucht nach Süden. Die letzte Ausgabe der Exilzeitung erreicht ihre Leser nicht mehr. Für sechs Kriegs- und Nachkriegsjahre ist der *Neue Vorwärts* zum Schweigen verurteilt.»

Monopol auf leisen Sohlen

Kampfpresse, Gleichschaltung und Amann-Trust

Schon in der «Kampfzeit», den Jahren vor der Machtübernahme, war die Nazi-Presse und allen voran der *Völkische Beobachter* an Einfalt, Langeweile und Einseitigkeit nicht zu überbieten: Selbst schlichteste Gemüter konnten begreifen, was der Partei und ihrem Führer am Herzen lag. Nur: es waren damals noch nicht allzu viele, die sich im NS-Stil berieseln ließen. Knapp eine Million betrug 1932 die Auflage aller 120 Blätter der NSDAP. Von einem Monopol war die Kampfpresse damit nach der Machtübernahme noch weit entfernt. Es erwies sich allerdings auch als gar nicht nötig.

Außer bei den kommunistischen und sozialdemokratischen Zeitungen fanden sich bei den anderen Organen mehr als genug «anständige» Journalisten mit dem «Vollgefühl hoher sittlicher Verantwortung», die bereit waren, «allgemein gültige nationale Disziplin» zu zeigen, ganz so, wie es sich Propagandachef Goebbels erhofft hatte, weil ihm Verbote auf Dauer nicht behagten. Zwar sollte beseitigt werden, wer sich partout nicht fügen wollte. Doch günstiger schien es den neuen Machthabern, die meist traditionsreichen Zeitungen auf «Führer»-Kurs zu bringen.

Einige der alten Redakteure wurden zwar verhaftet, ein paar emigrierten und manche traten freiwillig ab; die Mehrzahl aber ließ sich «gleichschalten». Goebbels hatte für sie nur Spott: «Wir zwingen sie doch nicht zur Charakterlosigkeit, wir verlangen nicht, daß sie Hurra schreien, wenn ihnen nicht zum Hurra-Schreien zumute ist.»

Nur wenige Leser hatten mehr Rückgrat als die meisten Zeitungsmacher und bestellten die gleichgeschalteten Blätter ab – selbst dann nicht, wenn nur der Wetterbericht von der Umwälzung verschont geblieben war. Eine bemerkenswerte Ausnahme war die *Frankfurter Zeitung,* die sich auf Grund ihres internationalen Renommees gelegentlich eine vorsichtige Distanz zum Regime leisten konnte. Der Lohn: ein Ansteigen der Auflage um rund 15 Prozent.

Nur ganz wenige Zeitungen, die den von den Nazis vor allem 1933/34 betriebenen Schrumpfungsprozeß der deutschen Presse überlebt hatten, als sich die Zahl der Betriebe von 4700 auf 3100 verringerte, behielten ihre wirtschaftliche Eigenständigkeit. Die meisten bürgerlichen Großstadtzeitungen wie das *Hamburger Fremdenblatt,* die *Münchner Neuesten Nachrichten,* die *Deutsche Allgemeine Zeitung* und die *Berliner Börsenzeitung* und auch die *Frankfurter Zeitung* waren schon bald nicht mehr in der Hand der Alt-Verleger. Hitlers «Reichsleiter für die Presse», Max Amann, übernahm sie auf leisen Sohlen und bastelte so zielstrebig an einem NS-Pressetrust, vor dessen Zugriff auch kleinere Verlage in der Provinz nicht sicher waren.

«Kriegsbedingte Notwendigkeiten» hieß die Parole, unter der die Nazis nach 1939 eine weitere Runde im Zeitungssterben einläuteten. 1944 schließlich, als die Wehrmacht an allen Fronten eine Niederlage nach der anderen einstecken mußte und sich die alliierten Truppen den Reichsgrenzen näherten, konnte Amann seinem Führer noch einen zweifelhaften Triumph melden: Sein Presseimperium war auf 352 Zeitungstitel mit 82,5 Prozent Anteil an der Gesamtauflage von 25 Millionen Exemplaren angewachsen.

Ziel: Regierungstreue

Maßnahmen für konformen Journalismus

1. Aufhebung der Pressefreiheit

4. Februar 1933	Verordnung des Reichspräsidenten «zum Schutz des deutschen Volkes»: periodische Druckschriften können durch den Reichsinnenminister verboten werden «wegen unrichtiger Nachrichten».

28. Februar 1933	Verordnung des Reichspräsidenten «zum Schutz von Volk und Staat»: die Reichsregierung kann Art. 118/1 der Weimarer Verfassung über die Pressefreiheit außer Kraft setzen.

2. Gleichschaltung

9. Mai 1933	Der «Reichsverband Deutscher Zeitschriftenverleger» gibt sich einen neuen, braunen Vorstand, nachdem der alte zurückgetreten ist, «um für den Umbau unseres Reichsverbandes im neuen Staate Raum zu geben». Das gleiche Verfahren wird beim «Reichsverband der Deutschen Presse» benutzt.
22. Sept. 1933	Die «Reichspressekammer» wird als eine der sechs Abteilungen der «Reichskulturkammer» gegründet. Jeder, der mit der Herstellung und dem Vertrieb von Zeitungen und Zeitschriften zu tun hat, muß Mitglied in einer der folgenden Untergruppen werden, um seinen Beruf ausüben zu können:

I. Der Reichsverband der Deutschen Presse (über 15000 Schriftleiter).

II. Der Reichsverband der Deutschen Zeitungsverleger (über 2000 Mitglieder).

III. Der Reichsverband der Deutschen Zeitschriftenverleger (ungefähr 2800 Mitglieder).

IV. Fachverband der Rundfunkpresse – der eng mit der Reichssendeleitung zusammenarbeitet (43 Mitglieder).

V. Hauptfachschaft der kirchlich-konfessionellen Presse:
1. Der Reichsverband der evangelischen Presse (über 1500 Mitglieder).
2. Fachschaft der katholisch-kirchlichen Presse (etwa 500 Mitglieder).

VI. Hauptfachgruppe Vertrieb mit 5 Unterverbänden:
1. Der Reichsverband für den werbenden Zeitschriftenhandel (über 1500 Mitglieder).

2. Der Reichsverband der deutschen Lesezirkelbesitzer (fast 500 Mitglieder).
3. Der Verband Deutscher Zeitungs- und Zeitschriftengrossisten (ungefähr 180 Mitglieder).
4. Fachschaft des deutschen Zeitungs- und Zeitschriften-Einzelhandels (5300 Mitglieder).
5. Reichsverband deutscher Bahnhofsbuchhändler (etwa 130 Mitglieder).

VII. Die Fachschaft der Verlagsangestellten (etwa 4000 Mitglieder).

VIII. Der Reichsverband deutscher Pressestenographen (über 600 Mitglieder).

IX. Der Reichsverband der Deutschen Korrespondenz- und Nachrichtenbüros (ungefähr 450 Mitglieder).[6]

4. Oktober 1933 — Das «Schriftleitergesetz» wird erlassen. Es funktionierte den prinzipiell geistig unabhängigen Journalisten, ob bei Zeitungen, Zeitschriften oder Nachrichtenbüros, zu einem Verkünder der offiziellen Regierungspolitik um. § 14 verpflichtete ihn zu folgenden Aufgaben: «... aus den Zeitungen alles fernzuhalten:

1. was eigennützige Zwecke mit gemeinnützigen in einer die Öffentlichkeit irreführenden Weise vermengt,
2. was geeignet ist, die Kraft des Deutschen Reiches nach außen oder im Innern, den Gemeinschaftswillen des deutschen Volkes, die deutsche Wehrhaftigkeit, Kultur oder Wirtschaft zu schwächen oder die religiösen Empfindungen anderer zu verletzen,
3. was gegen die Ehre und Würde eines Deutschen verstößt,
4. was die Ehre oder das Wohl eines andern widerrechtlich verletzt, seinem Rufe schadet, ihn lächerlich oder verächtlich macht,
5. was aus anderen Gründen sittenwidrig ist.»

Kampf um Abonnenten

Werbefeldzug für die Nazi-Presse

Sofort nach der Machtergreifung versuchten die lokalen Nazi-Blätter, auch den privaten Provinzzeitungen den Garaus zu machen, denn freiwillig wollte sich ihre Abonnentenzahl leider nicht erhöhen. Wer nicht Nazi war, hing an seinem Leib- und Magenblatt, das trotz aller Mängel in der Regel noch besser über Lokales berichtete als die NS-Gauzeitung. Nur ein paar Behördenbestellungen und Zweitabonnements einiger Geschäftsleute, die sich den neuen Herren empfehlen wollten, trafen in den Redaktionsstuben ein. Das reichte den Absatzstrategen nicht. Sie erkannten: wollte man Einfluß gewinnen, mußte eine aggressive Werbe- und Verdrängungspraxis her, notfalls mit Einschüchterungen von Lesern und Verlegern.

Der erste großangelegte Werbefeldzug begann im Sommer 1933 in der «Bayerischen Ostmark», dem Revier des Bayreuther Gauverlags, das sich von Oberfranken bis Niederbayern erstreckte. Dieser Verlag des Ostmark-Gauleiters Hans Schlemm hatte schon im Mai 1933 Schlagzeilen gemacht, als er im Zuge der Ausschaltung der SPD-Presse mit gerichtlicher Genehmigung die Hofer SPD-Druckerei (amtlicher Schätzwert 260000 Reichsmark) zum Spottpreis von 67000 Reichsmark «übernahm»: zahlbar in elf zinslosen Raten, deren erste am 31. Dezember 1944, also elf Jahre später, fällig werden sollte!

Im August 1933 wurde der Bezirk Deggendorf vom Gauverlag zu einem Werbefeldzug ausgewählt. Es wurde ein Pressekrieg, denn mit Widerstand hatten die Nazis in Bayreuth nicht gerechnet. Uniformierte Trommler für das Schlemm-Blatt *Bayerische Ostwacht* tauchten wie Heuschreckenschwärme im Verbreitungsgebiet des *Deggendorfer Donauboten* auf, einer vor 1933 der Bayerischen Volkspartei nahestehenden Zeitung. Das mit fast 5000 Abonnenten recht solide Unternehmen dachte nicht daran, die Abwerbung seiner Leser hinzunehmen. Am 23. August 1933 erschien im *Donauboten* eine ganzseitige Eigenanzeige, die zwar die namentliche Erwähnung der *Bayerischen Ostwacht* vermied, aber sonst ziemlich deutlich Kritik übte:

«An unsere Leser!
Kein Zwang zum Bezug von Parteizeitungen.
Unseren verehrlichen Abonnenten wird vielfach von aufdringlichen Werbern vorgetäuscht, der Nichtbezug der neuen Zeitung, für die sie werben, könne Nachteile zur Folge haben. Um diese Äußerung noch zu bekräftigen, werden Name und Hausnummer aufgeschrieben. Anderen wird vorgemacht, wenn sie den *Deggendorfer Donauboten* behalten und nicht ihre Zeitung bestellen, helfen sie nicht mit am nationalen Aufbau. Wieder

andere sagen, der *Deggendorfer Donaubote* wird in nächster Zeit sein Erscheinen einstellen. Diese Behauptungen der Werber entsprechen nicht den Tatsachen.»[7]

Ergänzt wurde die Verteidigung durch geschickt ausgewählte Zitate des Staatssekretärs im Reichswirtschaftsministerium, des Reichspressechefs und zweier Reichsstatthalter, die alle darauf hinausliefen, «daß es eine Pflicht zum Privatbezug einer Zeitung nicht gibt und daß demnach ein Zwang unzulässig ist».

Die Deggendorfer Stadtverwaltung hatte dem *Donauboten* gerade eine schwere Schlappe bereitet und ihm die amtlichen Bekanntmachungen entzogen – zugunsten der *Bayerischen Ostwacht!* Der *Donaubote* geriet in die Defensive, ihm fehlten Informationen direkt aus dem Rathaus, sein Nachrichtenwert sank. Er lief Gefahr, Abonnenten zu verlieren. Seine Verleger standen also auch ohne Werbekampagne mit dem Rücken zur Wand, doch mutig empfahlen sie ihren Lesern, «... solche Werber unter Bezugnahme auf vorliegende Bekanntgabe, die wir aufzubewahren bitten, auf das Unzulässige ihres Verhaltens hinzuweisen, die Namen derselben festzustellen und dem *Deggendorfer Donauboten,* dem bodenständigen Heimatblatt, der ehrlich am Wiederaufbau unseres deutschen Vaterlandes mitarbeiten will, die Treue zu bewahren.»

Nun war der Zorn der braunen Blattmacher erst recht angefacht. Am Tag nach der Veröffentlichung bestellte ihr Regensburger Zweigbetriebs-Geschäftsführer und Werbeleiter Dr. Wendlinger den Mitinhaber des *Donauboten* Jakob Adler und sechs Zeugen in die Deggendorfer NSDAP-Kreisleitung. Dort kam es zu einem regelrechten Verhör. Um dem einen möglichst offiziellen Anstrich zu geben, verfaßte Wendlinger ein Protokoll, vier Gauverlags-Briefbögen lang. Auszug: «Zeuge Fuchs, Mietzing: Am 14. August kamen zwei Werber zu mir und sagten, der *Donaubote* kommt ab, wir kennen eure Gesinnung, wir haben es erfahren und wenn ihr eure Gesinnung nicht ändert, werden wir Gewalt anwenden. Er schimpfte noch weiter ...

Fuchs erklärte ... daß er auf Grund der Revolution und seiner Einstellung zum *Donauboten* (30jähriger Abonnent) das Gefühl hatte, daß der *Donaubote* vernichtet wird.»

Die Werber bestritten natürlich alle Anschuldigungen. Der einzige Zweck der Vernehmung war Einschüchterung. Bei den Zeugen wurde diese Wirkung erreicht. Auch das Selbstbewußtsein des Verlegers wurde angeknackst. Fast entschuldigend erklärte er die Eigenanzeige: «Die Leute haben eine gewisse Treue durch die langjährige Verbundenheit mit unserem Verlag und liefen zu uns mit der Frage, ob denn der *Donaubote* wirklich nicht mehr erscheint, da die Werber der Ostmark dies sagen.»

Damit konnte Jakob Adler die selbsternannten Richter nicht stoppen: Wendlinger und *Ostwacht*-Schriftleiter Alwens stürmten mit dem Protokoll in der Hand zum Bezirksamt. Sie erwischten dort den stellvertretenden Vorsteher und überrumpelten den autoritätsgläubigen Beamten mit der Feststellung, ein Verbot des *Donauboten* sei ganz «im Sinne der Staatsregierung». Letzte Zweifel wurden beseitigt, als sie drohten, das Münchner Ministerium einzuschalten: der Stellvertreter verhängte ein sofort wirksames zweitägiges Verbot. Außerdem wurde der *Donaubote* dazu verurteilt, eine «Richtigstellung» des *Ostwacht*-Vertreters abzudrucken, die deren Werbemaßnahmen als bisher einwandfrei kennzeichnen durfte. Es sollte die Zusage abgedruckt werden, daß die *Ostwacht*-Werbung in Zukunft ungestört durchgeführt werden kann, und er sollte sich selbst bezichtigen, in seiner Kritik «einen Angriff gegen das Gesetz vom 1. August 1933 über die Veröffentlichung amtlicher Bekanntmachungen zu erblicken und damit indirekt einen Angriff gegen die Staatsregierung, welche dieses Gesetz erlassen hat ...»

Der *Donaubote* alarmierte sofort die Bayerische Staatskanzlei; er hatte nichts mehr zu verlieren, hoffte nur noch, bei solch hergeholten Begründungen zu gewinnen. Und richtig: Noch am selben Tag wurde der Bezirksamtsbeschluß aufgehoben. Die Staatskanzlei bemängelte: «Behördliche Eingriffe in den Konkurrenzkampf der Zeitungen sind auf Weisung der Reichsregierung zu lassen.» Im Gegensatz zu den Vertretern des Gauverlags aber, die keine Rüge erhielten, kam der *Donaubote* nicht ungeschoren davon. Die Staatskanzlei stellte fest, ihr sei «durch ausreichende Unterlagen dargetan worden, daß die Behauptung Ihres Blattes, die Werbemethoden der Werber für die *Bayerische Ostwacht* seien nicht einwandfrei, nicht zutrifft. Ich erwarte daher, daß Sie eine Berichtigung in der nächsten Nummer Ihrer Zeitung bringen, und zwar in ausführlicher Form, für welche die vom Bezirksamt Deggendorf entworfene Erklärung als Richtlinie dienen kann.»

In den nächsten Tagen brachte der *Donaubote* die von München geforderte Erklärung – deutlich abgeschwächt gegenüber der Gauverlagsfassung. Die Meldung endete wenig überzeugend:

«Es konnte der Beweis nicht erbracht werden, daß die Werbung für die *Bayerische Ostwacht* mit unerlaubtem Druck ausgeübt wird. Wir konnten uns überzeugen, daß die Propagandaleitung der *Ostwacht* ihre Werber mit allem Nachdruck zur gesetzlich zulässigen Werbung anhält.»

Allen Schwierigkeiten zum Trotz widerstanden die beiden niederbayerischen Verlegerquerköpfe Alfons Nothaft und Jacob Adler noch zehn Jahre den Fusionsbestrebungen des Bayreuther Gauverlages. Einige versuchten ihnen nachzueifern, die Mehrheit der Verleger aber zeigte nicht soviel Stehvermögen.

Nazi-Geist führte die Feder

Heimatzeitungen im Originaltext

Was die Bezieher der *Lahrer Zeitung* und des *Offenburger Tageblattes* nach der Machtübernahme zu lesen bekamen, waren typische Beispiele dafür, wie sich Redakteure rasch den neuen politischen Verhältnissen anpaßten. Der Nazi-Geist führte ihre Feder.

Am 21. März 1933 trat der am 5. März neu gewählte Reichstag – ohne die ferngebliebenen Sozialdemokraten und die verhafteten oder geflohenen Kommunisten – in der Potsdamer Garnisonskirche zusammen. Die Nazis machten aus diesem Ereignis ein raffiniert inszeniertes Schauspiel, das im Rundfunk übertragen wurde. Es sollte die Versöhnung des «alten» mit dem «neuen» Deutschland symbolisieren. Reichspräsident von Hindenburg wohnte dem Rührstück in der Uniform eines kaiserlichen Feldmarschalls bei; der «Führer» trug wie der Wolf im Schafspelz den bürgerlichen Cut. Zwei Tage später fiel die Tarnung: Die Nazis schalteten das Parlament aus.

Die *Lahrer Zeitung* berichtete, wie man in diesen Tagen in der badischen Provinz feierte:

Schneidig und stimmungsvoll (24. März 1933)

Wittenweier. Anläßlich der nationalen Erhebung unseres Volkes und der feierlichen Eröffnung des Reichstages am 21. März hielt unser *Militärverein* im Gasthaus «zur Sonne» einen patriotischen Abend ab. Zuvor marschierte der Fackelzug unter Vorantritt der schneidigen Musikkapelle durch die reich beflaggte Ortsstraße und sammelte sich dann am Kriegerdenkmal von 1870. Frl. L. L. sprach einen treffenden Prolog, welchem ein stimmungsvolles Lied des hiesigen Gesangvereins folgte. Hierauf hielt Herr Hauptlehrer Stöffler eine Ansprache, in welcher er das historische Ereignis des Tages eingehend beleuchtete. Darauf begab sich der Militärverein geschlossen «zur Sonne». Einleitend gab der Vorstand, Herr Bürgermeister Urban, seiner Freude darüber Ausdruck, daß es nun endlich zu einem Zusammenschluß aller nationalen Kräfte gekommen ist, und begrüßte es besonders, daß unser allverehrter Herr Reichspräsident von Hindenburg der Schirmherr dieser nationalen Konzentration ist. Der Ortsvorstand wünscht dem Abend besten Verlauf. Die Musik läßt die schneidigen Märsche ertönen; unwillkürlich zuckte es in den alten Soldatenherzen und -füßen. Kamerad Z. zeichnete, noch unter dem überwältigenden Eindruck der Reichstagseröffnung stehend, drei Charakterbilder aus der letzten Zeit. Vor nahezu 20 Jahren, am 13. Oktober 1913, brannte auf dem Schutterlindenberg ein mächtiges Feuer zum Zeichen der 100. Wiederkehr der Völkerschlacht bei Leipzig. Wer jene nächtliche, weihevolle Stunde in sich aufgenommen hat, dem war die nationale Begeisterung kein Strohfeuer, sondern eine unauslöschliche Glut, die sich durch die Wechselfälle erhalten hat bis auf den heutigen Tag. Ein Wachtfeuer brannte am 4. November 1918 in Nordfrankreich. Vom nachdrängenden Feind Tag und Nacht gehetzt, bis auf die Haut durchnäßt, standen an jenem Abend ein paar Meldereiter um die wärmende Glut. Sie legten sich gegenseitig das Versprechen ab, auch in Deutschlands Niederlage das nationale Empfinden nie erlöschen zu lassen. Die Probe wurde bestanden, und heute brennt wieder ein Feuer auf dem Schutterlindenberg als Zeichen des nationalen Aufstiegs. So wie im Reich, so sollen oder möchten sich alle nationalen Glieder der Gemeinde zusammenfinden und uns zu edler Tat begeistern lassen. Wie ein mächtiger Orkan setzte das Deutschlandlied ein und klang durch den überfüllten Saal. Und noch viele alte vaterländische Weisen wurden gesungen und gespielt, bis es Mitternacht war. Allen Teilnehmern wird dieser Abend in freudiger Erinnerung bleiben.[8]

Flammend und vaterländisch (24. März 1933)

Kürzell. Als am Abendhimmel des *Tages der Reichstagseröffnung* die brennenden Holzstöße weithin verkündeten, daß der Reinigungs- und Läuterungsprozeß um die deutsche Volksseele eingesetzt hat, verkündeten auch die Flammen des Befreiungsfeuers in Kürzell, daß auch hier jener Prozeß eingesetzt hatte. In flammender Begeisterung gemahnte der Redner, Herr Hauptlehrer *Kraft*, die Anwesenden zur Einheit und Einigkeit; «denn niemals wird das Reich zerstöret, wenn ihr einig seid und treu». Schon der Fackel- und Lampionzug brachte den Großteil der Bevölkerung in feierliche Stimmung, die durch die vaterländische Rede des Herrn Hauptlehrers Kraft noch vertieft wurde. Fast die gesamte Bevölkerung zog nach dieser Feierstunde hinaus auf das freie Feld, um dem Spiel der zum Nachthimmel aufsteigenden Flammen anzuwohnen. Ortsgruppenführer der NSDAP, Herr W., deutete in seiner Feuerrede die Symbolik des verzehrenden und doch reinigenden Feuers. Begeistert jubelten die Anwesenden, als der Ortsgruppenführer die Fahne der verflossenen 14 Jahre den Flammen übergab. Das Horst-Wessel-Lied und Deutschlandlied beendeten die Feier, die durch ein Lied des Gesangvereins verschönt wurde.[9]

Längst ersehnt und schlicht (27. März 1933)

Nonnenweier. Auch unsere Gemeinde hatte sich am vergangenen Dienstagabend, dem Nationalfeiertag des Deutschen Volkes, zu einer gemeinsamen Feier zusammengefunden. Unter Vorantritt unserer Schuljugend bewegte sich um 8 Uhr ein Fackelzug, an dem sich die Ortsgruppe der NSDAP und sämtliche Vereine beteiligten, durch die Straßen zu dem Platze, auf dem zu Ehren unseres Volkskanzlers Adolf Hitler eine «Hitler-Linde» gepflanzt wurde. Nach einem Vortrag des Gesangvereins wies Herr Bürgermeister Dietrich in einer Ansprache auf die Bedeutung des von allen Deutschen schon längst ersehnten Tages hin und ermahnte alle, am Wiederaufbau unseres Vaterlandes mitzuarbeiten. Darauf verlas Herr Oberlehrer Henninger eine von Gemeinderat, Lehrerschaft und dem Ortsgruppenführer der NSDAP, Herrn R. H., unterzeichnete Urkunde, die unter die Wurzeln des Baumes gelegt wurde. Zuletzt sprach noch der Ortsgruppenführer in flammenden Worten an alle Anwesenden. Mit einem begeistert aufgenommenen «Sieg Heil» war die schlichte Feier beendet. Uns allen, nicht zuletzt unserer lieben Jugend, die von der Gemeinde mit Wecken erfreut wurde, wird diese erhebende Stunde in steter Erinnerung bleiben. K-r.[10]

Mächtig und würdig (28. März 1933, *Offenburger Tageblatt*)

Meissenheim. Die Altenheimer SA wurde am Sonntagmittag nach Meissenheim bestellt, um zur Verschönerung eines besonderen Festes beizutragen. Es wurde eine mächtige Kundgebung der NSDAP veranstaltet zur Ehrung des Reichskanzlers Adolf Hitler und Reichskommissar Robert Wagner, die zu Ehrenbürgern der Gemeinde Meissenheim ernannt wurden. Zirka 1500 Mann SA und SS führten den würdigen Festzug aus, auch sämtliche Meissenheimer Vereine zogen durch die reich beflaggten Straßen. An der Kirche angelangt, wurde Gottesdienst abgehalten ...

Zum Schluß wurden das Horst-Wessel-Lied und das Deutschlandlied von der begeisterten Menge mitgesungen. Es war der würdigste Tag, den Meissenheim je erlebt hat.[11]

Per Gesetz erklärte Hitler am 10. April 1933 den 1. Mai, den traditionellen Tag der internationalen Arbeitersolidarität und des Klassenkampfes, zum «Feiertag der nationalen Arbeit». Eine alte Gewerkschaftsforderung war damit erfüllt. Das ganze war jedoch ein Täuschungsmanöver, denn hinter den Kulissen bereiteten die Nazis bereits die Zerschlagung der Arbeiterorganisationen vor: Am 2. Mai stürmten SA und SS die Gewerkschaftshäuser, nahmen die führenden Funktionäre in «Schutzhaft», beschlagnahmten Akten und Bankguthaben. Die Gewerkschaftszeitungen wurden verboten.

Begeisternd und unvergeßlich (6. Mai 1933)

Noch Tage später dominierte in der *Lahrer Zeitung* Festtagsfreude:

Meissenheim. Der Feiertag der nationalen Arbeit vereinigte unsere gesamte Einwohnerschaft zu hochgestimmter Festesfreude. Unter Vorantritt der SA, der SS und der Hitlerjugend marschierten am Vormittag sämtliche Vereine zum Festgottesdienst in die Kirche, wo Herr Pfarrer Kramer über das Bibelwort Lukas 10,7: «Ein Arbeiter ist seines Lohnes wert», eine tiefempfundene Predigt hielt. Der marxistischen Auffassung von der Arbeit mit ihren volkszerklüftenden, internationalen Zielen, die den deutschen Arbeiter und Bauern in die Verelendung brachten, stellte er den Segen der Arbeiter gegenüber, die auf nationaler und sozialer Grundlage verrichtet wurde. Dieser 1. Mai sei ein Tag deutschen Brudersinns, deutscher Selbstprüfung und deutschen Gemeinschaftsgefühls, da die Arbeit aller Stände in gleicher Weise zu Ehren komme.

Nach dieser erhebenden Feierstunde fand ein Umzug durch die festlich geschmückten Straßen unseres Dorfes statt. Unter der Hitler-Eiche versammelten sich sodann die Teilnehmer mit der beinahe vollzählig anwesenden Einwohnerschaft. Mit dem weihevollen Lied «Dich halt ich treu im Herzen» gab der Männergesangverein die Hinleitung zur packenden Ansprache unseres Ortsgruppenleiters K., der die Jämmerlichkeit des marxistischen Sozialismus kennzeichnete und den tiefen Sinn dieses Volksfeiertages herausstellte. Das kraftvolle «Sieg-Heil» auf unsern Volkskanzler Adolf Hitler, das Horst-Wessel-Lied und das Chorlied des Männergesangvereins «Freiheit, die ich meine ...» waren der begeisternde Ausklang dieser unvergeßlichen Feier. Im Anschluß daran versammelten sich die Schüler im Schulhaus, wo Oberlehrer Schwärzel die Bedeutung des Tages würdigte und dann im Schulfunk die Feier aus Karlsruhe übertragen wurde. Am Nachmittag begaben sich alt und jung, meist per Rad, nach unserer Amtsstadt Lahr, um die dortige Kundgebung mitzuerleben.[12]

Erhebend und groß (6. Mai 1933)

Kürzell. Der Tag der Arbeit war auch für unsere Riedgemeinde ein Tag besonderer Art. Der 1. Mai bedeutete seither für das Land und dessen Bevölkerung so viel wie nichts und auch mit Recht. Ein Tag der Arbeit mußte auch für den Landwirt zuerst geschaffen werden. Fleißige Hände banden Zweige zu Kränzen und am frühen Morgen waren Rathaus, Schule und einige Privathäuser mit frischem Grün geschmückt. In die Gottesdienste der beiden Konfessionen zogen die Vereine unter Vorantritt der hiesigen Musikkapelle. An diesen Veranstaltungen nahm auch die starke SA der hiesigen Nationalsozialisten zum ersten Male in Uniform teil. Die beiden Herren Geistlichen fanden in ihren Predigten erhebende Worte für den Tag der nationalen Arbeit. Während am Nachmittag die Ortsgruppe den Propagandamarsch in Lahr und die SA einen solchen in Offenburg mitmachte, traf man sich abends im Gasthaus «zur Krone» zusammen, um gemeinsam die große Rede des Kanzlers Adolf Hitler zu hören. Noch lange wird der Gedenktag der nationalen Arbeit in der Erinnerung der Kürzeller Einwohnerschaft weiterleben.[13]

Griff nach der Kirchenpresse

1933 existierten im Deutschen Reich mehr als 400 katholische Tageszeitungen. Ein großer Teil von ihnen verschwand nach der Auflösung der Partei des politischen Katholizismus, des Zentrums, Anfang Juli 1933. Doch damit nicht genug: die übriggebliebenen sollten eingeschüchtert oder, falls zu widerspenstig, in Nazi-Besitz «übernommen» werden.

Mit Hammer und Axt zum Jubiläum

Eine katholische Zeitung wird buchstäblich zerschlagen

Noch am 5. Dezember 1933 hatte die *Fuldaer Zeitung* ihr 60jähriges Bestehen gefeiert, nicht ahnend, daß kurz darauf ihr Schicksal sie ereilen sollte. Für den direkten Druck vor Ort standen schon SA-Leute bereit. Mit Bedacht war ein Sonntag für die «Aktion» gewählt worden: kein Arbeiter befand sich im Druckereigebäude.

Am 10. Dezember kurz vor 21 Uhr drangen zwanzig bis dreißig Personen, ausgerüstet mit Äxten, Schmiedehämmern und anderen Schlagwerkzeugen, in die Fuldaer Aktiendruckerei ein. Planmäßig zerstörten sie diesen unerwünschten Betrieb:

«Durch die Redaktionsräume stiegen die Einbrecher ein, warfen alles um, zerschlugen Telefonanlagen und Lampen, zerhackten die Schreibmaschinen. In der Setzerei wurden alle offenstehenden, gefüllten Schriftkästen umgeworfen. Sehr wertvolles Schriftenmaterial, Notensätze und dergleichen wurden unbrauchbar gemacht, eine Setzmaschine mit schwersten Werkzeugen zerstört. Was umzuwerfen war, wurde umgeworfen. Der Saal, in dem 30 bis 40 Setzer arbeiteten, war ein vollständiges

Trümmerfeld. In der Stereotypie wurden die Apparate beschädigt, im Maschinensaal I blieb keine der drei Buchdruckschnellpressen ohne schwere Beschädigungen durch Hammer- und Axtschläge. Wertvolle komplizierte Maschinenteile wurden dabei zerstört, ein Druckautomat unbrauchbar gemacht. In einem weiteren Saal wurden ebenfalls 3 Buchdruckschnellpressen beschädigt. Die 32seitige Rotationsmaschine für Zeitungsdruck, ein Werk im Werte von rund 100000 Mark, wurde ebenfalls durch schwerste Vorschlaghämmer unbrauchbar gemacht, insbesondere wurden alle Walzenschlösser, die Falz- und Zählapparate zerstört. Die Zertrümmerung der elektrischen Schalttafel erfolgte durch Bewerfen mit schweren Bleiplatten, da man hier die Berührung wegen der Starkstromgefahr vermied. Halbfertige Druckerzeugnisse wurden umhergeworfen, beschädigt und entwertet, Fensterscheiben, Möbel, Türen und Lampen wurden zerstört.»[14]

Die sofort unterrichtete Oberstaatsanwaltschaft rührte sich nicht. Die Fotos, die der Versicherungsgesellschaft vorgelegt werden sollten, hatte die Fuldaer Polizei beschlagnahmt – im «Staatsinteresse» und um die Verbreitung von «Greuelmärchen» zu verhindern. Am 12. Dezember, einem Dienstag, kam die *Fuldaer Zeitung* unter großen Schwierigkeiten nur mit einem Blatt heraus, am folgenden Tag hatte sie vier Seiten. In beiden Ausgaben stand auf polizeilichen Befehl kein Wort darüber, warum die Zeitung nicht komplett war.

Die Nazis regten sich über das schnelle Wiedererscheinen des Blattes dermaßen auf, daß sie ihre Wut in Straßenkundgebungen abreagieren mußten. Etwa fünfzig junge SA-Männer hetzten die Bevölkerung auf und grölten Sprechchöre vor dem Verlagshaus. Sie erreichten ihr Ziel: Polizei- und Regierungspräsident verboten das verhaßte Blatt bis zum 20. Dezember 1933.

In treue Hände

Ein Verleger wird enteignet

Nicht nur Setzkästen und Druckerlaubnis verlor Professor Friedrich Dessauer, der Miteigentümer der Carolus-Druckerei in Frankfurt und Herausgeber der *Rhein-Mainischen Volkszeitung*. Als Zentrumsabgeordneter von 1924 bis 1933 war er mit seinem katholisch orientierten Blatt für die Nazis ein «gefährlicher Staatsfeind». Seine Lage im Januar 1934 schilderte Dessauer dem befreundeten Bischof Berning von Osnabrück:

«Ew. Exzellenz,

Sie haben sich in gütigster Weise in der langen Zeit meiner Verfolgung des Falles angenommen und ohne Zweifel manche Erleichterung für meinen Mitarbeiter Dr. Knecht und mich selbst erreicht. Noch gab es keine Gelegenheit, Ihnen dafür den aufrichtigsten Dank auszusprechen. So wie die Zeitung und der Volksverein für mich Angelegenheiten gewesen sind und noch sind, in denen ich repräsentativ ganz überwiegend für die katholische Sache und seinerzeit für die Zentrumssache stand, so bin ich auch jetzt, und soweit es meine körperliche Kraft noch vermag, auch in kommenden Zeiten verpflichtet, für das einzutreten, dem ich diene, ein schweres, aber gutwilliges Werkzeug.

Dieses Bewußtsein, zu leiden und zu kämpfen weniger um meiner selbst willen, gibt mir auch das Recht, Sie, hochwürdigster Herr, zu bitten, uns auch künftig beizustehen. Gestern, den 2. Januar, erschien plötzlich ein Polizeibeamter und forderte mir meinen Reisepaß ab. Soeben kommt die Nachricht, daß in rheinischen Blättern verbreitet wird, daß meine Geschäftsanteile an der Carolus-Druckerei als volksfeindliches Vermögen eingezogen sind und dem Sinne nach, daß die katholische Zeitung, für die wir soviel gekämpft, die wir mit gutem Erfolg geführt haben, nun in die Verwaltung eines vom preußischen Staat eingesetzten Treuhänders komme. Meine Bankkonten und Postscheckkonten sind weiterhin gesperrt. Ich muß mir von Freunden Geld leihen. Ich bin bereit zu kämpfen und zu leiden, aber ich bitte Sie von ganzem Herzen und mit aufrichtigem Dank für das Vergangene, mich bei diesen Kämpfen um das Recht und um unsere Sache mit allen Kräften zu unterstützen.»[15]

Wenige Tage später verlor er auf Grund von Maßnahmen der Gestapo sein Eigentum und sein Lebenswerk.

DER PREUSSISCHE MINISTERPRÄSIDENT
Geheime Staatspolizei
II A-C-14/34

Berlin, den 19. Januar 1934

Verfügung

Auf Grund des § 14 P. V. G. in Verbindung mit § 1 der Verordnung des Reichspräsidenten zum Schutze von Volk und Staat vom 28. Februar 1933 wird

der Direktor R. Seybert,
Mönchen-Gladbach,

zum Treuhänder und Verwalter des Vermögens der Carolusdruckerei G.m.b.H. in Frankfurt a. M., deren Geschäftsanteile in Höhe von 190000 RM sich im Besitze des Preußischen Staates befinden, und zum Verwalter des Unternehmens mit den Befugnissen eines alleinigen Geschäftsführers eingesetzt.

Die bisherigen Geschäftsführer haben seinen Anordnungen Folge zu leisten.

Im Auftrag
gez. Diels
Beglaubigt
gez. Becker
Kanzleiangestellter»[16]

Doch damit nicht genug: In der Nacht vom 6. auf den 7. Februar 1934 richtete sich der von der Partei gelenkte «Volkszorn» gegen Dessauer und seine Familie:

«In der fraglichen Nacht war ich um 21 Uhr in meinem Arbeitszimmer, als ich vor dem Hause Geschrei hörte. Ich achtete zunächst nicht darauf. Dann hörte ich, daß Steine gegen das Haus geworfen wurden, und einen Augenblick nachher klirrten auch Glasscherben. Zugleich erhöhte sich das Geschrei. Mit einem automatischen Wähler meines Telefons rief ich sofort das Überfallkommando an. Das Telefon steht auf der Diele des Erdgeschosses. Im gleichen Augenblick flogen Steine gegen Läden und Fenster, so daß der Aufenthalt an dieser Stelle gefährlich wurde. Ich löschte die Lichter im Parterre. Inzwischen waren meine Frau, das weibliche Dienstpersonal und meine zwei kleineren Kinder von 10 beziehungsweise 12 Jahren – letztere aus den Betten aufgestanden – auf der Diele des Obergeschosses zusammengekommen. Meine Frau rief mich. Der Lärm steigerte sich von Augenblick zu Augenblick ... Stöße und Würfe mit harten Gegenständen drangen nun von allen Seiten auf das Haus. Die Tumultanten waren in den Garten gedrungen und stürmten von allen vier Seiten. Man hörte, daß sie mit schweren Stangen die Läden, die schwere eichene Tür, die rückwärtige Tür zum Garten bearbeiteten ... Im Augenblick, da ich auf der Treppe stehend hörte, wie die eichene Tür vollständig erbrochen und die Windfangtür durchschlagen war, die Tumultanten also am Eindringen waren, minderte sich der Lärm, und die Hausangestellte rief uns an, daß das Überfallkommando da sei ... Vor dem Haus stand noch eine ansehnliche Menschenmenge von etwa 30 Gestalten, die meinen Abtransport (zur Schutzhaft) mit Verwünschungen begleiteten, und mit Rufen wie: ‹Judenknabe! Nach Dachau! Nach Osthofen! Landesverräter!› ...»[17]

Nach diesem Vorfall konnte Dessauer froh sein, sich unbehelligt auf naturphilosophische Studien zurückziehen zu können.

3. JAHRG.
Nr. 30
Berlin, den 26. 7. 1933

PREIS PRO HEFT RM 0,15

Blick in die Zeit

Herausgeber: Dr. A. Ristow

Erscheint jeden Freitag

PRESSESTIMMEN DES IN- UND AUSLANDES ZU POLITIK, WIRTSCHAFT UND KULTUR

Für klare Scheidung

Die Judenfrage im neuen Deutschland

Gestörte Uraufführung

In dieser Nummer:

Für klare Scheidung
Kampf gegen die Wohnungsnot
Startum und Stargagen
Blick in die Auslandspresse
Blick in Bücher und Zeitschriften
An den Rand geschrieben

30

Außerdem:
Das Wichtigste und Interessanteste aus Politik und Wirtschaft, Kultur und Sport

Eine der letzten Ausgaben (26. Juli 1933)[18]

Entlarvender Spiegel

Kontrastprogramm aus dem Ausland

Etwa zur gleichen Zeit, als die ins tschechische Karlsbad emigrierte *Vorwärts*-Redaktion dort ihren ersten *Neuen Vorwärts* herstellte, kam in Berlin eine weitere neue sozialdemokratische Wochenzeitung heraus. Sie erschien jeweils freitags, kostete 15 Pfennige und erreichte nach kurzer Zeit die stattliche Auflage von 120000 Exemplaren. *Blick in die Zeit* hatte die Redaktion ihr Blatt genannt, das sie geschickt getarnt bis zum Verbot im August 1935 produzierte – legal, unter den Augen der Nazis.

Angefangen hatte alles kurz nach der Machtübernahme durch die Nazis. Kurt Hermann Mendel, Jahrgang 1900, zunächst Werbefachmann für die Gewerkschaften, dann Mitinhaber der Berlina-Druckerei in der Nähe des Alexander-Platzes, übersetzte gemeinsam mit seiner Frau Ausschnitte aus englischen Zeitungen, die anfangs noch in Deutschland verkauft werden konnten, und verteilte sie unter SPD-Genossen. Aus diesem primitiv vervielfältigten Gegeninformationen entwickelte Mendel die Idee zu der Wochenzeitschrift *Blick in die Zeit,* deren erste Exemplare am 16. Juni, acht Tage vor dem Betätigungsverbot für die SPD, Mendels Druckerei verließen.

Der erste redaktionelle Mitarbeiter, den Mendel für sein Projekt engagiert hatte, war der Sozialdemokrat Andreas Gayk, vor 1933 Redakteur der SPD-eigenen *Schleswig-Holsteinischen Volks-Zeitung,* nach dem Krieg Oberbürgermeister in Kiel. Er wurde steckbrieflich gesucht und war deshalb, mehrfach die Wohnung wechselnd, in Berlin untergetaucht. Weitere SPD-Genossen stießen rasch hinzu. Mit zu dem von Gayk geleiteten Team gehörten Rudolf Küstermeier, August Rathmann, Michael Freund, Ludwig Preller, Otto Suhr und Kurt Exner. Wegen ihrer politischen Herkunft und Gesinnung konnte keiner von ihnen als Herausgeber der Zeitung in Erscheinung treten. Als «Hut» brauchte man jemanden, der den Nazis unverdächtig war. Mendel fand ihn in Dr. Alfred Ristow, einem ehemaligen Berliner Polizeioffizier, jetzt Inhaber eines Betriebes für Fernmeldetechnik. Ristow hatte sich politisch nicht hervorgetan, verfügte aber über gute persönliche Beziehungen zum Propagandaministerium und zur Gestapo. Unter dem Schutz des Biedermannes konnte die Redaktion ihre wahre Absicht verwirklichen: unter Verzicht auf verräterische Kommentare «nur Pressestimmen wiederzugeben aus in Deutschland erscheinenden Zeitungen und Zeitschriften und aus in Deutschland verkauften Auslandszeitungen, sachlich gegliedert, so geordnet und aneinandergereiht, daß die großen Fragen des Tages dadurch sichtbar und selbst durchsichtig wurden», wie Michael Freund formuliert.[19]

Besonders deutlich wurde die regimekritische Haltung der Zeitung, wenn die Redakteure die Pressezitate des In- und Auslandes einander direkt gegenüberstellten. So traten Lügen, Verdrehungen und Halbwahrheiten der Nazi-Presse kraß zutage – bei den Berichten zum Reichstagsbrandprozeß ebenso wie beim kulturpolitischen Streit um den Komponisten Paul Hindemith und bei der sogenannten «Röhm-Revolte» vom 30. Juni 1934.

Kinderfreunde als Zeitungshändler

Wenn eine solch kritische Zeitung nicht gleich ein Opfer der Gestapo werden sollte, mußte ihr Vertrieb gut organisiert werden. Kurt Hermann Mendel erinnert sich:

«Ich lernte Hans Weinberger kennen, der als Geschäftsführer der sozialdemokratischen ‹Reichsarbeitsgemeinschaft der Kinderfreunde› tätig gewesen war. Weinberger eröffnete zusammen mit einem früheren Angestellten des ADGB-Buchhandels einen Zeitschriften-Vertrieb und veranlaßte eine Reihe seiner Kinderfreunde, als Zeitschriftenhändler tätig zu werden. Diese sorgten dann über weitere Verteiler für den Absatz der Zeitschrift. Auf diese Weise hatten weder Verlag noch Vertrieb von den Adressen der Leser Kenntnis, was später bei polizeilichen Nachforschungen und Beschlagnahmen sich als sehr wichtig herausstellte.»

Jedoch konnte es dem Regime «auf die Dauer nicht verborgen bleiben, daß im *Blick* die kritischen Stimmen systematisch bevorzugt und Nachrichten aus ausländischen Zeitungen gebracht wurden, die im Reich nicht bekannt werden sollten. Dazu wußte man, daß der Vertrieb vornehmlich bei ehemaligen Sozialdemokraten lag.»

Herausgeber Ristow wurde deshalb mehrfach von der Gestapo befragt. Die Spannungen zwischen Gayk und Ristow wuchsen. Einzelne Nummern wurden beschlagnahmt, ab 1935 immer häufiger. Im August wurde *Blick in die Zeit* verboten, «als sowohl Gayk wie Ristow auf Urlaub waren», wie sich August Rathmann erinnert.

Die Bedeutung des entlarvenden Pressespiegels während der zwei Jahre seines Erscheinens kann nur schwer eingeschätzt werden; seine Verbreitung war jedenfalls beachtlich. Er war ein Stück Widerstand, wenn Kurt Hermann Mendel die Bedeutung des *Blicks in die Zeit* auch lieber «niedriger hängen» will: «Getragen wurde das ganze Unternehmen von dem Willen aller Beteiligten, das NS-Regime nicht widerspruchslos hinzunehmen.»

Zeremonie um 12 Uhr mittags

Direkte Lenkung durch Tagesanweisungen

Nichts fürchteten die Nazis mehr als unkontrollierte, vielleicht sogar eigenständige Gedanken. Verbote und Gleichschaltungen, Verlagsübernahmen und staatlich zugelassene «Schriftleiter» genügten den Nazis noch immer nicht. Um sicherzustellen, daß die «Volksgenossen» nur genau das zu lesen bekamen, was Goebbels in den Kram paßte, führten sie ein System der direkten Presselenkung ein. Nicht nur die Themen, ihre Gewichtung und Plazierung in der Zeitung wurden vorgeschrieben, auch die Sprache «regelte» man bis ins Detail.

Fritz Sänger, 1901–1984, bis zum Verbot 1943 Redakteur der *Frankfurter Zeitung* und nach 1949 zehn Jahre lang Chef der Deutschen Presse-Agentur, berichtet:

«Die im Jahre 1917 gegründete Pressekonferenz *bei* der Reichsregierung wurde bei Übernahme der politischen Macht in Deutschland 1933 von den Nationalsozialisten in eine ‹Pressekonferenz *der* Reichsregierung› verwandelt. Es war also nun eine Einrichtung der Regierung. Sie gab dort Weisungen aus, Sprachregelungen nannte man sie, und gab täglich Gelegenheit, der Presse Hinweise zu geben, sie ‹auszurichten› ... und, soweit es angebracht schien, zu informieren. Diese Pressekonferenzen wurden seit 1933 von der Regierung geleitet, vorher von den Journalisten, und die Regierung war bei ihnen zu Gast.

Jede deutsche Zeitung war darauf erpicht, einen Vertreter in der Reichspressekonferenz zu haben. Manche Zeitungen hatten mehrere Vertreter dort (die großen, so auch die *Frankfurter Zeitung,* deren Berliner Redaktion ich angehörte), und manche Vertreter nahmen die Pressekonferenz für mehrere Zeitungen wahr. Jeder Vertreter in der Pressekonferenz wurde dort ‹Mitglied›, d. h. er wurde zugelassen oder akkreditiert. Die Zulassung hatte vorher der Vorstand der Pressekonferenz ausgesprochen, nach 1933 sprach sie das Reichsministerium für Volksaufklärung und Propaganda aus, und zwar die Abteilung Deutsche Presse.

Für die *Frankfurter Zeitung* waren mehrere ihrer Berliner Redakteure Mitglied, auch ich. Die Reichspressekonferenz fand werktäglich um 12 Uhr mittags statt, später, in den Kriegsjahren, auch noch ein zweites Mal und meist um 17 Uhr, jedoch unregelmäßig auch spät abends und sogar nachts oder sehr früh am Morgen. Die Einberufung erfolgte telefonisch oder durch Fernschreiber, wenn es sich nicht um die tägliche Mittags- und Abendkonferenz handelte.

In diesen Konferenzen wurde keinesfalls konferiert, sondern ziemlich einseitig gesprochen (von der Regierung her) und höchstens von der Presse her gefragt.

Die Journalisten, die an diesen Konferenzen (bitte immer Gänsebeine dazu denken!) teilnahmen, schrieben sich Notizen auf ...

Gab es in der Konferenz eilige Mitteilungen oder Weisungen, vielleicht sogar Ankündigungen oder Nachrichten, so lief man sofort nach Beendigung ans Telefon im Hause des Propagandaministeriums, wo die Konferenzen stattfanden, und telefonierte seiner Redaktion (in Berlin) diese besonderen Teile durch. Dann ging man in die Redaktion, und wir gaben dann den Rest der Konferenznotizen mehr oder weniger wörtlich, auf

Druck von oben

Pressebeeinflussung im Nazi-Staat

Lenkungsmittel: Presseanweisungen

a) **vertrauliche Mitteilungen**
nicht für die Öffentlichkeit bestimmte Informationen für ausgewählte Journalisten

b) **Tages- und Wochenparolen**
verbindliche Regelungen, wie Berichte, Meldungen und Fotos gebracht (Inhalt, Sprache, Plazierung) und welche Themen mit welcher Tendenz kommentiert werden sollten

jeden Fall alle wichtigen Dinge so ausführlich wie möglich über den Fernschreiber nach Frankfurt. Das geschah in großer Eile.

Es konnte also geschehen sein, daß erst ein kleiner Teil bereits über den Fernschreiber gelaufen war (der zutelefonierte) und dann der große Teil. So sehen auch die aufbewahrten Fahnen aus, kleine und dann große, gebunden. Diese Fahnen sind die in Berlin zurückbleibenden Fernschreibpapiere. Sie wurden aufgehoben. Sie waren streng vertraulich und mußten spätestens am Ende eines Monats vernichtet werden. Lange Zeit hindurch mußten wir uns monatlich an Eides Statt erklären, daß wir diese Vernichtung ordentlich vorgenommen hätten. Es war Vorschrift, diese Fahnenabzüge oder Durchschläge durch den Papierwolf zu drehen.

Ich habe sie aufbewahrt, weil sie mir für eine mit aller Gewißheit erwartete andere Zeit als historische Unterlagen wertvoll erschienen.»[20]

Richtfest und Furtwängler

Lehrjahre bei der Tagespresse

Seit dem Sommersemester 1933 arbeitete Jürgen Petersen, ein 25jähriger Germanistikstudent, an seiner Dissertation über Rainer Maria Rilke. Als ihm nach erfolgreicher mündlicher Prüfung an der Frankfurter Universität endlich der Doktortitel zustand, wollte er 1935 gleich das Staatsexamen für das Höhere Lehramt anhängen – für alle Fälle. Das Prüfungskollegium ließ den Kandidaten nicht durchfallen, aber von einer Beschäftigung im Dienste des Staates riet es ab. Die Examensarbeit, dieses Mal über «Ideen der Historischen Rechtsschule», stehe nicht in Übereinstimmung mit dem nationalsozialistischen Gedankengut, hieß es. Petersen teilte also das Schicksal anderer: Er war ein junger Mann mit Abitur, Doktorhut und Staatsexamen, aber ohne Aussicht auf einen Beruf im Dienste des Staates. Blieben das Theater und die Presse.

Petersen mußte längere Zeit suchen, ehe er etwas fand. An einem Privattheater konnte er als Volontär arbeiten, allerdings ohne Bezahlung! Da bot eine Darmstädter Zeitung ab Juni 1936 eine Stelle als «Schriftleiter in Ausbildung», wie es damals hieß – zwar auch ohne Gehalt, doch sollten die gedruckten Beiträge des Volontärs mit acht Pfennig pro Zeile honoriert werden. Petersen: «Das war wenigstens die Miete. Später, als ich fast täglich einen oder mehrere Beiträge im Blatt hatte, stieg die Summe. Aber über zweihundert Mark hinaus bin ich nicht gekommen.»

Als Lokalreporter unterwegs

Petersen wurde also Journalist. Die Atmosphäre beim *Darmstädter Tagblatt* beschreibt er so:

«Es war eine andere Luft als in den Frankfurter Seminaren und Hörsälen, und eigentlich konnte nur das Feuilleton bestehen; das Ortsklima war immer schon den Musen gewogen gewesen. Den Chefredakteur oder – wie es damals hieß – den Hauptschriftleiter hatte sich der Verlag aus Berlin geholt. Es war ein älterer, eigentlich unjournalistischer Mann, selbstgefällig redend, stets die Pfeife im Mund. Die Redakteure ließ er gelassen stehen, wenn sie zur täglichen ‹Andacht› in sein Zimmer kamen. Ich bin dem Typ später oft begegnet: bürgerlich-konservativ, loyal die Sprachregelungen befolgend. Meist waren es ‹Märzgefallene›, wie man sie spöttisch nannte, nach dem 5. März in die Partei eingetreten, dem Datum der Reichstagswahlen, die den Machtwechsel endgültig bestätigten. Das Regime, rüpelhaft und ungebildet, behandelte sie schlecht. Es konnte sich auf sie verlassen.»[21]

Petersen lernte Zeitungsmachen von der Pike auf: «Vorzugsweise Lokal- und Kulturredaktion schickten den Volontär zu Veranstaltungen, etwa zum ‹Reichsberufswettkampf der Gärtner›, zum ‹Winterhilfswerk-Konzert ehemaliger Militärmusiker›, zur ‹Eröffnung des Führerlagers des Jungvolks›. Im Schloßhof wurde eine Heribert Menzel-Kantate aufgeführt, die Schwimmanlage im Großen Woog hatte Richtfest. Erhebende Themen, zu denen kein Redakteur Lust hatte. Man traf dabei zwangsläufig Kollegen der wenig angesehenen, aber natürlich mächtigen Parteizeitung, der Landeszeitung. Sie würdigten die bürgerliche Konkurrenz mit keinem Blick. ...

Zum erstenmal eine Theaterkritik, *‹Käthchen von Heilbronn›*. Am schwierigsten die angemessene Würdigung einer darstellerischen Leistung. Auftrag für einen Leitartikel, Kommentierung einer Goebbels-Rede. Der ‹Schriftleiter in Ausbildung› übte sich im neutralen Interpretationsstil mit ausgewählten Zitaten, um den Tenor der Rede deutlich zu machen. Der Chef war nicht zufrieden, aber dazu war er verpflichtet.»

Drei Monate Reichspresseschule

Auf das Volontariat in Darmstadt folgten drei Monate auf der Reichspresseschule in Berlin. Zuvor mußte Petersen beim Landesverband in Frankfurt einen «Kunstbetrachtungsfragebogen» ausfüllen, drei Arbeitsproben waren beizufügen. An die Fragen erinnert sich Petersen nicht mehr: «Sie waren anspruchslos, zu meiner Überraschung kaum etwas aus der Parteigeschichte.»

Bevor der Unterricht in der Reichspresseschule begann, mußten die männlichen Kursteilnehmer vormilitärischen Dienst bei einer SA-Standarte in Gütergotz südöstlich von Berlin absolvieren: «Zehn Maitage mit Ordnungsdienst, Geländesport, Nachtmärschen, Schießlehre. In den Köpfen der Initiatoren lebte die Vorstellung vom militanten Schriftleiter. Viel haben sie nicht erreicht.»

Nach dem militärischen Vor-Test folgte in Berlin-Dahlem der weltanschauliche Haupt-Test für den angehenden Schriftleiter Petersen: Natürlich wurde in den zwölf Wochen jeder Satz gewogen, den man sprach, auch wie man sich bei Tisch und im Umgang mit Kameraden benahm. Ein pausenloser Tag mit Erörterungen der Tageszeitungen, auch der bürgerlichen, die *Frankfurter Zeitung* gab es noch, sie wurde erst 1943 verboten. Tägliche Fragen nach Aufmachung, Glossierung, Leitartikeln, vor allem des *Völkischen Beobachters*. Einige schriftliche Themen habe ich notiert. Über eine Goebbels-Rede gegen die Kirche, über das Britische Empire, eine Robert Ley-Rede, den angeblichen Landesverrat des Bischofs von Speyer, eine Lucas Cranach-Ausstellung in Berlin. Im Leitartikel oder in einer Glosse hatte man sich darüber zu äußern.

Spezielle Ressorts waren wählbar. Ich beschränkte mich auf Kulturelles: Ausstellungen, Schauspiel, Oper, Film. Für alle Teilnehmer des Lehrgangs gab es Redigierübungen, Reportagen, Glossen. Die fielen uns am schwersten. Drei Lehrer, jeweils für Politik, Wirtschaft, Kultur. Zum ersten Mal sah ich ein Funkhaus von innen, den Deutschlandsender in der Masurenallee. Die Kulturleute durften den sonst geschlossenen dritten Stock des Kronprinzenpalais mit den verbotenen Bildern sehen, geführt vom Dozenten für Kultur, Ressortchef am *Völkischen Beobachter,* nach dem Krieg an der *Stuttgarter Zeitung*. Er erklärte die Nolde-, Kirchner-, Picasso-Bilder sachlich, distanziert, kenntnisreich. Den ehrgeizigen Schulleiter, nur wenig älter als ich, kannte ich flüchtig von der Frankfurter Universität, auch er Historiker. Ein Nationalsozialist von der intelligenten, ungelösten, zäh arbeitenden Sorte, ein Spezialist für Kriegsschiffe. Entsprechend viel Historisches fragte er, oft zu speziell, manchmal listig. Man mußte nicht alles wissen, aber ‹politisch instinktlos› durfte man nicht sein. Ein Zwischenfall ist mir im Gedächtnis geblieben, er war für das Klima der Schule kennzeichnend.

Österreich existierte noch als selbständiger Staat, aber die Presse war schon mobilisiert und lärmte gegen Wien. Ein Jahr später war der Anschluß vollzogen. Zierke, so der Name des Schulleiters, stellte eines Tages ganz unschuldig die Frage, ob uns der Anschluß Österreichs nicht zu kostspielig werden könnte: ein klerikalisiertes Land mit einer verjudeten Hauptstadt ... Die Frage verblüffte, sie widersprach der Sprachregelung. Schweigen. Endlich meldete sich einer, ein Balte mit knarrender Stimme. Er ging auf den Leim. In der Tat, man müsse es sich überlegen, das entartete Land ins Reich zu holen, man werde Kummer haben.

Unser Freund hatte offensichtlich die Zeitungen ungenau gelesen. Urdeutsches Land wollte er preisgeben, dazu die Heimat des Führers. Der Schüler hatte, jedenfalls geistig, gegen deutsche Interessen verstoßen. Er mußte den Koffer packen. Wir haben ihn nicht wiedergesehen.

Es gab auch Studienfahrten: nach Düsseldorf zur Ausstellung ‹Schaffendes Volk›, nach Stettin und Hinterpommern. Von den 46 Teilnehmern kamen 27 in Liste A. Sie waren unbeschränkt zugelassen. 19 in Liste B. Die B-Liste war nur für Fachblätter zugelassen. Die 27 A-Schriftleiter reisten im August 1937 für zwei Wochen zur Weltausstellung nach Paris. Vorher war ein Gartenempfang in der Schule. Hauptschriftleiter und Ressortchefs der Berliner Zeitungen besahen sich den Nachwuchs. Es war wie auf der Börse. Man bekam Angebote, gute und weniger gute. Ich hatte Anfragen der *Frankfurter Zeitung* und des *Berliner Tageblatts* in der Tasche. Nach langer Überlegung entschloß ich mich zum *Berliner Tageblatt,* dem *BT.*»

Verlockung Berlin

Heute hält Petersen diese Entscheidung für seinen ersten Berufsfehler: Die Verlockung, in der Metropole Berlin arbeiten zu können, hatte den jungen Journalisten blind für die wirtschaftliche Lage seines neuen Blattes gemacht. Von den 400000 Exemplaren Auflage, die die von Rudolf Mosse 1871 gegründete Zeitung in ihren besten Jahren erreicht hatte, waren bestenfalls 80000 übriggeblieben – wenig für ein Weltblatt mit großer Redaktion und eigenem Korrespondentennetz. Petersen erinnert sich:

«Zwischen 1933 und 1937 hielt sich die Auflage noch einigermaßen, Chefredakteur Paul Scheffer versuchte nicht ohne Erfolg, ‹eine Großstadt-Zeitung unter Hitler› zu machen. Einen Freiraum hatte ihm Goebbels im Gespräch zugesichert, übrigens auch dem Chefredakteur der *Frankfurter Zeitung,* der das Blatt von Berlin aus führte. Das Versprechen ist nicht eingehalten worden. Man darf vermuten, daß sich der Propaganda-Minister bei Hitler nicht durchgesetzt hat.»

Im Januar 1937 wechselte die Redaktionsspitze des *Berlinger Tageblattes:* «Der Nachfolger von Paul Scheffer war Erich Schwarzer, ein magerer, verklemmter SS-Mann mit Brille, der am Tag seines Antritts ... vor versammelter Belegschaft erklärt hatte, man werde aus dem *BT* eine nationalsozialistische Zeitung machen. Sein erster Leitartikel erschien. Tags darauf setzten die Abbestellungen ein. An manchen Tagen waren es Tausende. Die Post trug jeden Tag die berühmten Wäschekörbe ins Mosse-Haus. Die meisten kamen von den jüdischen Abonnenten. Es war der Todesstoß für die Zeitung. Über ein Jahr wurde sie mit Subventionen am Leben erhalten. Noch hielt Goebbels seine Hand darüber.»

Im «Kulturpolitischen Lager»

Im Juni 1938 wurde Petersen von seiner Redaktion nach Weimar geschickt: «Das Kulturamt der Reichsjugendführung versammelte für einige Tage die sogenannten Kulturstellenleiter aus HJ und BdM zu einer Tagung in der Stadt Goethes und Schillers. Ein Kulturpolitisches Lager nannte man das, ein wenig außerhalb der Stadt, auf halbem Wege nach Belvedere standen die hellgrauen Rundzelte auf einem Wiesenplatz an der Ilm. Natürlich war Weimar nicht zufällig gewählt worden. In Reden und Anrufen hörte man immer wieder Bekenntnisse zu Geist und Vergangenheit des Orts. Gemessen an den Verlautbarungen der obersten Parteiführung konnte man bei solchen Anlässen aus dem Mund der HJ-Führer bisweilen versteckte Aufsässigkeit bemerken ...

Weimar hatte also einen gewissen journalistischen Reiz, immer in den Grenzen dieses Staates verstanden. Drei oder vier Berichte waren in der Zeitung erschienen.»

Im Jahre 1938 zeichnete sich das Ende des *Berliner Tageblattes* ab. Niemand in der Nazi-Führung hatte noch ein Interesse, die Zeitung weiter bestehen zu lassen. Der Geldhahn wurde zugedreht, und aus eigener Kraft konnte das flügellahme Blatt nicht überleben. Am 31. Januar 1939 erschien die letzte Nummer.

Jung-Schriftleiter Petersen wurde bald schon vom Musikkritiker des *Berliner Tageblattes* in Konzerte geschickt, obwohl er keine einschlägigen Erfahrungen besaß. In dieser Situation half ihm, daß er als Organistensohn mit Musik aufgewachsen war:

«Man gab mir Risikoloses: Furtwängler dirigierte für die Feierabendorganisation ‹Kraft durch Freude›, der Geiger Kulenkampff spielte für die Hitlerjugend. Es waren Wiederholungen der großen Konzerte in der Philharmonie. Neues war nicht zu sagen. Ich beschränkte mich darauf zu beschreiben, anderes stand mir nicht zu. Auch war die Qualität der Konzerte unstrittig.

Daß es seit kurzem das Kritikverbot gab, berührte die Redaktion übrigens wenig. Der Stil des Blattes veränderte sich kaum, ohnehin galt es im *Berliner Tageblatt* als unangemessen, eine Sache lauthals zu loben oder zu tadeln. Man hatte zu begründen.»

Als junger Redakteur bekam Petersen gelegentlich journalistisch reizvolle Aufträge, andererseits bürdete man ihm auch vieles auf, «was sonst niemand» machen wollte. Petersen berichtet:

«Die Große Deutsche Kunstausstellung in München etwa oder die Salzburger Festspiele im Jahre des Anschlusses, als das alte Ensemble mit Max Reinhardt und Toscanini durch reichsdeutsches Personal ersetzt wurde und man Furtwängler zwang, in Anwesenheit von Goebbels die Meistersinger zu dirigieren. Da war alles stillos: Wagner in Salzburg, das zu kleine Festspielhaus, der Minister, der Puccini liebte, ein unwissendes

Publikum. Begreiflich, daß die erfahrenen Kritiker das wenig reizte, und auch für den jungen Schreiber, den man in die Festspielstadt entsandte, bedurfte es mancher Verrenkungen, um den Wandel einer Institution zu begründen, die Hugo von Hofmannsthal und Max Reinhardt 1917 gegründet und 1920 ins Leben gerufen hatten. Jetzt hießen sie ‹Deutsche Festspiele in Salzburg› ...

In fünf Tagen waren sechs große Berichte zu schreiben und mittags nach Berlin zu telefonieren ...

Nach der Salzburger Woche war die Arbeit in der Zeitung fast geruhsam: Filme, kleinere Theaterpremieren, Konzerte, dazu der tägliche Redaktionsdienst bis zum frühen Nachmittag ...»

Rechte Hand im Feuilleton

Redakteur bei der *Deutschen Allgemeinen Zeitung*

Das Berliner Tageblatt stellte zwar sein Erscheinen ein, doch lag keiner der Redakteure auf der Straße. Nur konnte er sich das Blatt nicht aussuchen, für das er künftig arbeiten wollte. Die Redaktionsmitglieder wurden auf drei Zeitungen verteilt: den *Völkischen Beobachter,* die *Börsenzeitung* und die *Deutsche Allgemeine Zeitung*. Deren Chefredakteur Karl Silex durfte sich sechs Redakteure der alten *BT*-Mannschaft aussuchen. Unter ihnen war Paul Fechter, der ehemalige Feuilletonchef des Tageblattes, der Petersen als seine «junge rechte Hand» mit zur *Deutschen Allgemeinen Zeitung* nahm. Finanziell war es für Petersen ein Sprung nach vorn: Statt 345 Reichsmark zahlte ihm sein neuer Arbeitgeber jetzt 100 Mark mehr.

Der deutsche Gruß war in der *DAZ*-Redaktion nicht üblich. Nur ein Mitglied war Parteigenosse, doch gab es mehrere Juden oder – wie man damals sagte – zumindest «jüdisch versippte» Mitarbeiter. «Die ersten Wochen an meinem neuen Arbeitsplatz im Februar 1939 waren ein mittleres Chaos», schildert Petersen seine Eindrücke. «Es gab nicht genug Räume, man saß zu dritt oder viert in einem Zimmer des alten Mietshauses in der Kochstraße neben dem komfortablen Haupthaus. Offenbar hatte es der Verlag für die hinzugekommenen Redaktionen gekauft oder gemietet.

Aber die Arbeitsatmosphäre war trotz diesen Anfangsschmerzen ungleich lebendiger als im alten *BT*. Der Mossebau, wo das *BT* gemacht worden war, erschien mir in der Erinnerung wie ein Totenhaus, in dem die Gespenster durch die dunklen Räume gingen. Die *DAZ* hatte den politi-

Neues Geistiges Leben

Sonntags-Ausgabe

Mit „Welt-Spiegel" 20 Pfennig

Berliner Tageblatt

und Handels-Zeitung

Nr. 4
66. Jahrgang

Ausgabe A
Sonntag, 3. Januar 1937

Drinnen und draussen

Von ERICH SCHWARZER

Die vielen Feiertage sind verklungen, die zahlreichen Urlauber kommen aus den Winterferien, aus den Bergen, wieder zur Arbeit zurück. Ueberall im Lande wird mit neuer Energie die Aufgabe angepackt, die im alten Jahr in Angriff genommen war. Ueberall wird gehämmert und geschmiedet, wird der Neubau des Reiches fortgeführt. Ueberall wird Stein um Stein eingefügt, um das deutsche Haus fest und sicher, wohnlich und unangreifbar zu gestalten.

Für dieses Ziel ist seit dem Anbruch der neuen Zeit das ganze deutsche Volk in Bewegung gekommen und hat sich zur Mitarbeit bereit erklärt. Unser Denken hat sich seitdem umgeformt. Wir sind in schneller Entwicklung aus dem Reich der Ohnmacht wieder emporgewachsen zu einem starken deutschen Volk. Wir sind an den Grenzen im Westen frei geworden, die deutschen Flüsse unterstehen allein der deutschen Oberhoheit. Es vollzieht sich Tag um Tag, Monat um Monat, Jahr um Jahr immer umfassender und gewaltiger eine Umschichtung im Volke. Der Jugend ist Aufgabe, Ziel und Erziehung gegeben. Die Gegensätze im Volke sind verschwunden, wir wurden wieder eine Nation. Jeder einzelne im Volk hat seine Weisung und arbeitet im grossen und kleinen mit an den Aufgaben, die eine harte Zeit uns stellt.

Wir wissen alle, dass wir auf uns allein gestellt sind. Niemand draussen in der Welt war bereit, uns zu helfen, aber jeder wollte Steine auf uns werfen. Wir sind heute endlich soweit, dass wir die Lehren aus unserem Sturz von 1918 gezogen haben. Wie wir in den Krieg gestolpert sind ohne ausreichende politische, wirtschaftliche und militärische Rüstung, so sind wir in den Frieden gegangen, der kein Friede war, vertrauend auf die Worte der anderen, der Staatsmänner der Welt, vertrauend den Thesen, nach denen uns Milch und Honig zufliessen sollten, wenn wir bussfertig und gefügig seien. Eine Regierung löste die andere ab in dem Wahn erfüllen zu können, erfüllen zu müssen, was leichtsinnig unterschrieben war. Das deutsche Volk arbeitete für die eingegangenen Verpflichtungen und brachte die Milliarden für die Tribute auf. Es wurde ein Schrecken ohne Ende. Es war der Zustand tiefster Hoffnungslosigkeit, der uns keinen Ausblick gewährte. Blättert man durch die Zeitungen jener Jahre, spiegelt sich fortschreitender Zusammenbruch und Zerfall, der Wirrwarr des Durcheinanders und Gegeneinanders aller gegen alle auf den Gebieten der Politik, Kultur und Wirtschaft. Kaum irgendwo ein Halt, immer nur ein Abrutschen.

Heute dagegen ein in sich geeintes Reich und Volk, wieder, wie ein Wunder, eine starke Kriegsmacht, deren Bedeutung zum ersten Male sinnfällig wurde, als es galt, unsere Spanien-Deutschen und unsere Interessen, ja auch Hab und Gut anderer Länder zu schützen. Einst draussen kein Staat, der Wert auf unsere Freundschaft gelegt hätte, weil wir ohnmächtig waren. Wir waren immer in Gefahr, Spielball anderer Interessen zu werden, Kriegsschauplatz, Durchmarschland. Alle Verantwortlichen in Deutschland blickten wie hypnotisiert nach Genf, nur die anderen betrieben hinter den Kulissen des Völkerbundes die Politik der Rüstung und des Eigennutzes. Heute dagegen sehen wir schon wieder Hände sich uns entgegenstrecken. Die Welt des Hasses und der Leidenschaft ist noch gross, bald stärker, bald schwächer. Aber wir haben verlernt, sie zu überschätzen. Einst, in dem schlimmen anderthalb Jahrzehnt nach dem Kriege, wurde uns jedes missliebige Wort des Auslandes entgegengehalten zur weiteren Bekenigung und Besserung. Von draussen kam man herein und erzählte, wie folgsam wir sein müssten, wenn unser Los besser gestaltet werden sollte. Abgewanderte aus Deutschland machten draussen Propaganda gegen die eigenen Interessen des Reiches. Wir bettelten überall um gut Wetter und liessen uns vertrösten von Jahr zu Jahr. Als die nationalsozialistische Bewegung im Volke Fuss fasste, wurde draussen und drinnen behauptet, jede weitere „Verschärfung" der innerpolitischen Verhältnisse müsse notgedrungen aussenpolitische Schwierigkeiten hervorrufen.

An all das muss man sich erinnern, wenn man die heutige Lage Deutschlands betrachtet. Es sind im Grunde genommen dieselben Methoden, die heute zur Einschüchterung Deutschlands angewendet werden. Nur, sie machen keinen Eindruck mehr. Vom einfachen SA.-Mann bis zum verantwortlichen Staatsmann, vom Arbeiter und kleinen Geschäftsmann bis zum Industriellen und leitenden Angestellten gibt es niemanden, der sich heute noch einschüchtern liesse, weil wir unsere Erfahrungen hinter uns haben. Es gibt keine deutschen Volksvertreter mehr, die, wie einst, ihre Instruktionen aus dem Ausland beziehen. Es gibt keine Zeitungsredaktionen mehr, die mit ausländischen Greuel- und Panikmeldungen Angststimmung in Deutschland erzielen wollen. Wir haben heute in Deutschland den Willen zur Selbstbehauptung und sind entschlossen, das Reich stark zu machen. Wir sehen heute mit eigenen Augen am spanischen Beispiel die verheerenden Folgen bolschewistischer Politik, vor denen Deutschland lange und oft genug, zuletzt wieder in Nürnberg, eindringlich gewarnt hatte. Wir kennen heute die Quellen unserer Kraft und wissen, dass wir auf eigenen Füssen stehen müssen und stehen können. Wer Gelegenheit hatte, durch alle Gaue Deutschlands zu kommen, von Stadt zu Stadt, von Nord nach Süd, von West nach Ost, spürte die ungeheure Regsamkeit zur Erschliessung immer neuer Hilfsquellen und die Bereitschaft aller Volkskreise zur Mithilfe. An diesem Einsatz des ganzen Volkes zerbricht der feindliche Hass und die feindliche Propaganda gegen das wiedererstandene Deutschland. Deshalb wird die Hoffnung, Nervosität bei uns erzeugen zu können, keinen Boden finden. Je grösser draussen, jenseits der Grenzen, die Propagandawellen, je stärker der Terror bolschewistischer Methoden, um so fester wird in Deutschland der Block des Widerstandes gegen all die Mächte, die gegen uns anstürmen. Um so eindeutiger wird auch die Erkenntnis über die Ursachen der Unruhe um uns herum. Mit der Ermordung Gustloffs, mit der die Bewegung und damit das neue Deutschland getroffen werden sollte, haben sich die Drahtzieher selbst entlarvt. Ein Mann der Bewegung war gefallen und tausend neue Kräfte wuchsen ihr zu.

So ist es in allen Dingen. Man wird die Arbeit, die im Vierjahresplan geleistet werden soll, nicht verkleinern oder hemmen können, wenn man uns draussen die Schwierigkeiten dieser Arbeit vor Augen hält. Diese kennen wir allein, weil wir sie überwinden müssen. Wir wissen auch, dass in manchem, was wir zum Leben brauchen, Mangel herrschen wird. In vielem werden wir uns noch umstellen müssen. Selbstverständlich. Aber ist das irgendwie erheblich und von Bedeutung? Werden dadurch unsere Lebensgewohnheiten auch nur im geringsten berührt? Ist es denn überhaupt der Mühe wert, davon

Wechsel in der Hauptschriftleitung des „Berliner Tageblatt"

Heute scheidet der Hauptschriftleiter des „Berliner Tageblatt", Paul Scheffer, entsprechend seiner seit längerer Zeit gehegten Absicht aus dem Amt. Er wird sich nach den Vereinigten Staaten zur Berichterstattung für das „Berliner Tageblatt" begeben.

Die Hauptschriftleitung geht in die Hände des Hauptschriftleiters Erich Schwarzer über. Herr Schwarzer ist unseren Lesern als führender deutscher Journalist bekannt. Er leitete früher die Zeitungen des Verlages Scherl und war in den letzten Jahren mit der Durchführung einer grossen zeitungs-politischen Aufgabe innerhalb der deutschen Presse betraut.

Die rote Gefahr in Frankreich nimmt zu

wp. BRÜSSEL, 2. Januar

Der „Standaard" veröffentlicht aufsehenerregende Mitteilungen über gefährliche Bürgerkriegsvorbereitungen der französischen Kommunisten. Der starke Zustrom französischer Marxisten als Freiwillige zu den Spanien-Bolschewisten beweise, dass es den roten Drahtziehern in Frankreich ohne Zweifel möglich sein werde, zu gegebener Zeit eine beträchtliche Truppe von militärisch geschulten Aktivisten in den innerpolitischen Kampf einzusetzen. Die aus Spanien zurückkehrenden roten Banden seien für Frankreich eine Gefahr, die man nicht unterschätzen dürfe.

Die Vorbereitungen eines kommunistischen Aufstandes erhielten auch noch aus einem anderen, nicht minder bedenklichen Umstand: planmässig werde die Zahl der aus Afrika nach Frankreich einwandernden farbigen Elemente gesteigert. Allein in den beiden letzten Monaten seien, nach Mitteilung von sehr gut unterrichteter Seite, nicht weniger als 25 000 revolutionäre Araber und Kabylen nach Frankreich gestromt, die von kommunistischen Gemeindeverwaltungen in der französischen Provinz untergebracht würden, zwar sei in diesen Gemeinden keinerlei Arbeit für diese afrikanischen Vorkämpfer der Weltrevolution. Seitens der kommunistischen Gemeindevorstände schlage man daher den Weg ein, die Einwanderer als Arbeitslose zu registrieren, um sie so der Arbeitslosenunterstützung teilhaftig werden zu lassen. Dabei herrscht sogar der skandalöse Zustand, dass man den afrikanischen Farbigen Zulagen für ihre Kinder und Weiber bewilligt, die in den Hütten und Zelten des afrikanischen Busches zurückgeblieben seien, so dass die schwarzen und braunen Soldaten der französischen Revolution auf Kosten der Allgemeinheit ein Leben zu führen in der Lage seien, wie es ihnen in ihrer Heimat nicht möglich sei. Auf diese Weise zögen die Kommunisten eine Sturmtruppe zusammen, die zweifellos bereit sein werde, auf ein gegebenes Kommando hin loszuschlagen.

Das „BT" am Sonntag

ERICH SCHWARZER: Drinnen und draussen
BRUNO SAEKEL: Noch nicht genug ! Die deutsche Ausfuhr 1936
H. F. SIMON (Chicago): Mehr Tod als „Loop" (Die Kämpfe zwischen den amerikanischen Gewerkschaften)
Dr. ERICH STOCK (Rom): Weltgeschichte hinter Mauern
LITERATUR DER ZEIT
GEISTIGES LEBEN:
Wie steht die bildende Kunst heute?, von Dr. Kurt Hansche
Luther, der Spiritualismus und wir, von Erich Seeberg
Leuenschwand?, von Dr. Karl Korn
TECHNIK DER ZEIT: Photographierte Geschichte
SCHACH — SOZIALDIENST

Prinz Lippe erklärt:

Als holländischer Staatsbürger fühlt er jetzt holländisch — Das Spielen fremder Nationalhymnen unterbleibt

Bericht des Deutschen Nachrichten-Büros

AMSTERDAM, 2. Januar.

Das Allgemeine niederländische Pressebüro verbreitet eine Verlautbarung, in der es heisst, es bestehe Anlass, folgendes mitzuteilen:

„Prinz Bernhard zur Lippe-Biesterfeld wünscht es nicht, dass das sogenannte Lippe-Detmold-Lied ihm zu Ehren gespielt wird. Die Annahme, das Lippe-Detmold-Lied sei die Lippesche Nationalhymne, ist falsch. Es gebe keine Lippesche Nationalhymne. Das in Holland soviel gespielte Lippe-Detmold-Lied sei vielmehr mit dem holländischen Lied „Piet Hein" zu vergleichen.

Da der Prinz die holländische Staatsbürgerschaft erworben habe und sich holländisch fühle, sei bei allen Gelegenheiten ausschliesslich die holländische Nationalhymne zu spielen. Vom Spielen fremder Nationalhymnen sei daher abzusehen."

•

Nach dieser im Auftrage des Prinzen zur Lippe-Biesterfeld durch das Allgemeine niederländische Pressebüro herausgegebenen Erklärung erübrigt sich jeder weitere Kommentar.

Neue Flaggenentweihung im Haag

In der Silvesternacht ist von der deutschen Byland-Schule im Haag von Unbekannten die Hakenkreuzflagge, die anlässlich der bevorstehenden Hochzeit [illegible] am Schulgebäude gehisst war, entwendet worden. Im Gegensatz zu den ihm erteilten Anweisungen hatte der Hausmeister der Schule die Flagge am Abend nicht eingeholt. Am Neujahrstag wurde das Fehlen der Flagge vom Rektor der Schule bemerkt und festgestellt, dass die Flaggenschnur durchschnitten worden war. Es wurde eine polizeiliche Untersuchung eingeleitet, in deren Verlauf in der Nähe des Schulgebäudes der Flaggenmast gefunden wurde.

Der holländische Aussenminister hat dem deutschen Gesandten gegenüber sein Bedauern über den Vorfall ausgesprochen.

schen Wechsel einigermaßen intakt überstanden, die alte Mannschaft war zusammengeblieben, keiner anderen Berliner Zeitung war das gelungen. In der Folgezeit galt es, neue Mitarbeiter daraufhin zu prüfen, ob sie zum Stamm paßten, sie ‹mußten gleichen Geistes Kinder sein›, damit die Gefahr der Unterwanderung gebannt war ...

In der Redaktion herrschte ein offener, freundschaftlicher Ton, auch im Verhältnis der Redakteure zur Chefredaktion. Zu den Sitzungen, war jeder, auch der Jüngste, zugelassen ...

Nur im Feuilleton gab es leichte Verklemmungen. Da saßen zehn Redakteure, sie hielten ihrem alten Chef Bruno E. Werner die Treue. Fechter war für sie der Mann, der ihn von seinem Schreibtisch vertrieben hatte. Die spätentdeckte nichtarische Herkunft war offenbar nur Eingeweihten bekannt.

Die Position der Zeitung unmittelbar vor Kriegsausbruch hatte etwas Janusköpfiges. Das Wort von der ‹deutschen *Times*› war ehrenvoll, aber es entsprach nicht der komplizierten Situation. Die neuen Herren schmückten sich mit einem Renommee, das die Zeitung noch immer im Ausland hatte. Hitler jedoch haßte sie. Das Blatt war ihm zu reaktionär, zu kapitalistisch, viele alte Offiziere saßen darin. Auch die kirchliche Linie machte ihn mißtrauisch. Er hob die Mittagstafel erst auf, wenn der Bote die zweite Ausgabe aus der Druckerei gebracht hatte. Und fast immer hatte er Anlaß, sich über etwas zu ärgern. Seine Wut bekam dann der Reichspressechef zu spüren, dem er in Gegenwart der Tischrunde vorwarf, er verstünde nicht, mit der Presse umzugehen. Also war die *DAZ* am nächsten Morgen regelmäßig der Prügelknabe in der Pressekonferenz, während zum Beispiel die *Frankfurter Zeitung* unbeanstandet blieb, weil sie in Frankfurt gedruckt wurde und die Ausgabe erst am nächsten Morgen in Berlin eintraf. Dann war es für Rügen zu spät, neue Ereignisse erforderten die Aufmerksamkeit, man überging das Blatt einfach. Dietrich, der Reichspressechef, hatte später diesen Zusammenhang Silex einmal gestanden und sich für die ungleiche Behandlung entschuldigt.

Jedenfalls aber: Wäre die *DAZ* so etwas wie eine deutsche *Times* gewesen, würde sie, sofern der Vergleich zulässig ist, in weit stärkerem Maße die Regierungspolitik vertreten haben. In den Grenzen, die ihr durch die Rücksicht auf die eigene Existenzerhaltung gezogen waren, hat sie das nicht getan. Zwar trug sie zu Beginn die außenpolitischen Maßnahmen der Regierung mit, so die Aufhebung der ungerechten und demütigenden Bestimmungen des Versailler Vertrags. Anders dagegen in der Innen-, in der Kultur- und Kirchenpolitik. Hier waren Abweichungen zu erkennen, wenn auch nicht in dem Ton, der das Blatt im Sommer 1933 beinahe das Leben gekostet hätte. Inzwischen konnten die Leser auch zwischen den Zeilen lesen. Ihren Briefen wurde viel Sorgfalt zuteil. Oft zeigten sie großen Mut und bewiesen damit Vertrauen zu ihrer Zeitung. Aber die Redaktion mußte darauf achten, daß niemand in Gefahr geriet. Der Historiker Hermann Oncken hatte nach der Veröffentlichung eines Leserbriefes sein Lehramt verloren. Aus der Schule Rankes kommend, hatte er für eine objektive Geschichtsschreibung plädiert und sich damit in Widerspruch zur offiziellen Linie begeben ...»

Leitartikel als Gesellenstück

«Einige Tage nach meinem Eintritt in die *DAZ* war eine Reichstagsrede Hitlers zu kommentieren, die politische Redaktion bat mich um einen Leitartikel. Es war ein Test, eine Art Gesellenprüfung für den neuen Mann.

Die Stichworte lauteten Bildung und Führertum. So auch die Überschrift des Artikels. Hitler, der Autodidakt, hatte erklärt, Wissen und Führungsfähigkeit schlössen sich zwar nicht aus, aber im Zweifelsfall seien Mut, Haltung, Entschlußkraft wichtiger als Bildung. Ich ließ es offen, was in solchem Verständnis unter Bildung zu verstehen sei, erinnerte an die ‹Areté› der Griechen, an die ‹Septem artes› des staufischen Ritters, an Humboldts Humanismus. Mit der Erinnerung an das Bildungsideal großer Kulturepochen relativierte sich die besserwisserische These, in der Zitierung lag der Widerspruch. Wer es heute liest, wird das nicht deutlich genug finden. Aber der Widerspruch, den der Schreiber zwischen den Zeilen andeutete, kostete ihn viel Anstrengung.»

Als im September 1939 der Zweite Weltkrieg begann, erschienen die Zeitungen weiter, der Kulturbetrieb wurde forciert. Petersen schrieb Reportagen über Universitäten im Krieg, uniformierte Studenten im Hörsaal und «Kraft durch Freude» am Westwall.

Im Frühjahr 1940 lag auf Petersens Schreibtisch in der Redaktion ein Zettel mit der Aufforderung, sich in einem bestimmten Zimmer des Verlagshauses zu melden:

«Dort traf ich Kollegen bei einer Art Probe-Umbruch. Ich fragte, für welches Blatt. Man tat geheimnisvoll. Zögernd erhielt ich die Auskunft: für die neue Wochenzeitung *Das Reich.*

Aus bürgerlichen Zeitungen hatte man eine Anzahl Redakteure ausgewählt. Sie sollten eine repräsentative Wochenzeitung machen. Man hatte auch Silex gefragt. Aber er wollte seine Zeitung nicht verlassen. Einige Redakteure wurden ihm für das neue Blatt genommen, darunter ich. Schon gab es Redaktionssitzungen, aber einstweilen war ich noch im Feuilleton der *DAZ* tätig, wo ich mich durchaus wohl fühlte. Es entstanden einige komplizierte Probenummern. Am 26. Mai 1940 erschien die erste Ausgabe.»

Countdown für den Krieg

Der Angriff auf Polen wird publizistisch vorbereitet

Am 25. August 1939 müssen sich die Zeitungsleute nicht nur mittags, sondern noch ein zweites Mal um 24 Uhr zum Empfang der Anweisungen im Propagandaministerium einfinden. Thema: die sich zuspitzende Lage in Polen. Die folgenden Tagesanweisungen an die Presse vom 25. August bis zum 1. September 1939 machen klar, wie sorgfältig die Berichterstattung der Schriftleiter über den Beginn des Zweiten Weltkrieges von den Propagandabossen in Goebbels Ministerium gesteuert wurde.

Sonderpressekonferenz vom 25. August, 24 Uhr: «... In Überschriften ist jede Zeitangabe zu vermeiden wie: ‹Eine Minute vor zwölf› oder aber ‹So geht es nicht weiter›. Die eiserne Entschlossenheit Deutschlands muß jedoch immer wieder deutlich werden. – Die Absage der Tannenbergfeier kann auf der ersten Seite gut herauskommen. Die Begründung zeigt, wie ernst die Lage ist und wie schwer wir die polnischen Provokationen nehmen. – Vertraulich: Auch mit der Verschiebung des Parteitages ist zu rechnen ...»

Sonderpressekonferenz vom 26. August, 19 Uhr: «... Ab sofort ist eine Zensur für alle militärischen Meldungen eingerichtet worden. Die genaue Zensuranweisung geht den Zeitungen zu. Die Zensur wird ausschließlich von Offizieren der Wehrmacht ausgeübt, in Ostpreußen und einigen anderen Gegenden ist die vollziehende Gewalt in die Hände der Wehrmacht übergegangen. Nur örtlich, nicht in die Reichspresse übernehmen ...»

Pressekonferenz vom 27. August: «Aufmachung weiterhin Polen. In der Stärke keinesfalls nachlassen, es gibt genügend Meldungen über Kriegsvorbereitungen, Panikstimmung, innere Unruhen, wirtschaftliche Wirren usw. Gerügt wurde die Schlagzeile der *Deutschen Allgemeinen Zeitung:* ‹Polenaufmarsch gegen Danzig› trotz ausdrücklicher Warnung vor Festlegungen und Termingeschäften ...»

Pressekonferenz vom 29. August: «Aufmachung bleiben die polnischen Terrormeldungen. Zwei Berliner Zeitungen sind davon abgewichen, der *Völkische Beobachter* auf Grund besonderer Weisungen, die *Deutsche Allgemeine Zeitung* ohne Erlaubnis, was als Fahnenflucht bezeichnet werden muß. Das Maß der Herausstellung der polnischen Terrormeldungen ist für das Ausland der Maßstab, an dem man die Festigkeit der deutschen Haltung mißt. Niemand ist befugt, aus dieser Linie auszubrechen. Es ist gleichgültig, was von diesen Meldungen geglaubt wird oder nicht, sie müssen die Aufmachung der Presse bestimmen, weil damit die Haltung der deutschen Politik kundgetan wird ...»

Pressekonferenz vom 30. August: «Zur Meldung über die polnische Mobilmachung ist zunächst festzustellen, daß die Mobilmachung bereits seit März im Gange ist. Wenn jetzt die polnische Regierung erklärt, ein angeblicher deutscher Einmarsch in einen Nachbarstaat Polens – nur in dieser allgemeinen Fassung darf von dem soeben erfolgten deutschen Einmarsch in die Slowakei gesprochen werden –, sei der Grund der Mobilmachung, so hätte Polen diese Maßnahme schon früher treffen können ... Die polnische Mobilmachung sei ein Ausdruck des polnischen Chauvinismus, der sich wiederum nur durch den englischen Blankoscheck habe auswirken können. – Eine Reihe von polnischen Greuelmeldungen soll energisch zurückgewiesen oder lächerlich gemacht werden. – Die günstigen Stimmen aus Spanien, dem Protektorat und Japan sind gut wiederzugeben ...»

Pressekonferenz vom 31. August: «Die englische Morgenpresse erweckt den Anschein, als ob das letzte Wort nun bei Deutschland liege. Es ist nun nachzuweisen, daß die Polen alles darauf anlegen, einen günstigen Ausgangspunkt zum Losschlagen zu finden. Vorgestern haben wir die Tonart gegen England leicht abgemildert. Die englische Presse hat diese Haltung offenbar mißverstanden und glaubte eine deutsche Erweichung feststellen zu können. Es ist daher notwendig, die Tonart zu verschärfen ... Groß herauszustellen ist ferner ein polnischer Rundfunkvortrag, in dem gesagt wird, das Reich fordere und provoziere, Polen aber sei entschlossen, Gewalt gegen Gewalt zu setzen. Dies der Beweis, daß Polen den letzten Schritt tun will.»

Pressekonferenz vom 1. September: «Keine Überschriften, in denen das Wort Krieg enthalten ist! Der Rede des Führers zufolge ‹schlagen wir nur zurück›. – DNB (Deutsches Nachrichten-Büro) gibt eine Materialzusammenstellung, aus der hervorgeht, daß Polen gestern fest entschlossen war, die ihm bekannten Forderungen Deutschlands nicht zu erfüllen. Ernsthafte Polemik und Kommentierungen dringend erwünscht. Kommentar zur Führerrede: Der Führer hat dem Volk aus dem Herzen gesprochen. Feststellen, daß das deutsche Volk entschlossen ist, die Bedrohung gemeinsam abzuwehren, woher sie auch immer kommen möge.»

Justiz

«Wenn ich nur wüßte, was in diesem Fall dem deutschen Volke nützt.»

Aus: Kurt Halbritter, ‹*Adolf Hitlers Mein Kampf*›

Politisch ungeeignet

Ein linker Jurist schlägt sich durch

Nach dem Staatsstreich vom 20. Juli 1932 in Preußen, als Reichskanzler von Papen die Regierung des Ministerpräsidenten Otto Braun (SPD) für abgesetzt erklärte, war die Machtübernahme durch die Nazis für den damals 26jährigen Juristen Wolfgang Abendroth, nach dem Krieg lange Jahre Professor für Politikwissenschaft in Marburg, nur noch eine Frage der Zeit: «Individuell hatte ich die Hoffnung, vorher noch das Assessorenexamen machen zu können. Aber kurz vorher triumphierte der Faschismus. Hans Mayer war damals fast genauso weit wie ich. Er war in Köln, ich am Oberlandesgericht in Frankfurt. Das Assessorenexamen mußte in Berlin im preußischen Justizministerium abgelegt werden. Hans Mayer ‹rutschte› als Jude gerade noch durch. Ich habe ihn beneidet. Solche widersprüchlichen Situationen gab es.» [1]

Abendroth war wegen seiner Aktivitäten in der KPD nur politisch, nicht aber «rassisch suspekt». Er wurde sofort, noch vor der Verabschiedung des «Gesetzes zur Wiederherstellung des Berufsbeamtentums» vom 7. April 1933 [2] vom Dienst suspendiert:

«Zunächst wurde mir vom Oberlandesgerichtspräsidenten, der das Hausrecht hatte, das Betreten des Oberlandesgerichts verboten. Ich habe mich nur begrenzt daran gehalten, nämlich nur als Referendar am Oberlandesgericht, nicht aber als amtlich bestellter Vertreter einer Rechtsanwältin, der ich gleichzeitig war, denn darauf bezog sich das Verbot nicht. Ich trat also weiter in Verfahren auf. Diese meine nebenberufliche Tätigkeit endete am 1. April, als die SA das Gericht besetzte und mich festnahm. Nach der Verkündung des Gesetzes zur Wiederherstellung des Berufsbeamtentums wurde mir sofort meine Entlassung aus dem juristischen Vorbereitungsdienst zugestellt, unmittelbar vor dem Assessorenexamen. Ebenso erging es mir mit meiner fast fertigen Dissertation bei Hugo Sinzheimer. Das Promotionsverfahren konnte nicht fortgeführt werden. Das war vorläufig das Ende meiner juristischen Tätigkeit.» [3]

Verhaftung im Gerichtsgebäude

Die Verhaftung Abendroths am 1. April 1933 war reiner Zufall: «... ich befand mich im Gerichtsgebäude, als die SA es besetzte, um jüdische Rechtsanwälte zu schikanieren. Ich war im Gericht als Linker bekannt. Es kam dann auch zu einer Hausdurchsuchung. Meine Eltern wußten natürlich längst Bescheid, daß ich wieder einmal verhaftet war, und hatten dafür gesorgt, daß bei der Hausdurchsuchung nichts gefunden werden konnte. Im Gericht sprach es sich herum, daß Sinzheimer und ich – unabhängig voneinander – verhaftet worden waren. Also rief irgendein Kollege in einer Nachbarwohnung an, um meine Eltern zu benachrichtigen; wir hatten nämlich kein Telefon. Daraufhin ‹säuberte› die ganze Familie die Wohnung. Die Polizei durchsuchte das Haus und fand nichts. Nach zwei Tagen wurde ich wieder aus der Haft entlassen. Ich wurde damals weder verhört, noch hat man mir sonst etwas angetan. Schlimmer war, daß ich aus dem Beruf, d. h. aus dem juristischen Referendardienst, entlassen wurde.»

Zunächst lebte Wolfgang Abendroth von dem Geld, das ihm sein Vater zusteckte; der zwar ein Vierteljahr später ebenfalls aus dem Staatsdienst entlassen wurde, aber eine Pension erhielt, von der man leben konnte.

Um sich die Chance auf eine berufliche Tätigkeit als Jurist zu erhalten, wollte Abendroth promovieren. Seine alte Doktorarbeit über das Betriebsrätegesetz, die er 1933 fast abgeschlossen hatte, war auf Grund der politischen Verhältnisse Makulatur geworden. Eine Promotion bei Professor Sinzheimer war ohnehin ausgeschlossen. Abendroth entschloß sich, in die Schweiz zu gehen, um dort ein neues Thema anzufangen:

«Ich hatte mich immer für Völkerrecht interessiert, im Referendarexamen z. B. verwickelte ich den Frankfurter Völkerrechtler Strupp in eine heftige Diskussion. In Basel saß Professor Arthur Baumgarten, den ich sehr schätzte, ein wirklich demokratischer Jurist, Rechtsphilosoph und Strafrechtler. Er stammte aus der Baseler Oberschicht. Ich kannte ihn von Frankfurt her. Damals war er noch nicht Marxist, näherte sich aber marxistischen Methoden. Daher kannten ihn in dieser Zeit auch alle linken Juristen in Frankfurt. Man konnte mit ihm sachlich diskutieren. Ihn interessierten zum Beispiel Probleme der praktischen Verteidigung demokratischer Rechtsnormen. Er verließ 1933 sofort die Universität Frankfurt. Im November 1934 traf ich ihn in Basel wieder. Er wies mich darauf hin, daß man sich als Reichsdeutscher nicht mehr an der Baseler Universität einschreiben könne, und empfahl mir, nach Bern zu gehen, weil es dort noch keine Immatrikulationssperre gäbe. In Basel hätte ich in einem halben Jahr promovieren können, in Bern mußte ich zwei Semester immatrikuliert gewesen sein, ehe man mich zur Promotion zuließ.

Doktorarbeit in der Schweiz

Das war eine bittere Pille. Ich fuhr also nach Bern und immatrikulierte mich dort. Um in Bern als Ausländer promovieren zu können, mußte man in der mündlichen Prüfung ein dem Advokaturexamen adäquates Rigorosum ablegen. Dazu arbeitete ich mich nun in das schweizerische Obligationenrecht ein, was eine schwere zusätzliche Arbeitsbelastung bedeutete. Ich machte schließlich zwei Scheine im Obligationenrecht und eine große Arbeit, eine Digestenexegese. Ich saß tagelang von morgens 9 bis abends 10 Uhr in den Bibliotheken, ... drei Stunden für die Scheine und während der restlichen Stunden für die Dissertation.

Meine berufliche Perspektive war, nicht in Frankfurt, sondern anderswo im Reich in der Wirtschaft eine legale Betätigung als promovierter Jurist zu finden. Ich war der Meinung, daß ich, um dieses Ziel zu erreichen, ein gutes Examen machen mußte. Schließlich promovierte ich bei Walther Burckhardt in Bern über die völkerrechtliche Stellung der B- und C-Mandate ... zu meiner Freude erhielt ich die Note ‹summa cum laude›.»

Auf Dauer war die Emigration nicht nach Abendroths Geschmack. Vor allem aber: Wovon hätte er leben sollen? Er hatte die Hoffnung nicht aufgegeben, irgendwo im Reich als Jurist unterzukommen:

«Denn der wirtschaftliche Aufschwung in Deutschland war jetzt unverkennbar; er wurde durch die Rüstungskonjunktur angekurbelt. Ich wollte von irgendeiner Stelle aus meine politische Arbeit im Reich fortführen, denn ich war der festen Überzeugung, daß die wirklichen Entscheidungen nicht in der Emigration fallen würden. Viele rieten mir, Russisch zu lernen und in den Auswärtigen Dienst einzutreten oder mich in der Schweiz zu habilitieren und von meinem Onkel, der dort lebte, Geld zu nehmen oder nach Holland zu gehen, um dort in einer Bibliothek oder im Institut für Sozialgeschichte zu arbeiten. Alle diese Ratschläge halfen mir nicht; sie widersprachen meiner Auffassung von den Aufgaben, die ich als Funktionär der Arbeiterbewegung hatte.»

Auf Stellungssuche im Reich

Im Februar 1935 machte Abendroth sein Examen als Dr. jur., im März kehrte er nach Deutschland zurück, um sich nach einer Stelle umzusehen: «... Meine Vorstellungen über die Chancen, die ich hatte, erwiesen sich allerdings sehr bald als falsch. Im Annonceteil verschiedener Zeitungen wurden zwar von Exporthandelsfirmen immer wieder Juristen gesucht, die über Kenntnisse des Internationalen Rechts verfügen sollten. Und also schrieb ich auf jede solche Annonce. Das, was darauf folgte, spielte sich immer in gleicher Weise ab: Ich wurde wegen der guten Examina zur Vorstellung eingeladen. Dann fragte man mich regelmäßig zuerst nach meinem Assessorexamen, das ich ja nicht hatte ablegen können. Am Ende dieser kurzen Gespräche stand stets die Bemerkung, daß ich zwar ein qualifizierter Mann, meine Anstellung aber nicht möglich sei. Die Konjunktur, so wurde mir gesagt, würde sicherlich weitergehen, und es käme wohl eine Zeit, da man froh sein würde, mich im Hause zu haben. Vorerst sei das aber nicht möglich. Das wiederholte sich, ob im Büro des I.G. Farben-Konzerns – daß ich mich dort beworben hatte, stellte sich erst später heraus, denn diese Anzeige war anonym aufgegeben worden – oder im Verlag de Gruyter, der einen Lektor für Völkerrecht in der Rechtswissenschaftlichen Abteilung suchte. Ich bin dann schließlich durch die Vermittlung einer sozialdemokratischen Genossin, Elsa Bauer, früher Bankiersfrau und Stadtverordnete in Frankfurt, und des früheren Frankfurter Stadtkämmerers Asch – beide in Amsterdam in der Emigration – Mitte des Jahres 1936 bei einer kleinen Berliner Bank untergekommen. Bis zu meiner Verhaftung im Februar 1937 bin ich des öfteren in Holland gewesen, um Freunde zu besuchen und Informationen zu sammeln. Meinen Reisepaß hatte man mir erstaunlicherweise nicht abgenommen. In dieser Bank fand ich also nur durch Vermittlung aus dem Ausland eine Arbeit.

Ich wohnte bei meiner Schwester in Potsdam und verdiente 150 oder 200 Mark – eine lächerliche Bezahlung, die sich daraus ergibt, daß ich als Volontär beschäftigt war. Der Bankier nutzte meine Lage aus; er kannte meine politische Auffassung. Er wußte natürlich nicht, daß ich in Berlin sofort wieder die konspirative politische Arbeit aufnahm. Ich mußte damals sogar in die Deutsche Arbeitsfront eintreten, um die Stelle bei der Bank zu bekommen. Später, so nahm ich mir vor, wollte ich mir eine andere Stellung besorgen, denn ich hoffte, daß ich nun, wo ich bereits eine Arbeit hatte, nicht mehr nach dem fehlenden 2. Examen gefragt würde. Man hätte mich wohl nicht mehr politisch verdächtigt, sondern angenommen, daß ich kleine kriminelle oder Disziplinar-Delikte begangen hätte – das wäre nicht weiter schlimm gewesen. Aber der Plan schlug fehl, weil die Verhaftung dazwischenkam.»

Guter Rat war billig

Das war am 22. Februar 1937, nachdem die Reichsleitung der KPO, für die Abendroth Material von Berlin nach Köln, Frankfurt oder Offenbach gebracht hatte, aufgeflogen war. Jetzt begann für Abendroth eine üble Zeit in der Prinz-Albrecht-Straße, dem Gefängnis des Reichssicherheitshauptamtes, und danach im Polizeigefängnis am Alexanderplatz in Berlin. Mit vier Jahren Zuchthaus wegen Hochverrats kam Abendroth noch glimpflich davon.

Am 30. Juni 1941 öffneten sich für ihn die Zuchthaustore. Die Gestapo vermittelte ihn an einen Berliner Wirtschaftsprüfer und Steuerberater als juristische Hilfskraft – mit 200 Mark im Monat und ständiger Meldepflicht bei der Gestapo in Potsdam. Abendroth versuchte, von der schlecht bezahlten Arbeit wegzukommen. Inzwischen gab es in Deutschland nur noch wenige Juristen mit Kenntnissen des deutschen und des ausländischen Rechts. So schrieb er wieder auf Annoncen und wurde schließlich bei einer Gesellschaft für Außenhandelsbeziehungen ange-

Politik prägt die Justiz

Eingriffe der Nazis in die Rechtsprechung

1. **Die Schutzhaft** (seit der Verordnung des Reichspräsidenten zum «Schutz von Volk und Staat» vom 28. Februar 1933):
Sie wurde zunächst eingeführt, um ohne gerichtliches Verfahren Kommunisten verhaften zu können. Später wurde sie auf alle politischen Gegner ausgedehnt. Selbst eine Aburteilung und Verbüßung der Strafe schützte nicht vor «Schutzhaft» nach der Entlassung, wenn die Gestapo sie «zur Erreichung des mit der Verordnung erstrebten Zieles» für zweckmäßig hielt. Mit dieser Maßnahme hörte jegliche Rechtssicherheit auf.

2. Die **Sondergerichte** wurden am 21. März 1933 durch Verordnung der Reichsregierung gebildet. Sie sollten diejenigen politischen Straftaten aburteilen, die das «Gesetz zum Schutz für Volk und Staat» im Anschluß an den Reichstagsbrand festlegte. Ab 1940 waren sie auch für Kriegsverbrechen zuständig. Ihr Verfahren war berüchtigt: ohne Voruntersuchung wurde gleich der Prozeß eröffnet; die Urteile wurden sofort rechtskräftig; es gab keine Revision, allerhöchstens den Antrag auf Wiederaufnahme des Verfahrens. Die Urteile fällten ein Vorsitzender und zwei Beisitzer. Alle drei mußten die Befähigung zum Richteramt haben, also vollausgebildete Juristen sein.

3. **Der außerordentliche Einspruch** (seit dem 16. September 1939): Die Oberreichsanwälte konnten beim Reichsgericht oder Volksgerichtshof gegen rechtskräftige Urteile innerhalb eines Jahres Einspruch erheben, wenn «schwerwiegende Bedenken» gegen die «Richtigkeit» der Entscheidung bestanden – ein wirksames Kontrollinstrument: Die Angst der Richter vor solchen Einsprüchen von oben sorgte meist für «brauchbare» Urteile. Der Einspruch fand schon «freiwillig» im Kopf des Richters statt.

4. **Das Abkommen «über die Auslieferung asozialer Strafgefangener an die Geheime Staatspolizei zwecks Vernichtung durch Arbeit»** vom 18. September 1942:
Reichsjustizminister Thierack und der Reichsführer der SS Himmler vereinbarten die Liquidierung nicht nur ordentlich verurteilter «nicht-arischer» Menschen, sondern auch die «Korrektur bei nicht genügenden Justizurteilen durch polizeiliche Sonderbehandlung», d. h. die Einweisung in Konzentrationslager mit dem Ziel der Ermordung.

5. **Die Richterbriefe** (seit dem 1. Oktober 1942): Sie wurden vom Reichsjustizminister «vertraulich» an alle Richter verschickt und sollten die Entscheidungsfindung im nationalsozialistischen Sinne lenken. Ab 1. Oktober 1944 gesellten sich zu ihnen auch die Rechtsanwaltsbriefe.

Sie sollten den Anwälten beibringen, wie man kriegswichtige von unwichtigen Rechtsangelegenheiten zu scheiden und sie dann «in kürzester und rationellster Weise zu erledigen» habe.

stellt. Zunächst machte Abendroth diese Arbeit nebenbei, während er noch an den Wirtschaftsprüfer gebunden war. Später wurde er voll eingestellt und am Ende gut bezahlt. Er war zuständig für internationales Privatrecht und hatte eine Fülle von grotesken Fällen zu lösen. Im Februar 1943 rief der Staat den Juristen: Er wurde zur berüchtigten Strafdivision 999 eingezogen.

«Reform an Haupt und Gliedern»

Die Hamburger Justiz nach der «Machtergreifung»

Nach dem 30. Januar 1933 standen die Nazis vor dem Problem, daß die Gleichschaltung der Justiz nicht zentral von Berlin aus zu lenken war. Dem Reichsjustizministerium unterstanden nämlich nur das Reichsgericht und die Reichsanwaltschaft, es entwarf und kontrollierte die Einhaltung der Reichsgesetze. Die Anwendung der Gesetze in den einzelnen Gerichtsstuben war Sache der sechzehn Landesjustizbehörden. Außerdem lag die gesamte Personalführung in ihren Händen. Grund genug für die Nazis, 1933 gleich für eine neue Besetzung der leitenden Stellen zu sorgen. Dann würde sich schon die «richtige» Personalpolitik und Rechtsauffassung nach unten ausbreiten!

In Hamburg konnten sie auf Dr. Curt Rothenberger zurückgreifen, der schon dem Hamburger Bürgermeister Dr. Petersen, einem Vertreter der liberalen Deutschen Demokratischen Partei, 1931 als «ausgezeichneter» Jurist auffiel. Er schlug ihn zum Richter am Reichsgericht in Leipzig vor. Aber mit seinen 35 Jahren erschien er dem Reichsgerichtspräsidenten zu jung für dieses Amt. Rothenberger empfand die Ablehnung als persön-

«Umgestaltung» der Rechtsordnung

Reichsjustizministerium

(ab 1. April 1935 zuständig
auch für die Gerichte der
«gleichgeschalteten Länder»)

aus der Weimarer Republik übernommene Gerichtsbarkeit

- **ordentliche Gerichte**
  (auf Reichs- und Länderebene)
  - **Zivilgerichte**
  - **Strafgerichte**
  - **Handelsgerichte**
- **Verwaltungsgerichte**

(Zivil-, Straf-, Handels- und Verwaltungsgerichte: mit ihren Instanzen)

- **Militärgerichte**
  (im Kriegsfall)

von den Nazis zusätzlich geschaffene Gerichtsbarkeit

- **Sondergerichte**
  (ab 21.3.1933 zur beschleunigten Aburteilung «politischer» Straftaten; ab 1.9.1939 auch für Kriegsverbrecher)
- **Volksgerichtshof**
  (ab 24.4.1934 zur Aburteilung von Hoch- und Landesverrat in erster und letzter Instanz, keine Rechtsmittel möglich)

liche Zurücksetzung und suchte neue Karriereziele bei der NSDAP. Er stellte sich «der Gauleitung Hamburg zur Mitarbeit und Beratung zur Verfügung». Er wurde NS-Vertreter in einem Untersuchungsausschuß über die Personalpolitik der Hamburger Polizei, aber nicht Parteimitglied. Gauleiter Kaufmann hatte ihm bedeutet, daß er der Partei außerhalb ihrer Reihen nützlicher sein könnte. Und richtig: bis 1933 hatte sich Rothenberger zwar verdient gemacht, war aber nicht wie die Juristen der NS-Bürgerschaftsfraktion als radikaler Nazi öffentlich abgestempelt. Er wurde im März 1933 Justizsenator.

Rothenbergers Personalpolitik war zunächst sehr vorsichtig. Nur Behördenchefs wurden ausgewechselt. Allerdings: Wer nicht freiwillig ging wie der Generalstaatsanwalt, der den neuen Herren nicht paßte, wurde so lange unter Druck gesetzt, bis er schließlich doch um seine Beurlaubung bat. Die Zusammensetzung der Gerichte zu ändern, war ein viel schwierigeres Problem. Richter waren auch damals nicht absetzbar und so einfach versetzbar wie Staatsanwälte. Aber durch «Neuverteilung der Geschäfte» konnten Veränderungen herbeigeführt werden: So war kein jüdischer Richter mehr in Strafprozessen tätig; urteilten mehrere Kollegen, durfte nur einer von ihnen Jude sein.

Die entscheidenden Maßnahmen erfolgten auf der Grundlage von zwei neuen Gesetzen. Durch das «Gesetz zur Wiederherstellung des Berufsbeamtentums» vom 7. April 1933 konnten im Stadtstaat Hamburg 31 Richter und Staatsanwälte auf einen Schlag entlassen werden. Nur 12 «Nichtarier» durften auf Grund der Ausnahmebestimmungen vorläufig bleiben, 1936 waren nur noch fünf von ihnen im Amt.

Aber nicht nur falsche politische Gesinnung oder rassische Abstammung führten zur «Entfernung aus dem Amt». Auch im Alter sahen die Nazis ein Hindernis: Konnten sich diese Herren doch nicht mehr recht an den Geist der neuen Zeit anpassen! Regimefreundliche, jüngere Juristen sollten sie ersetzen. Das Gerichtsverfassungsgesetz vom 3. Mai 1933 legte daher als Pensionsgrenze 65 Jahre fest. Das bedeutete für Hamburg: eine Handvoll «überalterte» Oberlandesgerichtsräte, drei Senatspräsidenten, der Präsident des Oberlandesgerichts, sechs Direktoren beim Landgericht durften sich zur wohlverdienten Ruhe setzen.

Auch die Rechtsanwälte blieben nicht verschont. Das Gesetz zur «Zulassung zur Rechtsanwaltschaft» vom 7. April 1933 übertrug die Prinzipien des Berufsbeamtengesetzes auf diesen bisher freien Beruf. Seine Folge: die Hamburger Anwaltskammer schloß am 10. Mai 1933 44 Rechtsanwälte wegen ihrer jüdischen Abstammung und drei wegen kommunistischer Betätigung aus.

Manchmal allerdings schien das neue Regime den konservativen und standesbewußten Richtern und Staatsanwälten entgegenzukommen. Man konnte zunächst ohne sie nicht auskommen, da weltanschaulich «qualifizierter» Ersatz erst ausgebildet werden mußte. Die vorhandenen

hprüfung» für «nationale» Straftaten

Verfügung des Justizsenators vom 20. März 1933

Hamburg, den 20. März 1933.

Die Staatliche Pressestelle teilt mit:

Der Präses der Landesjustizverwaltung hat folgende Verfügung erlassen:

«Gegen die Verfolgung von Straftaten, die im Kampfe für die nationale Erhebung begangen waren, sowie gegen die Fortsetzung der Vollstreckung von Strafen, die aus Anlaß derartiger Straftaten verhängt worden sind, hat sich in Kreisen der nationalen Bevölkerung begreiflicher Widerstand geltend gemacht. In Würdigung der vaterländischen Beweggründe der Täter und im Interesse der Aufrechterhaltung der öffentlichen Sicherheit und Ordnung ordne ich hiermit eine Nachprüfung dieser Fälle vom Amts wegen an. Ich ersuche, diese Nachprüfung beschleunigt vorzunehmen und in derartigen Fällen die Aufschiebung oder Unterbrechung der Vollstreckung rechtskräftig erkannter Freiheitsstrafen (Ersatzfreiheitsstrafen) durch die Vollstreckungsbehörde zu veranlassen, auch von der Einziehung und Beitreibung rechtskräftig erkannter Geldstrafen und der gerichtlichen Kosten abzusehen. Von dem Veranlaßten ist mir in jedem Fall unter Beifügung der Akte zu berichten und meine endgültige Entscheidung einzuholen.

Ferner ermächtige ich den Herrn Generalstaatsanwalt, dafür Vorsorge zu treffen, daß in schwebenden Strafverfahren der gekennzeichneten Art von nicht dringenden Untersuchungshandlungen abgesehen und auf Aufhebung anberaumter Termine hingewirkt wird. Soweit Haftbefehle erlassen sind, ersuche ich zu prüfen, ob auf Grund der veränderten politischen Verhältnisse anzunehmen ist, daß die gesetzlichen Voraussetzungen für den Fortbestand der Haftbefehle, namentlich Fluchtverdacht, nicht mehr gegeben sind und daher die Verschonung des Beschuldigten mit der Untersuchungshaft oder die Aufhebung der Haftbefehle herbeizuführen ist. Über die auf Grund dieser Ermächtigung getroffenen Maßnahmen ist mir unter Beifügung der Akten zu berichten.

In Sachen von besonderer politischer Bedeutung sowie bei besonders schweren Straftaten ersuche ich, wenn erforderlich fernmündlich, mir zunächst über die beabsichtigten Maßnahmen zu berichten. Die erteilte Ermächtigung erstreckt sich nicht auf Straftaten, die nach dem 15. März 1933 begangen worden sind.»[4]

«zuverlässigen» Männer wurden für entscheidende Aufgaben wie die der Sondergerichte gebraucht, zumal sich herausstellte, daß die Arbeit, den politischen Gegner radikal auszuschalten, gar nicht von einer Kammer allein in Hamburg zu bewältigen war: Im Herbst 1933 mußte das zweite, Anfang 1934 das dritte Sondergericht eingerichtet werden.[5] Um nun mögliche innere Reserven der etablierten Richterschaft abzubauen, wurde im September 1933 ein Vertreter der alten Juristentradition, Dr. Arnold Engel, Präsident des Hanseatischen Oberlandesgerichts. Aber das sah nur gut aus: Der 63jährige hatte bloß noch zwei Jahre Amtszeit vor sich. Dann wurde sein Platz neu besetzt – durch keinen geringeren als den überaus eilfertigen und «bewährten» Dr. Rothenberger, der seinen Senatorensessel verlor, weil die Jusitzhoheit 1935 von den Ländern auf das Reich überging. Nun waren die Gesinnungsfreunde endlich unter sich.

Juristen für die «Volksgemeinschaft»

Ausbildung nach Nazi-Art

Parallel zur personellen und institutionellen Gleichschaltung begannen 1933 die Bemühungen, Studium und Fortbildung der Juristen im Nazi-Sinne neu zu prägen. Zwar hing die Mehrzahl der Richter konservativ-nationalen Vorstellungen an und war deshalb für die Propaganda der Partei nicht unempfänglich. Aber in Juristenkreisen hielt man sich parteipolitisch strikt zurück. Das glaubte man dem unparteiischen Anspruch seines Standes schuldig zu sein.

Neue Männer mußten also her: geschult, die bestehenden Gesetze nationalsozialistisch zu interpretieren und auf konkrete Fälle anzuwenden. Der Richter sollte den rechten Geist in die Gesetze tragen, nicht an deren Paragraphen und Buchstaben kleben. Das hieß praktisch: In jedem Fall war zu prüfen, wie das Urteil die von Partei und Regierung gewünschten Ergebnisse bewirken konnte, ohne Rücksicht auf «formal-juristische» Hindernisse. Das dem NS-Staat Nützliche, nicht die Gerechtigkeit, wurde zum alleinigen Maßstab der Beurteilung.

Träger der Schulung waren das Reichsjustizministerium und höhere Justizbehörden auf staatlicher Seite. Der «Bund Nationalsozialistischer Deutscher Juristen» (BNSDJ), ab 1936 umbenannt in «NS-Rechtswahrerbund» (NSRB) organisierte und schulte die Juristen. Alle Berufsgruppen wurden vom Rechtswahrerbund erfaßt: Richter und Staatsanwälte, Rechtspfleger, Rechtsanwälte, Rechtswahrer der Verwaltung, Wirtschaftsrechtler, Notare und Hochschullehrer.

«Standfester» Richterbund

Der Deutsche Richterbund (DRB), seit 1909 Standesverband der Richter und Staatsanwälte, hatte während der Weimarer Zeit zwei Prinzipien in Ehren gehalten: Die deutsche Justiz muß erstens unabhängig und zweitens unpolitisch sein. Es galt, Recht zu sprechen «zu Nutz und Frommen des deutschen Volkes»; auf den Einklang mit der republikanischen Staatsordnung kam es nicht an. Ihr begegnete man mindestens mit Zurückhaltung, meist stand man ihr ablehnend gegenüber.

1933 bekam der Richterbund endlich die Chance, für eine unabhängige und unpolitische Justiz ohne Wenn und Aber zu kämpfen. Spätestens die Zerschlagung des juristischen Grundsatzes «ohne Gesetz keine Strafe» hätte eine massive Reaktion verlangt, als zum erstenmal ein Gesetz mit dem beschönigenden Titel «zum Schutz von Volk und Staat» vom 28. Februar 1933 mit der Androhung von Todesstrafen rückwirkend auf die angeblichen Reichstagsbrandstifter angewandt werden sollte. Der Richterbund störte sich nicht daran, im Gegenteil, er begrüßte «den Willen der neuen Regierung, der ungeheuren Not und Verelendung des deutschen Volkes ein Ende zu machen ... Deutsches Recht gelte in deutschen Landen! Der deutsche Richter war von jeher national und verantwortungsbewußt. Stets war er von sozialem Empfinden erfüllt, er hat nur nach Gesetz und Gewissen Recht gesprochen. Das muß so bleiben! ... Der Deutsche Richterbund bringt der neuen Regierung volles Vertrauen entgegen.»

Für den Deutschen Richterbund zahlte sich die Anbiederung nicht aus: Die Konkurrenz des «Bundes Nationalsozialistischer Deutscher Juristen» machte dem Traditionsverein schwer zu schaffen. Dem DRB liefen die Mitglieder davon, denn nur beim Nazi-Verein konnte man auf Karriere hoffen. Gerade zwei Monate nach der Ergebenheitsadresse beschloß das Präsidium des Richterbundes am 25. Mai 1933 die Selbstgleichschaltung. Von nun an existierte er als «Deutscher Richterbund im Bund Nationalsozialistischer Deutscher Juristen» – abhängig und parteipolitisch voll auf Kurs.

In Hamburg stellte NS-Justizsenator Rothenberger gleich in seiner ersten Ansprache vor Angehörigen der Gerichte klar: Es müsse «in demselben Maße, wie früher vom Richter völlige Fernhaltung von der Politik, d. h. Parteipolitik, verlangt wurde, jetzt im totalen Staat eine Durchdringung der Richterschaft mit der NS-Weltanschauung und mit der Politik im eigentlichen höheren Sinne gefordert werden».

Schnell leitete er die ersten Maßnahmen zur Schulung der Richter ein. Werner Johe, der über die Situation in Hamburg forschte, berichtet:

«In seinem Auftrag organisierte der Richter Meinhof in Zusammenarbeit mit dem Rassenbiologischen Institut der Universität Kurse im ideologischen Kernfach des Nationalsozialismus: in Rassenkunde. Die ersten Veranstaltungen dieser Art fanden im Sommer 1933 statt. Für eine zweite Reihe, die 1934 durchgeführt werden sollte, lagen Ende Dezember 1933 bereits 58 Anmeldungen vor. Diese Kurse, die speziell auf die Bedürfnisse der Juristen zugeschnitten waren, fanden in Form von Universitätsveranstaltungen statt, zwei Stunden pro Woche, und hatten, da mit keinerlei Eigentätigkeit der Besucher verbunden, nicht das erhoffte Ergebnis. Die Teilnehmer erhielten zwar eine Einführung in die Rassenkunde, aber Rothenberger wollte, ebenso wie Meinhof, mehr erreichen: gründliche Kenntnisse, die die Richter in ihrer Arbeit verwerten konnten.

Um dieses Ziel zu erreichen, schlug Meinhof eine Änderung der bisherigen Praxis vor. An Stelle des unverbindlichen Besuchs der Kurse forderte er in einem Stichwort-Exposé vom März 1934 aktive Teilnahme der Referendare an den Vorlesungen und Seminaren des Rassenbiologischen Instituts. Die rassenkundliche Ausbildung sollte in die Ausbildungsordnung aufgenommen, für die Große Staatsprüfung die Teilnahme an Vorlesungen und Übungen nachgewiesen werden. Eine besondere Prüfung verlangte Meinhof nicht ...

Auf der Grundlage dieses Vorschlags besprach er die Frage der rassenkundlichen Schulung am 10. Oktober 1934 mit dem Direktor des Rassenbiologischen Instituts, Prof. Dr. Walter Scheidt. Sie einigten sich darauf, daß Referendare, Assessoren, Richter und Staatsanwälte in Zukunft an den universitätsinternen Vorlesungen und Übungen des Instituts teilnehmen sollten. Für die Studenten der Rechtswissenschaft wurde Rassenbiologie zum Pflichtfach; sie hatten beim Examen ihre Kenntnisse auf diesem Gebiet durch eine Prüfung nachzuweisen. Die bereits im Staatsdienst befindlichen Juristen konnten als Gasthörer teilnehmen. Der ‹freiwilligen› Beschäftigung seiner Beamten mit dieser Frage half Rothenberger recht deutlich nach. In einem Rundschreiben drückte er seine Erwartung aus, ‹daß Referendare und im Staatsdienst beschäftigte Assessoren von dieser Gelegenheit allgemein Gebrauch machten. Aber auch den Richtern und

Staatsanwälten lege ich die Teilnahme … dringend nahe.› 88 Meldungen zur Teilnahme an den Veranstaltungen des Rassenbiologischen Instituts waren das Ergebnis dieser Aufforderung.

Wenig Interesse für das neue Fach

Die Studenten brachten jedoch dem neuen Fach wenig Interesse entgegen. Über die Ergebnisse in Rassenkunde berichtete Scheidt am 5. September 1935, alle Leistungen seien unzulänglich gewesen. Offenbar würden ‹weder die Studierenden noch die Referendare die ihnen auferlegte Pflicht rassenbiologischer und rassenpolitischer Studien ernst nehmen›. Rothenberger hatte mehr erwartet …

Offenbar war Rothenberger nicht bereit, den wahren Grund, nämlich die Interesselosigkeit der Studenten und Referendare, zu sehen oder einzugestehen. Grundsätzlich werde er an der rassenbiologischen Ausbildung weiter festhalten, da ‹gerade das nationalsozialistische Rechtsdenken nur von rassenbiologischen und rassenpolitischen Gesichtspunkten aus ganz verstanden werden kann›.

Der Mißerfolg hatte seine Ursache vornehmlich in dem Zwang zur Teilnahme. Denn in dem speziell für Richter durchgeführten Seminar hatte Scheidt mehr Erfolg; die Teilnehmer waren tatsächlich daran interessiert, auf diesem Gebiet etwas zu erfahren. Aus der Arbeit der Gruppe, so teilte Scheidt Rothenberger mit, seien wichtige Ergebnisse erwachsen. Die Teilnehmer hätten ‹mit ausgezeichnetem biologischen Verständnis und mit sehr beachtlichen rassenbiologischen Kenntnissen› zur Höhe des Niveaus beigetragen. Das habe die Probleme der ‹Anwendung lebensgesetzlicher Denkweise auf juristische Probleme ganz erheblich geklärt›. Um die Ergebnisse festzuhalten, von denen er sich ‹eine in jeder Hinsicht segensreiche Wirkung›, vor allem auf die Juristen, erhoffte, regte er die Veröffentlichung der besten Arbeiten an.

Rothenberger nahm diese Anregung auf. Sechs Aufsätze wurden unter dem Titel ‹Rassenbiologie und Rechtspflege› im Rahmen der Veröffentlichungsreihe des Rassenbiologischen Instituts von ihm selbst herausgegeben …

Unter den Juristen machte sich eine immer stärkere Abneigung gegen die Schulung auf diesem Gebiet bemerkbar, die weniger aus einer Widerstandshaltung gegen die Materie als vielmehr aus den perfektionistischen Ambitionen Scheidts erwuchs. 1937 sollte der so erfolgreiche Versuch eines Juristenseminars wiederholt werden. 27 Angehörige der Justiz meldeten sich zur Teilnahme, aber nur 6 von ihnen konnte Scheidt als ständige Teilnehmer an der Arbeitsgemeinschaft registrieren. Rothenberger wandte sich daraufhin in gleichlautenden Schreiben an die übrigen 21 Interessenten und bat um Mitteilung der Gründe über ihr Fernbleiben. Er habe, so stellte er fest, ein besonderes Interesse daran, ‹daß die vorhandenen Ausbildungsmöglichkeiten von den Richtern und Staatsanwälten in Anspruch genommen werden›. Die meisten der Befragten führten an, daß ihnen die Voraussetzungen für die Teilnahme an der Arbeitsgemeinschaft bezüglich der Vorkenntnisse zu hoch erschienen seien. Sie wären der Meinung gewesen, daß es sich um eine Einführung in diese Materie handeln sollte, nicht aber um eine Veranstaltung für Fortgeschrittene. Darin pflichtete Rothenberger ihnen bei ...

Damit endete die Schulung in Rassenkunde für ältere Richter ...

Daß die rassenkundliche Schulung nach 1937 nicht mehr in der von Scheidt geforderten Intensität und auch nicht mehr in Zusammenarbeit mit der Universität durchgeführt wurde, hatte aber auch noch andere Gründe. Allmählich traten immer mehr jüngere Kräfte in den Justizdienst ein, die ihr Studium nach 1933 begonnen hatten und sich auf der Universität und in der Referendarausbildung mit diesen Fragen beschäftigt hatten.»[6]

Am Wochenende auf die Schulungsburg

Auch die Veranstaltungen des Juristenbundes brachten nicht den gewünschten Erfolg. Sie liefen eher wie Kameradschaftsabende ab. Ab 1935 kann man von dem Versuch einer systematischen Schulung in Hamburg sprechen.

Man mußte aber auf Grund der schwachen Teilnahme erkennen, daß die Betroffenen wenig Lust hatten, ihre Freizeit für NS-Schulung zu opfern. Also bot man ab 1937 in der «Gauschulungsburg» Barsbüttel konzentrierte Wochenendlehrgänge vom Rechtswahrerbund an. Werner Johe dazu:

«Vorträge über die verschiedensten Themen sollten der Fortbildung der Tagungsteilnehmer dienen. Strafrechtsreform, die Groß-Hamburg-Frage, die Tätigkeit des Treuhänders der Arbeit, Wirtschafts- und Finanzfragen wurden ebenso behandelt wie Probleme nationalsozialistischer Rechtsprechung, Gegenstand und Methode des völkischen Rechtsdenkens und die Geschichte der großen Kolonialreiche. Diese Mischung aus fachlichen, allgemeinbildenden und ideologischen Themen ist charakteristisch für alle weiteren Wochenendlehrgänge. Sie weckte das Interesse zur Teilnahme auch bei solchen Richtern, die einer einseitig politischen Schulung widerstrebten.

Das Schwergewicht der Veranstaltung lag aber auf dem Gemeinschaftserlebnis in militärischen Formen mit ‹Lagerführer› und ‹Zugführern›. Rothenberger kam es nach seinen eigenen Worten in erster Linie darauf an zu prüfen, ‹wie sich der einzelne im mehrtägigen engeren Zusammenleben mit den Kameraden gibt›. Nur in einer solchen Gemeinschaftssituation könne die weltanschauliche Ausrichtung intensiviert werden. Gleichzeitig fördere das Leben in der Gruppe die Auslese der am besten für Führungsaufgaben in der Jusitz Geeigneten; denn die Person mit natürlichen Führungseigenschafte setze sich bei solchen Veranstaltungen von selbst durch. Angesichts des ‹ermutigenden Verlaufs› des ersten Wochenendlagers sei er, Rothenberger, entschlossen, weitere Veranstaltungen dieser Art durchzuführen.»

Andere Gaue, sogar das Justizministerium selber, übernahmen das «Hamburger Modell».

Aber auch andere Möglichkeiten wurden nach Johe genutzt:

«Legten der Juristenbund und das Ministerium das Schwergewicht der Schulungsarbeit auf die mehrtägigen Lehrgänge, so blieben daneben auch andere Möglichkeiten nicht ungenutzt. Bis Ende 1939 gab es in Hamburg eine Vielzahl von Veranstaltungen, die der Schulung der Rechtswahrer dienten. ‹In Versammlungen, Zusammenkünften, Arbeitsgemeinschaften, in Wochenendlagern ..., durch Teilnahme an den Gaubetriebsgemeinschaftslehrgängen Rissen, durch Entsendung auf die Ordensburg Erwitte und zu nationalsozialistischen Tagungen erhielten die Richter jede Gelegenheit, sich mit den geistigen Grundlagen des Nationalsozialismus auseinanderzusetzen ... In unzähligen Reden, Ansprachen, Vorträgen, Besprechungen ... behandelte der Gauführer [Rothenberger] selbst immer wieder diese Fragen ... Die Einrichtung besonderer nationalsozialistischer Büchereien und Urteilssammlungen ergänzte diese Arbeit. Zwar konnten nur wenige Juristen an Veranstaltungen außerhalb Hamburgs teilnehmen, aber sie sollten dann die dort empfangenen Direktiven in regionalen Zusammenkünften an ihre Kollegen weitergeben.

Die vorliegenden Dokumente zeigen in ihrer Gesamtheit, daß die Schulungsarbeit der Partei und des Rechtswahrerbundes etwa seit 1936/37 stark intensiviert wurde. Ganz offenbar glaubten die zuständigen Stellen, nach der organisatorischen Vereinheitlichung der Justiz nun mit einer konsequenten Schulung beginnen zu müssen, um so die Rechtsprechung auf die von ihr – vor allem im Kriege – zu bewältigenden Aufgaben vorzubereiten. Mit Kriegsausbruch wurde die Schulungstätigkeit des NS-Rechtswahrerbundes beträchtlich eingeschränkt, um schließlich ganz hinter der vom Ministerium durchgeführten fachlich begrenzten Unterweisung zurückzutreten. Das lag wesentlich daran, daß zahlreiche Juristen zur Wehrmacht einberufen wurden, so daß wegen der damit verbundenen stärkeren Belastung der in der Heimat verbliebenen Richter und Staatsanwälte für eine intensive Schulung nicht mehr genügend Zeit war. Aber die Fortbildung durch das Ministerium erfuhr wegen der großen Bedeutung der Rechtsprechungspraxis im Kriege nur geringfügige Einschränkungen.»

Die Bücher kosten nur noch
ein Fünftel ihres früheren Preises . . .

… schrieb der Bischof von Aleria 1467 an Papst Paul II. Das war Gutenberg zu verdanken.

Heute, 500 Jahre später, kosten Taschenbücher nur etwa ein Fünftel bis ein Zehntel des Preises, der für gebundene Ausgaben zu zahlen ist. Das ist der Rotationsmaschine zu verdanken und zu einem Teil auch – der Werbung: Der Werbung für das Taschenbuch und der Werbung im Taschenbuch, wie zum Beispiel dieser Anzeige, die Ihre Aufmerksamkeit auf eine vorteilhafte Sparform lenken möchte.

Die Jurastudenten waren meist schon in der Partei oder ihren Gliederungen organisiert und von daher beeinflußbar. «Außerdem blieben sie auch während ihres Studiums nicht von politischer Ausrichtung verschont. In der ersten Staatsprüfung hatte der Kandidat ‹die ernsthafte Beschäftigung mit dem Nationalsozialismus und seinen weltanschaulichen Grundlagen, mit dem Gedanken der Verbindung von Blut und Boden, von Rasse und Volkstum› nachzuweisen. Um die Ergebnisse dieser Arbeit danach weiter zu vertiefen und zugleich eine dauernde Beeinflussung zu ermöglichen, schufen die zuständigen Stellen zwei Einrichtungen, die der spezifisch juristisch-weltanschaulichen Schulung dienten: die Referendar-Arbeitsgemeinschaft und das Referendar-Gemeinschaftslager. ...

Die Teilnahme an der Arbeitsgemeinschaft hatte den Vorrang vor allen anderen Arten des Vorbereitungsdienstes; ihre zeitliche Dauer betrug 18 Monate, also die Hälfte der gesamten Ausbildungszeit. Die Leitung übernahm ein Gemeinschaftsleiter, dessen Aufgabe es war, ‹für die gesamte Erziehung der Referendare zu sorgen, damit diese brauchbare und wertvolle Diener am deutschen Recht werden›. Dafür standen ihm pro Woche ein ganzer Tag und zwei Doppelstunden zur Verfügung. Über die Bewährung in der Arbeitsgemeinschaft erteilte der Leiter am Ende ein Zeugnis, das ‹Wesensart, Charakter, juristische Befähigung, Leistungen, Führereigenschaften usw.› bewertete.

Diese Aufgabenstellung nötigte die Gerichte zu einer scharfen Auswahl der Gemeinschaftsleiter. ... in erster Linie sollten sie ‹überzeugte Nationalsozialisten› sein.»

Die Studenten mußten nicht nur Übungsklausuren schreiben, Aktenvorträge halten und Urteile abfassen, sondern das Schwergewicht lag auf ideologischen Fragen: Rassenlehre, Nürnberger Gesetze, Erbhofrecht, Geschichte, Wirtschaft. Zum Problem wurden nach Johe die «inneren Widerstände» der Referendare, die «offenbar der dauernden Schulung, die sie nun schon durch Hitler-Jugend, Arbeitsdienst, Wehrpflicht und Universität begleitet hatte, ziemlich überdrüssig waren, so daß sie der Fortsetzung solcher Bemühungen ablehnend gegenüberstanden. Da ihnen jedoch keine andere Wahl blieb, fügten sie sich in das Unvermeidliche, erreichten aber schließlich durch ihre Passivität, daß der eigentliche Charakter der Arbeitsgemeinschaften, nämlich die politische Ausrichtung, zugunsten der fachlich-juristischen Ausbildung zurücktrat. ...

Noch stärker aber als die Abneigung gegen die politische Beeinflussung in den Arbeitsgemeinschaften war die Kritik an dem Pflichtaufenthalt im Gemeinschaftslager. Dieses Referendar-Lager sollte verstärkt noch einmal die angehenden Richter und Staatsanwälte der Gemeinschaftserziehung unterwerfen. Das erste Lager dieser Art wurde für die preußischen Referendare im Juli 1933 in Jüterbog eingerichtet. Bald danach erhielt es nach seinem Gründer, dem preußischen Justizminister, den Namen ‹Gemeinschaftslager Hanns Kerrl› ...

Am 19. September 1933 erließ die Landesjustizverwaltung die Anordnung über das ‹Lagerleben der zur zweiten juristischen Prüfung zugelassenen Referendare›. Sie bestimmte, daß jeder ‹arische männliche Referendar ... etwa 8 Wochen in einem Lager in Gemeinschaft mit anderen Referendaren und Arbeitsdienstfreiwilligen zu verbringen› habe. Die Lagerausbildung sollte zwischen Abgabe der schriftlichen Arbeiten und der mündlichen Prüfung liegen. Über jeden Teilnehmer hatte der Lagerleiter, der zugleich Mitglied der Prüfungskommission war, ein Zeugnis einzureichen. Die Lagerzeit selbst war Teil der großen Staatsprüfung.»

30 bis 40 Referendare mußten mit ebenso vielen Arbeitsdienstfreiwilligen das Lager Lütjensee teilen, um so die «wahre Volksgemeinschaft» zu erleben. Standesdenken sollte erst gar nicht aufkommen: Referendare und Freiwillige mußten die gleiche Arbeit tun. Ab 1. April 1935 schulte das Reichsjustizministerium alle deutschen Referendare zentral in Jüterbog bei Berlin. Hier stand Wehrertüchtigung im Vordergrund, die auch das Gemeinschaftsleben fördern sollte. «Lagerziel» war das SA-Sportabzeichen. Nach Kritik von verschiedenen Seiten ordnete das Ministerium ab 1937 einen achtwöchigen Lageraufenthalt mit stärkerer «geistiger» Schulung an. Daß es damit auch nicht weit her war, bezeugt der Brief eines Lagerteilnehmers an seinen Gemeinschaftsleiter:

«Faktisch sind wir ganz lächerliche Kulis ... Dazu hat man oft den Eindruck, als ob die Lehrkräfte einfach eine ziemlich kritiklos übernommene Ansicht vertreten, ohne selbst gedacht zu haben ... Wenn auch in den Kreisen, die zu geistiger Arbeit berufen sind, der Mut zum eigenen Denken versiegt, dann können wir bald einpacken. Dann wird auch der Nationalsozialismus eines Tages daran scheitern, daß er vor lauter Dogmatik den Anschluß an das Leben ... verpassen wird.»

Mit Beginn des Krieges erübrigte sich alle Kritik: Die Gemeinschaftslager wurden geschlossen.

In Distanz zum Regime

Rechtsanwälte in Berlin

In den ersten Apriltagen des Jahres 1933 entschied sich das Schicksal der meisten jüdischen Juristen in Deutschland. Am 1. April, dem Tag des «Judenboykotts», untersagte der Reichskommissar für die preußische Justiz allen jüdischen Notaren in Preußen jede künftige Amtstätigkeit, und drei

Tage später erhielten auch die jüdischen Rechtsanwälte Vertretungsverbot. Das Gesetz zur Wiederherstellung des Berufsbeamtentums vom 7. April schließlich machte den jüdischen Juristen im Staatsdienst den Garaus: Von den 717 «nichtarischen» Richtern und Staatsanwälten verloren 381 (53 %) ihre Stellung, die restlichen 336 Beamten hatten auf Grund der Klausel, die Weltkriegsteilnehmer von der Zwangspensionierung ausnahm, eine Schonfrist bis zum 15. September 1935. Dann fegten die «Nürnberger Gesetze» alle Sonderregelungen vom Tisch.

Wie sah es Mitte der dreißiger Jahre im Bereich der Berliner Justiz aus? Rechtsanwalt Dietrich Güstrow erinnert sich:

«Nach dem zwangsweisen Ausscheiden der sehr zahlreichen jüdischen Berliner Anwälte, von denen nur wenige als ‹Rechtskonsulenten› für ihre jüdischen Mitbürger noch einige Jahre wirken durften, verblieben 1935 zweitausend Rechtsanwälte und Notare in der Reichshauptstadt, die bei Kriegsbeginn über vier Millionen Einwohner zählte.

Mit der Entfernung der etwa sechshundert jüdischen Kollegen war eine geistige Elite aus dem Anwaltsstand ausgeschieden. In Berlin war ein sehr großer Teil der Rechtsanwälte nicht vorwiegend ‹forensisch›, das heißt als Prozeßvertreter, sondern am zentralen Sitz der großen Banken, fast aller Reichsverbände der Wirtschaft und großen Organisationen als sogenannte Syndici und Verbandsjuristen tätig. Sie waren zwar als Rechtsanwälte und Notare zugelassen, traten jedoch bei den Gerichten – Berlin hatte bis 1938 drei Landgerichte, zwölf Amtsgerichte und das Kammergericht als Oberlandesgericht für Berlin und die Provinz Brandenburg, dazu das Kriminalgericht in Moabit – selten in Erscheinung. Hinzu kamen auch noch die Arbeitsgerichte und die Verwaltungsgerichte mit dem Preußischen Oberverwaltungsgericht als oberstem Gerichtshof.»[7]

Auftragsboom für «Alte Kämpfer»

Den Kreis wirklich überzeugter Nazis unter den Verteidigern hält Güstrow für «verhältnismäßig klein, auch wenn sich nach 1933 viele Anwälte aus Opportunismus, Bequemlichkeit, Existenzsorge oder Karrierelust das Parteibuch besorgt hatten oder in Parteigliederungen eingetreten waren. Man kannte sie im allgemeinen; auch im Anwaltszimmer bildeten sie immer eine Gruppe für sich, redeten politische Phrasen, ließen den *Völkischen Beobachter* aus der Jackentasche ragen und hatten den berüchtigten ‹Bonbon› im Knopfloch des Rockaufschlages, einige sogar das mit einem Goldrand verzierte Parteiabzeichen der ‹Alten Kämpfer›, die schon vor 1933 in die Partei gegangen waren und eine niedrige Mitgliedsnummer besaßen. Diese Herren kannte man namentlich, es waren ihrer nicht mehr als sechs. Ihre Kanzleien wuchsen nach 1933 sprunghaft an

Aufträgen und Mitarbeitern. Aber ihr Selbstgefühl wurde durch einen distanzierenden Dunstkreis der Vorsicht und des kühlen Abstands beeinträchtigt, der ihnen von allen Kollegen entgegengebracht wurde.

Heiß, lauwarm oder kalt

Kam ein neuer oder selten gesehener Kollege in diesen großen Kreis der ständigen Prozeßanwälte ins Anwaltszimmer, das in Wirklichkeit aus drei Sälen und einem Frühstücksraum bestand, so wurde er zunächst einmal von den unermüdlichen Anwaltsdienern in unauffällige Gespräche verwickelt, in die alsbald Witze eingeflochten wurden. Vermittels solcher Witze, die vorsichtig andeutende, aber auch stark politische Akzente haben konnten, wurde der Neuling vorsichtig abgetastet. Je nach seiner Reaktion erfuhren wir von diesen im echten Wortsinne ‹gewitzten› Anwaltsdienern ihr Urteil; was sie an Bewertung vertraulich weitergaben, war anerkannt und maßgebend. Man wußte sogleich, ob es sich bei dem Neuen um einen ‹Heißen›, ‹Lauwarmen› oder ‹Kalten› handelte, wie Signale wurden die Warnungen oder Beruhigungen weitergegeben.

Dies war so schon lange vor Kriegsbeginn. Nach 1939 wurde alles viel kritischer und schwieriger. Sehr viele jüngere Anwälte wurden zum Kriegsdienst eingezogen, und viele alte, bisher selten wahrgenommene Kollegen traten an ihre Stelle. Auch in der Zeit sich verstärkenden Drukkes und wachsender Gefährlichkeit ist mir kein Fall bekanntgeworden, daß von seiten der ‹Heißen›, die in der zweiten Hälfte des Krieges ab 1943 ja viel stiller wurden, gegen die ‹Lauwarmen› oder ‹Kalten› Provokationen oder Denunziationen vorgekommen sind, was man von anderen Berufssparten nach meinen Erfahrungen nicht sagen kann.

Probleme mit dem «gesunden Volksempfinden»

Die Distanzierung von den offenen Anhängern des Regimes, wie sie in der Berliner Anwaltschaft vorherrschte, hatte aber wohl auch den Grund, daß die 1933 schon vorhandene und bis 1939 noch nachwachsende Anwaltsgeneration eine wissenschaftliche Schule und praktische Ausbildung hinter sich hatte, die sie durch ihre demokratische und sittliche Prägung davor bewahrte, zum Verräter an jener Sache zu werden, der zu dienen sie sich berufen fühlte: nämlich für Recht und Gerechtigkeit jederzeit einzutreten, das hieß, dem Recht des einzelnen gegen andere – private oder öffentliche – Ansprüche Geltung zu verschaffen. Mit den Sprüchen und Parolen der Nazi-Propaganda, mit Führerbefehlen, mit dem gesunden Volksempfinden und dem neuen ‹Recht, das dem Volk nützt›, wußten die wenigsten Rechtsanwälte etwas anzufangen. In der Anwendung solcher neuen Rechtsbegriffe ließen die Anwälte den beamteten Richtern und Staatsanwälten gern den Vortritt – die ‹mußten› ja wohl, die Anwälte noch lange nicht. Wer sich unter diesen durch lange Übung und Erfahrung geschulten Anwälten in einer Weltstadt wie Berlin im schriftsätzlichen oder mündlichen Verkehr als Nazi offenbarte, der wurde von der Mehrzahl seiner Kollegen mißtrauisch betrachtet und war schnell isoliert.

Gerettet, was zu retten war

Gewiß haben Furcht vor Terror, Angst vor Existenzverlust offene Opposition verhindert. Zum Widerstand und zum Putsch gehören aber Organisation und Machtinstrumente. Die hatte damals nur die Wehrmacht, die Juristen nicht. Auch waren von ihnen die wenigsten zu Märtyrern geboren. Aber eines darf festgehalten werden: Je deutlicher wurde, daß die Gewaltherrschaft sich brutal über das allgemeine Sittengesetz hinwegsetzte und immer offener dazu überging, die Justiz als ein politisches Werkzeug zur Domestizierung des Volkes zu mißbrauchen, um so entschlossener wurden zahlreiche Anwälte, sich der Willkür – in Einzelfällen sogar mit ungesetzlichen Mitteln – zu widersetzen, um zu retten, was irgend zu retten war. Für politische Täter, soweit sie nicht sofort durch die Gestapo in die Konzentrationslager verschleppt worden waren, galt das in besonderem Maße. Aber selbst den Lager-Häftlingen konnte manchmal geholfen werden.

Solches Arbeiten vollzog sich im dunkeln und halbdunkeln, im Zwiegespräch, oft in stummer Übereinstimmung. Das Verschwiegene, Halblaute, Ungesagte bestimmte das Tun, wenn es von Nutzen sein sollte. An diesem Netz wirkten nicht nur Gegner des Regimes mit, manchmal auch gerade Personen, die es sich kraft ihres Parteiabzeichens oder auf Grund guter Beziehungen nach oben leisten konnten, Unrecht noch Unrecht zu nennen; das darf der Gerechtigkeit wegen nicht vergessen werden. Und jeder, der den Mut dazu hatte, mußte ihn auch haben, denn man lebte gefährlich. In diesen Tagen und Nächten des Bombenkriegs, in denen Berlin mehr als fünfzigtausend Ziviltote beklagte und siebzig Prozent seines Gebäudebestandes zerstört wurden, durchlebte man die Gefahren und auch Schrecken des Verteidigerberufes. Der tägliche Umgang brachte uns oft mit zweifelhaften Gestalten in Büros, in Zuchthaus-Zellen und in Verhandlungssälen zusammen, eine Heerschar von Mandanten, Zeugen, Richtern, Kollegen, Angeklagten, Denunzianten und Wärtern, wo jedes falsche Wort den Anwalt zum Häftling machen konnte.

Täuschungen als Handwerkszeug

Verteidiger mußten gute Psychologen sein und durften sich nicht scheuen, auch illegale Mittel anzuwenden, Urkundenfälschungen und Bestechungen. Daß in einem Unrechtsstaat Unwahrheiten, Lügen und Täuschungen zum rettenden Handwerkszeug werden können, das waren Erfahrungen, die auch wir erst machen mußten. Es gehörte auch die Erniedrigung dazu, mit einflußreichen Gewalthabern gute Beziehungen zu unterhalten und zweifelhafte Verbindungen zu pflegen. Das war mitunter demütigender als jene Bestechungen, Nötigungen und Erpressungen, die oft die letzte Chance für Todeskandidaten waren.

Die Bosheit war oft dumm und ihr Apparat schwerfällig. Das erleichterte die Gegenarbeit. In manchen Positionen der Macht saßen aber auch intelligente Gegenspieler, mit denen die Klingen nur mit größter Vorsicht gekreuzt werden konnten. Ich denke vor allem an die Spitzen im Reichssicherheitshauptamt, im Reichskriminalamt und im Reichsjustizministerium. Sie zu überspielen waren Kunststücke, die nur selten gelangen. War es einmal der Fall, ließ es sich nicht wiederholen.»

Fristlos entlassen

Der Reichsarbeitsgerichtshof entscheidet

Unter dem Aktenzeichen RAG 109/39 vom 23. Januar 1940 wurde dem leitenden Angestellten R. klargemacht, daß seine Klage gegen die fristlose Kündigung durch seine Firma völlig haltlos sei. Schließlich habe er zwei kapitale Fehler begangen, die jeder für sich nach den bestehenden Prinzipien und aktuellen Bestimmungen schon ausreichend für eine Kündigung seien.

Was lag vor? Zunächst verteidigte die beklagte Firma ihre Entscheidung damit, dem Angestellten R. fehle es am Verständnis für den Nationalsozialismus. Das Reichsarbeitsgericht zeigte volles Verständnis für die Untragbarkeit einer solchen Person, gerade in einem «klar nationalsozialistisch ausgerichteten Unternehmen». Es führte aus:

«Ein leitender Angestellter insbesondere, wie der Kläger, hat in dienstlicher und außerdienstlicher Hinsicht eine für die ihm unterstellten Dienstverpflichteten vorbildliche Haltung zu zeigen. Gute fachliche Arbeit allein genügt zumal in dem heutigen, vom Nationalsozialismus beherrschten Deutschland nicht. Erforderlich ist auch die richtige Einstellung zur nationalsozialistischen Idee und jedenfalls, wo es einem etwa im

Lebensalter fortgeschrittenen Angestellten Schwierigkeiten bereitet, sie zu gewinnen, das ernste Bemühungen danach, das auch in seinem dienstlichen und außerdienstlichen Verhalten zum Ausdruck kommen muß.»[8]

Beweis für die nationale Unzuverlässigkeit: Der Angestellte lehnte es zweimal ab, für die Nationalsozialistische Volkswohlfahrt (NSV) zu werben, weil er «in unangebrachter Empfindlichkeit» über die Ablehnung seiner Aufnahme in die Partei grollte, anstatt zu begreifen, daß die Arbeit für die NSV eine «Bewährung» vor der Parteiaufnahme sein sollte. Wer die Idee der Volksgemeinschaft, die die NSV in besonderem Maße verkörpere, nicht vertreten mochte, zeige ja deutlich, wo er stehe.

Dazu passe auch der eigentliche Kündigungsgrund: die «Duldung des Einkaufs seiner Ehefrau in dem jüdischen Kaufhause». Diese Duldung eines Ehemannes gegenüber seiner Ehefrau habe laut Reichsgesetzblatt schon 1935 bei einem städtischen Angestellten zur Kündigung geführt. Nun, 1940, müsse auch ein privatwirtschaftlicher Angestellter damit rechnen, zumal R. schon 1937 von seinen Kollegen wegen dieses Verhaltens «wohlmeinend gewarnt» worden war.

Die Argumentation der Juristen: «Das mußte für den Kläger Grund genug sein, die weiteren Einkäufe seiner Ehefrau dort unter allen Umständen zu unterbinden. Statt dessen hat er diese Einkäufe noch bis in die Mitte des Jahres 1938 geduldet, also bis in eine Zeit, in der die Frontstellung der Partei gegen das Judentum auch im Wirtschaftsleben des deutschen Volkes immer schärfer geworden war ... Die Tatsache des Bekanntwerdens der Einkäufe und deren Duldung durch den Kläger noch in jener Zeit mußte, zumal im Zusammenhang mit den erwähnten Umständen, die Stellung des Klägers in dem Betrieb der Beklagten erschüttern. Dabei vertritt das BG mit Recht die Auffassung, daß der Kläger im Verhältnis zu der Beklagten jene Handlungsweise seiner Ehefrau zu vertreten hat und daß es seine Aufgabe gewesen wäre, das geeignete Mittel zu wählen, diese weiteren Einkäufe zu unterbinden. Die Tatsache dieses Weitereinkaufs in dem jüdischen Geschäft noch bis Mitte des Jahres 1938, die durch die Bekanntgabe der Kundenliste des Geschäfts durch die Geheime Staatspolizei im Juni 1938 der Beklagten bekannt wurde, und das Wissen des Klägers um diese Einkäufe, wovon die Beklagte durch sein Eingeständnis vom 12. August 1938 erfuhr, schaffen für die Beklagte einen neuen, selbständigen Kündigungsgrund.»

Da die Entscheidungen des Reichsarbeitsgerichtshofes die höchstrichterlichen dieses Instanzenweges waren, wurde damit die Entlassung rechtskräftig.

Todesstrafe für den Hühnerdieb

Sondergericht urteilt im Eiltempo

Ende September 1939 erschien im Büro des Berliner Rechtsanwaltes Dietrich Güstrow eine blasse junge Frau einfacher Herkunft, um ihn zu bitten, er möge die Verteidigung ihres Mannes übernehmen, der wenige Tage zuvor verhaftet und ins Untersuchungsgefängnis Moabit eingeliefert worden sei.

Der Mann war Alfred Dockhorn. Er war 29 Jahre alt, seit 1935 verheiratet, hatte zwei Kinder und arbeitete für 32 RM in der Woche als Schneidergeselle in einem Konfektionsladen am Alexanderplatz. Seine Frau war Fabrikarbeiterin, die Kinder wurden von der Großmutter betreut.

Güstrow erinnert sich an den Fall: «In seinem Betrieb hatte Dockhorn einen Mann namens Karl Schröder kennengelernt, der mit seinem Kleinwagen ab und zu Transportfahrten für den Betrieb ausführte. Etwa im Juli 1939 erzählte Schröder, daß er in seinem Berliner Vorort einen Onkel habe, der wegen der Beschaffungsschwierigkeiten für Futtermittel nach und nach seine Hühnerfarm aufgeben und sich zur Ruhe setzen wolle. Ob Dockhorn nicht in seinem Bekanntenkreise Hühner verkaufen wolle, die er aus den geschilderten Gründen zum Vorzugspreise erhalten könne. Dockhorn war durchaus gewillt, sich einen Nebenverdienst zu verschaffen, und sagte sofort zu, sich um Käufer bemühen zu wollen. Schröder bot ihm je verkauftes Huhn eine Provision von 1,50 RM. Von Ende Juli bis Mitte September verkaufte Dockhorn dann ungefähr vierzig Hühner an verschiedene Verwandte und Bekannte, wofür er insgesamt rund 60 RM Provision verdiente. Dann flog das Geschäft plötzlich auf. Schröder war verhaftet worden, kurz nach ihm auch Dockhorn.

Es stellte sich heraus, daß Schröder wegen Diebstahls mehrfach vorbestraft war. In nächtlichen Einsteigediebstählen hatte er während der letzten Monate Hühner, aber auch Enten und Kaninchen aus Laubenkolonien entwendet und die Tiere meist sogar noch an Ort und Stelle geschlachtet. Die Hühner gab er fast alle an Dockhorn weiter, die Enten und Kaninchen verzehrte er teils selbst, teils weckte er sie ein. Als ich ihn in der Untersuchungshaft besuchte, versicherte Dockhorn mir glaubhaft, daß er den Erzählungen Schröders, der ein gewiefter Ganove von der kleinen Sorte war, geglaubt habe. Dockhorn war ein eher schüchterner Typ, der von alleine nie strafbare Handlungen begangen hätte. Nur die Aussicht auf zusätzlichen Verdienst hatte ihn in die Falle gelockt, der Hühnerdieb hatte ihn mit Biedermanns-Miene geschickt für seine Zwecke eingespannt.»[9]

Die Anklage warf Schröder als Haupttäter fortgesetzten schweren Diebstahl im Rückfall vor. Er müsse als «Volksschädling» verurteilt wer-

Gegen «Sonderlinge» und «Schmarotzer»

Abschreckungsversuch auf hundert Seiten

Regierungsrat Alfred Klütz ging es um «Aufklärung im Großdeutschen Freiheitskampf». Der Leiter der Justizpressestelle Berlin verfaßte zu diesem Zweck eine vom Reichsamt «Deutsches Volksbildungswerk», einer Einrichtung der Organisation «Kraft durch Freude», herausgegebene Schrift. Ihr Titel: «Der Volksschädling am Pranger».

Nach einem markigen Geleitwort des später mit seinem Volksgerichtshof berüchtigten damaligen Justizstaatssekretärs Freisler wurden in dieser Broschüre auf knapp hundert Seiten markante Fälle aus der «Kriegsstrafrechtspflege» vorgestellt, Fälle also, die vor den Sondergerichten und dem Volksgerichtshof verhandelt worden waren. Die Angeklagten waren allesamt «Volksschädlinge», d. h. politische und militärische Staatsfeinde, Berufsverbrecher, «Wirtschaftsparasiten», «Sittenstrolche», «Sonderlinge» und «Schmarotzer».

Nach eineinhalb Kriegsjahren zielte die Klütz-Broschüre auf Abschreckung. Die Todesurteile oder langjährigen Zuchthausstrafen als Quittung für die «Verbrecher» wurden sorgfältig aufgelistet und natürlich kommentiert – als begrüßenswerte Säuberungsaktion zur Gesunderhaltung des deutschen Volkskörpers. – Auf zwei Seiten der Klützschen Schmierschrift wird unter der Überschrift «Todesstrafe für einen Hühnerdieb» die «Strafsache Schröder gegen Dockhorn» geschildert.

den, da er die Taten teilweise unter Ausnutzung der Verdunkelung begangen habe. Dockhorn hatte sich wegen fortgesetzter Hehlerei zu verantworten.

Anfang Oktober 1939 fand vor dem Sondergericht II im Kriminalgericht Moabit die Hauptverhandlung statt. Güstrow:

«Der Zuhörerraum war dicht gefüllt, die Ehefrau des Angeklagten Dockhorn und einige geschädigte Laubenkoloniebesitzer waren als Zeugen geladen, darunter auch derjenige, der Schröder nachts auf frischer Tat gestellt und dingfest gemacht hatte.

Die Angeklagten waren geständig, was den Handlungsablauf anging. Dockhorn bestritt aber entschieden, von der gesetzwidrigen Herkunft der

Hühner gewußt zu haben. Der Angeklagte Schröder belastete ihn jedoch insofern, als er sagte, das hätte sich Dockhorn doch wohl denken können, daß die Hühner ihm nicht zugeflogen wären. Schröder sah sich verloren und wollte nach Ganovenart seinen Mittäter mit hineinziehen; dies ist eine alte Erfahrung der Verteidiger von Straftätern aus diesem Milieu. Dockhorn blieb bei seinen Angaben; seine Ehefrau erklärte weinend als Zeugin, sie habe von den Hühnerverkäufen gar nichts gewußt; sie sei geradezu verwundert gewesen, daß ihr Alfred zweimal ein geschlachtetes Huhn mitgebracht und auf Befragen gesagt habe, sie seien ihm von Bekannten geschenkt worden.

Die Verhandlung ging ziemlich eilig über die Bühne. Der Vorsitzende donnerte die Angeklagten an und schien einigermaßen uninteressiert, wo hier die Wahrheit lag. Der Staatsanwalt beantragte gegen Schröder als Berufsverbrecher und Volksschädling die Todesstrafe, weil er die letzten drei oder vier Hühner nach Kriegsausbruch unter Ausnutzung der Verdunklung gestohlen hatte. Gegen Dockhorn beantragte er wegen fortgesetzter Hehlerei eine Zuchthausstrafe von zehn Jahren und zehn Jahre Ehrverlust.

Den Verteidigern blieb der Atem weg

Uns Verteidigern blieb bei diesen Strafanträgen der Atem weg, von den beiden Angeklagten und dem Publikum ganz zu schweigen. Die Angeklagten wurden kalkweiß, aus dem Zuschauerraum kamen schrille Rufe der Angehörigen. Zum erstenmal erlebte ich, daß auch das Publikum unruhig wurde. Der Vorsitzende gebot Ruhe. Die Verteidiger erhielten das Wort.

Hühnerdiebstahl und Hehlerei an verhältnismäßig geringwertigen Sachen wie hier waren Delikte, für die es bisher höchstenfalls Gefängnisstrafen mäßigen Umfangs gegeben hatte, bei Rückfalltätern in Sonderfällen vielleicht ein bis drei Jahre Zuchthaus; auf Todesstrafe und zehnjähriges Zuchthaus waren die Strafverteidiger bei solchen Lappalien noch nicht eingestellt.

Mein Kollege hatte es schwerer als ich, da es um den Kopf seines Mandanten ging. Er tat es mit aller Überzeugungskraft, deren er fähig war. Man spürte deutlich, daß er es selber nicht fassen konnte, einen Hühnerdieb als ‹Volksschädling› im Sinne des neuen Strafgesetzes charakterisiert zu sehen. Aber allein die Tatsache, daß Schröder einige Hühner noch in den ersten Septembertagen, also nach Einführung der Verdunklungspflicht gestohlen hatte, reichte aus, um die Todesstrafe nach den Buchstaben des Gesetzes zu rechtfertigen. Als ob ein kleiner Ganove begriffen hätte, daß er das Fallbeil riskierte, wenn er nach Kriegsausbruch nachts auf Beute ging!

Die «Volksschädlingsverordnung»

Neues Sonderstrafrecht bei Kriegsbeginn

Der 1. September 1939 war nicht nur – schon schlimm genug – der Tag, an dem Hitler den Zweiten Weltkrieg mit dem Angriff der deutschen Wehrmacht auf Polen begann, sondern auch das Datum, an dem eine Unmenge von Unrechtsverordnungen und Gesetzen aus der prall gefüllten Schublade der NS-Juristen gezogen wurden. Ihr Ziel: Die drastische Verschärfung des bisherigen Strafmaßes und die Einführung neuer Straftatbestände wie das Abhören von «Feindsendern», Verstöße gegen die ebenfalls mit Kriegsbeginn eingeführten Lebensmittelkartenbestimmungen oder wehrkraftzersetzende Äußerungen. Die «Volksschädlingsverordnung» war nichts anderes als ein neues Sonderstrafrecht – ein weiterer Beweis dafür, daß das NS-Regime nicht einmal mehr auf dem Papier den Schein eines Rechtsstaates wahren wollte.

Ich glaubte, es leichter zu haben; in der Tat deutete nichts darauf hin, daß Dockhorn eine Ahnung von der Herkunft der Hühner gehabt hatte. So plädierte ich auf Freispruch mangels Beweises, da dem Angeklagten nicht zu widerlegen sei, daß er von den Diebstählen seines ‹Geschäftspartners› nichts gewußt habe. Die anderslautende Aussage des Mitangeklagten Schröder müsse bei der Bewertung von Dockhorns Glaubwürdigkeit außer Betracht bleiben, da nicht auszuschließen sei, daß Schröders Behauptung der Ganoven-Mentalität entspreche, andere noch mit ins Unglück zu reißen, wenn man selbst als Straftäter überführt sei. Ich pochte auf die bisher straffreie Führung meines Klienten, auf seine ordentlichen Familienverhältnisse und die ihm von seinem Arbeitgeber bescheinigte Zuverlässigkeit und führte all das auch als Umstände an, die – falls das Gericht wider Erwarten zu einer anderen Beweiswürdigung als ich kommen würde – allesamt die Beschränkung der Strafe auf ein Mindestmaß rechtfertigen müßten.»

Nicht lange gefackelt

Das Sondergericht brauchte für seine Urteilsberatung nur ein paar Minuten. Es verurteilte Schröder zum Tode, Dockhorn zu acht Jahren Zuchthaus und fünf Jahren Ehrverlust. Das Urteil war rechtskräftig. Ein Gnadengesuch Schröders blieb erfolglos; bereits Ende Oktober wurde er durch das Fallbeil hingerichtet.

Dockhorn saß bis Mitte 1944 im Zuchthaus. «Zwei in Abständen von zwei oder drei Jahren von mir vorgelegte Gnadengesuche mit dem Ziel vorzeitiger Entlassung unter Bewährung wurden abgelehnt», erinnert sich Rechtsanwalt Güstrow.

«Gegen Ende des aussichtslos gewordenen Krieges waren dann auch die Zuchthäusler noch würdig, für das Vaterland zu kämpfen. Dockhorn wurde zur Front-Bewährung in das ‹Strafbataillon 999› eingezogen. Jener vielleicht noch nicht einmal bewußt erschwindelte Nebenverdienst von 60,– RM ist aller Voraussicht nach mit dem Heldentod für das Vaterland bezahlt worden. Aus den Strafbataillonen der Wehrmacht und Waffen-SS sind kaum Lebende wiedergekehrt. Seine Familie und ich haben von Dockhorn nach dem Kriege nichts mehr gehört.»

Anzeige statt Schweinehandel

Ein Strafsenat interpretiert «Wehrkraftzersetzung»

«Im Namen des Deutschen Volkes!

In der Strafsache gegen den Landwirt Ignatz Kaczmarek aus Halemba II, Halembaerstraße 15, geboren am 31. Juli 1881 zu Hindenburg, verheiratet, Angehöriger der Abteilung 4 der Deutschen Volksliste, polizeilich festgenommen am 19. April 1943, z. Zt. in der Haftanstalt in Beuthen O. S., wegen Vorbereitung zum Hochverrat, Rundfunkverbrechen und Wehrkraftzersetzung hat der 1. Strafsenat des Oberlandesgerichts Kattowitz in Beuthen ... für Recht erkannt: Der Angeklagte wird wegen wehrkraftzersetzender Äußerungen zum Tode verurteilt. Die Ehrenrechte werden ihm auf Lebenszeit aberkannt. Die Kosten des Verfahrens werden dem Angeklagten auferlegt.»[10]

Was war vorgefallen? Der Pole Ignatz Kaczmarek wollte im März 1943 ein Schwein kaufen und traf sich mit dem ihm schon lange bekannten Viehhändler Ratka. In der Annahme, auch in ihm einen überzeugten Landsmann zu finden, erzählte er ihm offen, daß er ausländische Sender abhöre und dadurch felsenfest davon überzeugt sei, daß Polen wiederauferstehen und Deutschland zerschmettert werde. Kaczmarek hatte Ratka falsch eingeschätzt: Dieser informierte den deutschen Ortswachtmeister Zurek und lud ihn zu seinem nächsten Treffen mit Kaczmarek ein. Das Gericht protokollierte später über dieses Treffen:

«Der Zeuge Zurek hat bei geöffneter Tür von einem Nebenraum aus auf kürzester Entfernung die Unterhaltung des Zeugen Ratka mit dem Angeklagten mitgehört, die dieser in polnischer Sprache führte. Der Angeklagte hat sich im Laufe des Gesprächs in ähnlichem Sinne wie am Vortage ausgelassen.

Er hat insbesondere betont, daß er an drei Stellen die Auslandssendungen der Russen und Engländer abhöre, daß die deutschen Zeitungen nicht die Wahrheit schrieben und die Leute diesen Nachrichten auch nicht trauten.»

Der ahnungslose Kaczmarek schilderte dem Denunzianten Ratka die Lage der Deutschen, wie sie die ausländischen Sender im März 1943 einschätzten. Er erzählte, «daß die Deutschen Canterbury vollständig vernichtet und dabei viele Zivilisten ums Leben gebracht hätten; als Revanche hätten die Engländer sodann die Städte Lübeck, Essen, Bremen, Hamburg, Swinemünde, Rostock und Berlin bombardiert. Berlin sei seit drei Wochen ohne Gas und Wasser gewesen. ...»

Als Beweis für den Zusammenbruch der deutschen Moral führte er an, Hitler müsse «sich auf die 10jährigen Hitlerjungen stützen»; wie schlimm es stehe, ersehe man daraus, daß die Frauen und Mädchen zur Arbeit herangezogen würden.

Schließlich versuchte er noch Ratka zu warnen: Sein Sohn bewirtschaftete das Gasthaus in Kreuzdorf und hatte sich bei den Polen unbeliebt gemacht. Kaczmarek stellte ihm seine Hilfe in Aussicht, «wenn es einmal zu etwas komme».

Kaczmarek bestritt die ihm zur Last gelegten Äußerungen nicht. Trotzdem blieb die Urteilsgrundlage dünn: Weder die Vorbereitung zum Hochverrat noch das Rundfunkverbrechen konnten ihm nachgewiesen werden. Was blieb: Wehrkraftzersetzung. Nun lautete der entsprechende Paragraph der Kriegssonderstrafrechtsverordnung von 1938 so:

«Wegen Zersetzung der Wehrkraft wird mit dem Tode bestraft:

Ziff. 1 Wer öffentlich dazu auffordert oder anreizt, die Erfüllung der Dienstpflicht in der deutschen oder einer verbündeten Wehrmacht zu verweigern, oder sonst öffentlich den Willen des deutschen oder verbündeten Volkes zur wehrhaften Selbstbehauptung zu lähmen oder zu zersetzen sucht.

Ziff. 2 In minder schweren Fällen kann auf Zuchthaus oder Gefängnis erkannt werden.»

Kaczmarek hatte doch nur mit dem Viehhändler gesprochen, wo war da die Öffentlichkeit? Trickreich argumentierte der Strafsenat:

«Daß die sonach erwiesenen Äußerungen, mit denen die Niederlage des Reiches, die Ausrottung der Deutschen und die Wiedererstehung eines größeren Polenstaates vorausgesagt, andererseits aber die Stärke der Feindmächte betont und der deutsche Schicksalskampf als Unrecht hingestellt wird, geeignet sind, den Willen des deutschen Volkes zur wehrhaften Selbstbehauptung zu lähmen und zu zersetzen, bedarf keiner weiteren Erörterung. Dies war dem Angeklagten nicht nur bewußt, er hat vielmehr als offenbar überzeugter Pole geradezu die Absicht verfolgt, in einem der völkischen Widerstandskraft abträglichen Sinne zu wirken. Um seinen Worten noch besonderen Nachdruck zu verleihen, hat er sogar behauptet, die Nachrichten aus sicherer Quelle, nämlich aus Meldungen ausländischer Sender abgehört zu haben.

Dem Angeklagten kann mit Sicherheit nur nachgewiesen werden, daß er diese Nachrichten lediglich an den Zeugen Ratka weitergegeben hat. Er hat aber nach der Überzeugung des Senats damit gerechnet, daß der Zeuge die ins einzelne gehenden und aufsehenerregenden Mitteilungen nicht für sich behalten würde. Die Äußerungen sind demnach als öffentlich getan anzusehen. Deshalb war der Angeklagte nach § 5 Abs. 1 Ziffer 1 der Kriegssonderstrafrechtsverordnung zu bestrafen. ...

Die Vorschrift des § 5 Abs. 1 Ziffer 1 der Kriegssonderstrafrechtsverordnung, gegen die sich der Angeklagte vergangen hat, droht in erster Reihe die Todesstrafe an; nur in minder schweren Fällen ist eine Freiheitsstrafe zulässig. Durchgreifende Milderungsgründe hat der Senat bei dem Angeklagten nicht anerkennen können. Zwar ist er, abgesehen von einer kleinen Strafe wegen Körperverletzung, nicht vorbestraft, auch hat er sich – jedenfalls im Ermittlungsverfahren – zu einem Geständnis bequemt, seine Äußerungen zeugen aber derart eindeutig von einem zügellosen Haß gegen alles Deutsche und von einer so fanatischen Einstellung für den zusammengebrochenen polnischen Staat, daß der Angeklagte keine Milde verdient. Auch die von der Verteidigung pflichtgemäß hervorgehobene Tatsache, daß der Angeklagte bereits einige Verwandte im gegenwärtigen Krieg verloren hat, gibt ihm keinen Freibrief. Seine Geschwätzigkeit, die er in einer zweimaligen Unterredung mit dem Zeugen Ratka bewiesen und zu der er sich selbst durch den Hinweis darauf bekannt hat, daß er sich auch anderen Zuhörern gegenüber keine Schranken auferlege, macht ihn zu einem überaus gefährlichen Defätisten, der die Todesstrafe verdient.»

So einfach war ein Mensch an den Galgen zu bringen: ein juristisch nicht belangbares Gespräch unter vier Augen wird zu öffentlichem Handeln erklärt und damit aburteilbar. Übelste Denunziation wurde so durch willkürliche Gesetzesinterpretation honoriert.

«Gesundes Rechtsempfinden»

Der Volksgerichtshof und seine Urteile

Der Volksgerichtshof war die Konsequenz der nationalsozialistischen Auffassung, Rechtsprechung habe sich kompromißlos den politischen Absichten unterzuordnen. Goebbels brachte diesen Grundsatz in einer Ansprache vor den Richtern des Volksgerichtshofs 1942 auf den Punkt: «Es ist nicht vom Gesetz auszugehen, sondern vom Entschluß, der Mann muß weg!»

Anlaß für eine Reform des Gerichtswesens war das Urteil zum Reichstagsbrand, in den Augen der Nazis eine zum Himmel schreiende Fehlentscheidung. Am 27. Februar 1933 wurden der holländische Wandergeselle Marinus van der Lübbe, drei bulgarische Emigranten und der kommunistische Reichstagsabgeordnete Torgler als dringend tatverdächtig verhaftet. Sie waren angeblich kurz vor oder während des Brandes im Reichstagsgebäude gesehen worden. Als es im September zur Hauptverhandlung kam, hatten die Nazis ein Gesetz verabschiedet, nachdem die Todesstrafe für Hochverrat und Brandstiftung auch rückwirkend verhängt werden konnte. Aber nur van der Lübbe wurde danach abgeurteilt und geköpft, die anderen immer noch mangels Beweisen freigesprochen.

Das war zuviel für das «gesunde Volksempfinden»! Am 23. März 1934 beschlossen Hitler, Göring, Reichsinnenminister Frick und Reichsjustizminister Gürtner, den Volksgerichtshof einzurichten. Seine «Urteilsgrundlage» war das Strafrechtsänderungsgesetz vom 24. April 1934. Es bestimmte, daß alle Hochverrats- und Landesverratsdelikte von diesem neugeschaffenen Gericht abzuurteilen waren. Gegen seine Entscheidungen bestand keine Einspruchsmöglichkeit.

Für linientreue Urteile sorgte die Zusammensetzung der Spruchkammern. Von den fünf Richtern eines Prozesses mußten nur der Vorsitzende und ein Beisitzer «ordentliche» Juristen sein. Die drei ehrenamtlichen Beisitzer wurden auf Vorschlag des Reichsjustizministers von Hitler selbst berufen. Damit waren in jeder Verhandlung parteihörige Laien in der Überzahl. Während man 1939 noch mit 95 ehrenamtlichen Richtern auskommen konnte, schnellte die Zahl im Kriegs- und Attentatsjahr 1944 auf 173 hoch. Die «ordentlichen» Richter umfaßten 1939 17, 1944 38 Personen, auch sie sorgsam ausgewählt. Chancen hatte nur einer, der so beurteilt wurde: Der Landgerichtsrat ... «ist ein gerader, aufgeschlossener Mann mit zielbewußter Einstellung, dabei von gebotener Zurückhaltung und gutem Benehmen. Er hat sich in der Kampfzeit bereits in den Gliederungen der Partei betätigt und ist jetzt SA-Führer und Kreisleiter der NSDAP. Sein dienstliches und außerdienstliches Verhalten ist ohne jeden Tadel und seine positive Einstellung zum nationalsozialistischen Staat wird durch diese aktive Mitarbeit dargetan.»

Kaum elf Jahre hat der Volksgerichtshof existiert, aber er prägte die heutigen Vorstellungen von Hitlers Blutjustiz: dies war «sein» Gericht, in dem «seine Richter in roter Robe» willfährig urteilten. Das bis dahin erarbeitete Ansehen der deutschen Justiz wurde durch die Art der Verhandlungsführung des Volksgerichtshofes und die Behandlung der Menschen vor den Gerichtsschranken zerstört.

Der Volksgerichtshof war ein politisches Gericht. Nationalsozialistische Anschauungen ersetzten das Recht. Die Gegner dieser Anschauungen waren zu vernichten. Der Mensch galt hier nichts, weil der Staat alles galt.

Die Bilanz der vom Volksgerichtshof verhängten Strafen zeugt davon, wie sehr die Nazis diese Instanz zur «dauernden Selbstreinigung unseres Volkes» brauchten, wie der berüchtigte Präsident Dr. Roland Freisler das nannte. Kamen 1937 noch auf 619 Angeklagte «nur» 32 Todesstrafen und immerhin noch 52 Freisprüche, im Kriegsjahr 1940 auf 1091 «nur» 53 Todesstrafen und 80 Freisprüche, so explodierten die Zahlen 1942 mit dem Dienstantritt des neuen Präsidenten Freisler: Von 2572 Angeklagten wurden 1192 zum Tode verurteilt.

5200 Menschen wurden vom 1. August 1934 bis zum 30. April 1945 vom Volksgerichtshof zum Tode verurteilt: Das war etwa ein Drittel aller im Nazi-Reich verhängten Todesurteile! Die Opfer waren nicht gefährliche Spione und wiederholt rückfällige Schwerverbrecher, sondern Zeitgenossen, die die Entwicklung kritisch oder sorgenvoll betrachteten und das auch äußerten.

Gefährlicher Stammtisch

NS-Juristen gegen «Meckerer, Hetzer und Ewiggestrige»

Seit 1920 ging der Potsdamer Verlagsbuchhändler Bonneß in schöner Regelmäßigkeit zu seinem Stammtisch im Zivilkasino, einem bis 1918 exklusiven Club für höhere Beamte und Offiziere. Nach dem Ersten Weltkrieg brauchte das Kasino Geld und nahm auch begüterte Geschäftsleute wie Bonneß auf. Hier traf sich, wer dem Glanz der Kaiserzeit nachtrauerte. Die neuen Herren ab 1933 waren daher nicht so recht nach dem Geschmack der stramm nationalen Männer: zu «unzivilisiert» ging es bei ihnen zu.

Sie konnten sich an wahrhaft heroischen Taten erwärmen, wie der von Bonneß 1918: Hatte er doch mit anderen Potsdamer Bürgern die erbeuteten französischen Fahnen aus dem Krieg 1870/71 vor den nun siegreichen Franzosen in Sicherheit gebracht, die sie sich aus der Potsdamer Garnisonskirche zurückholen wollten!

Was 1933 niemand ahnte: Seine Vorliebe für die Monarchie und ihre Stütze, den deutschen Offizier, sollte Bonneß im Dezember 1944 an den Galgen bringen. Denunzianten aus dem Kasino und aus seiner Firma steckten der Gestapo seine «wehrkraftzersetzenden» Äußerungen. Die Akten protokollierten:

«Der Angeklagte soll im Sommer 1943 wiederholt sowohl am Stammtisch im Zivilkasino wie gegenüber Angestellten zersetzende Reden geführt haben, und zwar vor allem in vierfacher Richtung, die auch in der Hauptverhandlung festgestellt sind:

1. Der Führer habe sich mit Churchill, Roosevelt und Stalin dermaßen verhetzt, daß es unmöglich sei, sie gemeinsam an einen Verhandlungstisch für Friedensverhandlungen zu bringen.

2. Die nationalsozialistische Regierung müsse durch eine Gruppe nationaler deutscher Männer, insbesondere deutscher Offiziere, in Gestalt einer Militärdiktatur ersetzt werden.

3. Wenn diese Gruppe ihre Friedensverhandlungen abgeschlossen habe, müsse an ihre Stelle eine Monarchie treten, und zwar müsse Prinz Louis Ferdinand, der II. Sohn des früheren Kronprinzen, der Monarch werden.

4. Mussolini sei absichtlich zurückgetreten, um durch einen anderen einen Sonderfrieden für Italien mit den Feindmächten schließen zu lassen ...»[11]

Ein klassischer Fall für den Volksgerichtshof, denn «Wehrkraftzersetzung» im Krieg galt seit 1938 als «Feindbegünstigung» und deshalb als «Hochverrat». Zwar befand selbst diese Spruchkammer, daß die Redereien «an sich kindisch» seien, konstatierte aber doch, daß sie «hochgefährlich» wirken könnten. Der Beweis:

«Die alten Herren schwiegen meist, einzelne nickten und andere erklärten sogar, das ließe sich theoretisch erörtern. Die Hetzereien waren also geeignet, mindestens bei diesen alten Herren den Willen zum Widerstande gegen die anstürmenden Feindmächte und zur wehrhaften Selbstbehauptung zu lähmen. Solche Äußerungen müssen, um als Wehrkraftzersetzung strafbar zu sein, ‹öffentlich erfolgen. Dazu genügt, wie es der übereinstimmenden Auffassung des Volksgerichtshofes und Reichskriegsgerichts entspricht, der Wille oder auch nur das Bewußtsein des Schwätzers, er wende sich an einen größeren, nicht eng geschlossenen Personenkreis gleichzeitig oder nacheinander. Wie die Verhandlung klar ergeben hat, wechselte die Besetzung des Stammtisches dauernd ...»

Es kam nur die «Normalstrafe» für Wehrkraftzersetzung in Frage: Tod durch Erhängen. Der 1. Senat des Volksgerichtshofs begründete: «Von einem ‹minder schweren› Fall kann bei vorliegender Straftat keine Rede sein. Es handelt sich um einen Geschäftsmann, der persönlich ein Vermögen von etwa 1 Million RM [Reichsmark] und ein jährliches Reineinkommen, nach eigener Angabe erst in den letzten Jahren, von 150000 RM versteuert, der also der herrschenden Regierung für die Gestattung so außerordentlich hoher Gewinnerzielung doch nur dankbar sein könnte. Wenn solcher Betriebsführer sein wirtschaftliches Ansehen dazu mißbraucht, um bei alten Offizieren und Beamten die Vaterlandstreue zu zerstören und um – noch schlimmer – seinen, von ihm abhängigen Angestellten defätistisch zu beeinflussen, muß er als gefährlicher Ansteckungsherd aus dem deutschen Volk ausgemerzt werden.»

Ein Gnadengesuch des Generalfeldmarschalls von Mackensen brachte nichts ein, doch die Härte des Urteils und die Art seiner Begründung fielen selbst im Reichsjustizministerium auf. Ein Wiederaufnahmeverfahren wurde angeordnet, diesmal unter dem Vorsitz des Volksgerichtshofpräsidenten Dr. Freisler – keine gute Voraussetzung für ein «milderes» Urteil. Das erneut gefällte Todesurteil stieß im Ministerium noch immer auf Bedenken. Amtschef Thierack, Freislers Vorgänger, wollte Bonneß' vaterländische Verdienste mehr gewürdigt sehen und strebte deshalb eine Gnadenregelung durch Hitler an. Doch der entschiedene Einspruch des zuständigen Gauleiters und die Auflösung des Zivilkasinos als Ort defätistischer Reden durch den Reichsführer der SS, Himmler, verringerten die Skrupel. Es sollte nun einmal ein Exempel statuiert werden, daß Verdienste und sonstige Honorigkeit nicht vor Strafe schützten. Das zweite Todesurteil erläuterte: «Wer aber derartiges, gar im vierten Kriegsjahr, tut, der hat sich dadurch als Verräter an unserem kämpfenden Volk für immer ehrlos gemacht. Er muß mit dem Tode bestraft werden, ohne daß demgegenüber etwaige Verdienste, die er sich sonst erworben haben mag, ins

Gewicht fallen können. Denn der Verrat läßt keine Kompensation durch Verdienste zu, wie es bei Fehltritten natürlich möglich wäre. Diese Strafe verlangt vor allem die Sicherheit des Reiches; sie verlangt das Soldatentum unserer Fronten draußen, das sicher sein muß, daß in seinem Rücken sich nicht ein 1918 wiederholt. Diese Strafe ist wegen der Seuchenhaftigkeit des Defätismus nötig, und sie ist hier besonders erforderlich, weil Bonneß ein Mann in gehobener Stellung ist, der in besonderem Maße die Pflicht hatte, Vorbild zu sein. Unter dem Schutz des Reiches hat Bonneß viel verdient und ein erhebliches Vermögen erwerben können. Und doch hat er das Reich und unser Volk verraten. Da ist es nur gerecht, daß dies Vermögen eingezogen wird. Dem steht auch nicht Rücksicht auf nahe Angehörige entgegen, die nicht schuldlos unter dem Verrat von Bonneß leiden sollen. Denn Kinder hat Bonneß nicht und seine Frau besitzt nach seiner eigenen Angabe etwa 100000 RM Vermögen.»

Am 4. Dezember 1944 wurde das Urteil vollstreckt.

In der Sache Emmi Zehden[12]

Dokumente eines Todesurteils

J /4

Ersatz - **Vollstreckungsband**

Oberreichsanwalt beim Volksgerichtshof

Strafsache

gegen Zehden geb. Windhorst, Emmi
Botin aus Berlin-Gatow

~~Betrifft:~~

wegen Wehrdienstentziehung

Sachbearbeiter: Stst. v. Wagner.

Strafe ~~verbüßt~~ vollstreckt am 9.6.1944 Bl. 14.

1 J 56/43.

6 H 194/43
1 J 56/43

2

IM NAMEN DES DEUTSCHEN VOLKES

In der Strafsache gegen
die Zeitungsausträgerin Emmi Z e h d e n geborene Windhorst
aus Berlin-Gatow, geboren am 28. März 1900 in Lübbecke,
zur Zeit in dieser Sache in gerichtlicher Untersuchungshaft,

wegen Wehrkraftzersetzung

hat der Volksgerichtshof, 6. Senat, auf Grund der Hauptverhandlung vom 19. November 1943, an welcher teilgenommen haben

als Richter:
Volksgerichtsrat Hartmann, Vorsitzer,
Landgerichtsdirektor Dr. Lorenz,
NSKK-Obergruppenführer Offermann,
Generalleutnant Cabanis,
Oberarbeitsführer Gödel,
als Vertreter des Oberreichsanwalts:
Erster Staatsanwalt Ranke

für Recht erkannt:

Die Angeklagte Zehden hat es in den Jahren 1940 bis 1942 in Berlin als Anhängerin der Vereinigung internationaler Bibelforscher unternommen, drei Wehrpflichtige, die ebenfalls dieser Vereinigung angehörten, durch Gewährung von Unterschlupf und Verpflegung der Erfüllung der Wehrpflicht zu entziehen.

Sie wird deshalb wegen Wehrkraftzersetzung in Verbindung mit landesverräterischer Begünstigung des Feindes zum T o d e und zu lebenslangem Ehrverlust verurteilt.

Die Angeklagte trägt die Kosten des Verfahrens.

- - - - -

Diese Urteilsformel ist wiederhergestellt. Die Urschrift derselben und der Urteilsgründe ist durch Feindeinwirkung vernichtet worden.

gez. Hartmann Dr. Lorenz.

- - - - - -

F[illegible]enstrafgefängnis — Berlin NO 18, den 22. 11. 1943
Barnimstraße 10

17.5643

Rand darf nicht beschrieben werden!

Gnadengesuch

Herrn Oberreichsanwalt
beim Volksgericht

~~Sehr geehrter Herr Präsident!~~

Vom Volksgerichtshof wurde ich am 19. Nov. zum Tode verurteilt. Ich möchte auf diesem Wege um Gnade bitten. Meine Reue ist groß und bin ich mir meiner Tat noch nie so bewußt gewesen. Mein Lebenlang war ich ein fleißiger und ordentlicher Mensch, immer nur Gutes getan. Meinen Eltern, welche durch die Inflation alles verloren hatten, [illegible] meiner Mutter als sie [illegible] ohne Ernährer da stand, habe ich [illegible] unterstützt. Die [illegible] Eltern haben sich [illegible] Lebensabend [illegible] bewußt. [illegible] habe ich meinen [illegible] meiner lieben alten Mutter zu geben. [illegible] Ich bitte höflichst um Herrn Präsidenten die Todesstrafe in eine Zuchthausstrafe umzuwandeln. [illegible] wie sehr ich meine Tat bereue. [illegible] Gelegenheit im öffentlichen Leben wieder alles gut zu machen.

[illegible]

Berlin NO 18
Barnimstr. 10

Abschrift des vorstehenden handschriftlichen Briefes:

Frauenstrafgefängnis | Berlin NO 18, den 22. 11. 1943
Barnimstraße 10

1 J, 5643 **G n a d e n g e s u c h**

Herrn Oberreichsanwalt
beim Volksgericht.

Sehr geehrter Herr Präsident!

Unterzeichnete wurde am 19. Nov. zu Tode verurteilt. Ich möchte auf diesem Wege um Gnade bitten. Meine Reue ist groß und bin ich mir meine Tat doch nie so bewußt gewesen. Mein Leben lang war ich ein fleißiger und ordentlicher Mensch, immer nur Gutes getan.
Meine Eltern, welche durch die Inflation alles verloren hatten, insbesondere meine Mutter als sie mit Horst-Günther ohne Ernährer da stand, habe ich unter Entbehrungen unter stützt. Die leiblichen Eltern haben sich tatsächlich bis zum 9. Lebensjahr nicht um den Jungen bemüht. So habe ich meine Jugendjahre geopfert, um ihm eine liebevolle Mutter zu geben. Es ist mir leider keine Gelegenheit gegeben für all meine Güte Beweiß anzutreten. Auf der anderen Seite durfte ich nicht beweisen wie rücksichtslos die leiblichen Eltern an dem Jungen gehandelt haben. Ich bitte höflichst um Herrn Präsidenten die Todesstrafe in eine Zuchthausstrafe umzuwandeln. Noch einmal möchte ich beweisen, wie sehr ich meine Tat bereue. So geben Sie mir bitte Gelegenheit im öffentlichen Leben wieder alles gut zu machen.

Mit freundlichem
Dank Frau
Emmy Zehden
Berlin NO 18
Barnimstr. 10

Gnadengesuch
Die zum Tode verurteilte Emmy Zehden führt sich gut. Sie arbeitet trotz ihrer Fesselung als Strumpfstopferin. Sie beweist in ihrer Haltung große Selbstdisziplin. Da die Urteilsgründe hier unbekannt sind, vermag ich das Gesuch nicht ausdrücklich zu befürworten.

Gnadengesuch / Ersuchen vom [illegible] 11 1943 — 5

1. Herrn Pfarrer
2. Frau Oberlehrerin — zur Stellungnahme
3. Frau Oberin — zur Konferenz.

[illegible handwriting]

— Frauengefängnis — Berlin NO 18, den 16.12. 1943
Barnimstraße 10

Tgb.-Nr.

1 Schriftstück
U. mit — Gns. – u. – Bd. Akten

dem Herrn Oberreichsanwalt beim Volksgerichtshof
in Berlin W.9, Bellevuestr. 15.

übersandt.

Die Strafgefangene Emmy Zehden
geboren am 28.3.1900 in Lübbecke
zuletzt wohnhaft gewesen in Hohengatow, verheiratet,
verbüßt aus 1 J.56/43 6 L.194/43 Volksgerichtshof Berlin
wegen Wehrkraftzersetzung
Todesstrafe
Jahre Monate Wochen Tage Gefängnis — abzüglich Monate
Tage Untersuchungshaft — vom bis
Überhaft ist vermerkt.

Der Vorstand d. Frauenstrafgefängnisse
In Vertretung
Richter
Oberin.

Reichsanwaltschaft ... 21 Dez 1943

SV Nr 17
Gnadengesuch

IVg 10 R 1230 43

Beglaubigte Abschrift

In der Strafsache gegen die vom Volksgerichtshof am 19.November 1943 zum Tode verurteilte

Emmi Z e h d e n

ordne ich mit Ermächtigung des Führers die Vollstreckung des Urteils an.

Berlin, den 31.Mai 1944

Der Reichsminister der Justiz

(Siegel)

In Vertretung
K l e m m

Mit der Urschrift gleichlautend
Berlin, den 1. Juni 1944
Behrendt
Justizangestellte

..1 J 562../43.

9

Vfg.

Plötzensee.

1.) Leiter der Vollstreckungshandlung:

Landgerichtsrat A. Klüver......

Beamter der Geschäftsstelle:

Justizangestellter K a r p e .

....

..) Termin zur Eröffnung an den - die - Verurteilte-n

..Freitag...., den 9... Juni... 1944, ab 11.30 Uhr.

Termin zur Hinrichtung:

an demselben Tage, ab 13 Uhr.

~~2.) Die Benachrichtigung des Zuchthauses Brandenburg hinsichtlich der Vollstreckung und Abholung der Leichen ist bereits veranlaßt.~~

3.) Vorzulegen dem Sachbearbeiter, der sich sofort mit dem Vollstreckungsleiter in Verbindung zu setzen und ihm von dieser Verfügung Kenntnis zu geben hat. Dabei hat er ihm auch mitzuteilen, unter welcher Fernsprechnummer er zur Zeit der Eröffnung und in der Zeit bis zur Hinrichtung fernmündlich zu erreichen ist.

Berlin, den .5.... Juni...... 1944

Der Oberreichsanwalt beim Volksgerichtshof

D

f

Der Oberreichsanwalt
beim Volksgerichtshof

Berlin-Plötzensee, d 9. JUN 1944
(Richtstätte des Strafgefängnisses)

1 J 56 /43

Vollstreckung des Todesurteils
gegen
Emmi Z h e d e n
....

Gegenwärtig:
als Vollstreckungsleiter:
LGR. Dr. K l ü v e r ....
als Beamter der Geschäftsstelle:
Justizangestellter K a r p e ......

Um 13^{00} Uhr wurde die Verurteilte, die Hände auf den Rücken gefesselt, durch zwei Gefängnisbeamte vorgeführt. Der Scharfrichter R ö t t g e r aus B e r l i n stand mit seinen drei Gehilfen bereit.

Anwesend war ferner:
der Gefängnisbeamte O. Insp. Appelt

Nach Feststellung der Personengleichheit der Vorgeführten mit der Verurteilten beauftragte der Vollstreckungsleiter den Scharfrichter mit der Vollstreckung. Die Verurteilte, die ruhig und gefaßt war, ließ sich ohne Widerstreben auf das Fallbeilgerät legen, worauf der Scharfrichter die Enthauptung mit dem Fallbeil ausführte und sodann meldete, daß das Urteil vollstreckt sei.

Die Vollstreckung dauerte von der Vorführung bis zur Vollzugsmeldung 7 Sekunden.

Klüver · Karpe

44

Inspektion b
der [illegible]

Berlin, den 17/6 1944

Fernruf 35 6701

An die
Geschäftsstelle
der Reichsanwaltschaft beim Volksgerichtshof
Berlin W 9
Bellevuestr. 15

Durch Aktenwagen!

Zu: 1 J 58/43

Aus Anlaß der Vollstreckung des Todesurteils
gegen Emmi Zehden
am 9/5. 44 .... sind entstanden
120 RM Sondervergütungskosten für Scharfrichter und Gehilfen
~~36.- RM Fahrkosten~~
und 4,18 RM Verpflegungskosten.

124,18 RM

[illegible]

Justizoberinspektor.

Anzeige über Kosten für die Benutzung des Dienstkraftwagens IA Kosten

In der Strafsache Zieden
(Bezeichnung der Sache)

1 J 56/43
(Aktenzeichen)

zur Vollstreckung in Plötzensee
sind für die Benutzung des Dienstkraftwagens/folgende Kosten entstanden:

a) für 17 km Fahrt je 0.15 RM = ... 2.55 RM

b) für 10 Wartestunden ~~[illegible]~~ je 1.24 RM = 12.40 RM

c) ______________________________ RM

zusammen: 14.95 RM,

die dem Kostenschuldner ggf. in Rechnung zu stellen sind.

Berlin W 9, den 3. Juni 1944

~~[illegible]~~
~~des Volksgerichtshofs~~

[illegible signature]
[illegible]

An die
Geschäftsstelle 1
der Reichsanwaltschaft beim Volksgerichtshof,
hier.

Der Vorstand
des Frauenstrafgefängnisses

Tgb.-Nr. ____________

Berlin ... Juni 1944

Volksgerichtshof
... 26. JUNI 1944

An den
Herrn Oberreichsanwalt beim Volks-
gerichtshof

Berlin W.9,
Bellevuestr. 15.

Betr.: Emmy Zehden.
1 J. 56/43
6 L.194/43.

Die am 9.Juni 1944 hingerichtete Emmy Zehden hat in der hiesigen Anstalt folgende Gegenstände hinterlassen:

1 Mappe mit Briefsachen,	2 Oberröcke,
1 Handtasche,	1 Bluse,
2 Haarbürsten,	2 Jacken,
9 Taschentücher,	2 Schlafanzüge,
1 Paar Handschuhe,	2 Wollblusen,
1 Perlkette,	4 Hosen,
1 Kragen,	3 Unterröcke,
2 Mäntel,	1 Hemd,
1 Korsett,	1 Büstenhalter,
2 Kleider,	2 Handtücher,
4 Paar Strümpde,	1 Kamm,
1 Spange.	

Ausserdem sind im Verwahr der hiesigen Anstalt vorhanden: 24,39 RM eigenes Geld sowie 35,70RM Arbeitsbelohnung.

Emmy Zehden hat vor ihrem Tode den Wunsch geäussert, dass ihr Nachlass an Frau Grete Liebold in Rentzschmühle i.Isergebirge ausgehändigt werden soll.

Ich bitte um Entscheidung, ob der Aushändigung zugestimmt wird.

I.V.
[signature]

Erste Oberin.

In einem entrechteten Land

Anwalt im besetzten Polen

Ein schwerer Reitunfall machte den Gebirgsjäger wieder zum Zivilisten: Im Dezember 1941 erhielt Günther Nollau – später von 1972 bis 1975 Präsident des Bundesamtes für Verfassungsschutz – zunächst seine Entlassungspapiere und dann seine Zulassung als Rechtsanwalt in Dresden. Doch ein Brief seines Kollegen Dr. Markau aus Krakau sorgte dafür, daß Nollau in Dresden nicht lange praktizierte. Schon im Frühjahr 1942 fuhr er nach Krakau, um sich hier umzusehen. Markau hatte vorgeschlagen, Nollau solle künftig als zweiter deutscher Rechtsanwalt neben ihm arbeiten und in Strafverfahren die «Gegenseite» vertreten. Die deutsche Justizverwaltung stellte dem kriegsbeschädigten Frontkämpfer die Zulassung in Aussicht. Nollau entschied sich für Krakau, die Hauptstadt des Generalgouvernements. Am 8. April 1942 verließ er mit seiner Frau Dresden, seine Sekretärin folgte wenige Tage später.

Nollau lernte schnell. Schon in seinen ersten Fällen erhielt er Anschauungsunterricht über die im Generalgouvernement herrschenden Verhältnisse, die durch die vollkommene Entrechtung der Polen und die praktizierte Herrenmenschenideologie der Deutschen, insbesondere der SS und der Gestapo, gekennzeichnet waren:

«Die ‹Polenstrafrechtsverordnung› machte die im ‹Reich› lebenden Polen zu Personen minderen Rechts. Sie nahm ihnen das Recht, sich vor Gericht durch einen Anwalt verteidigen zu lassen, und führte eine neue Form der Vollstreckung von Freiheitsstrafen ein: das Zwangsarbeitslager. Im Generalgouvernement wurde die ‹Polenstrafrechtsverordnung› zwar nicht angewendet, trotzdem waren die Polen auch hier deklassiert.»

Nollau berichtet: «In manchen Behörden, insbesondere der Polizei, ordneten die Chefs an, polnische Besucher hätten beim Warten auf den Korridoren mit dem Gesicht zur Wand zu stehen. So mancher Beamte, dem ich erklärte, ich hätte die Vertretung eines Polen übernommen, fragte mich erstaunt: ‹Ja, dürfen Sie denn das?› Aber diese Frage war harmlos. Ein Gestapobeamter, der seit der militärischen Besetzung Polens im Generalgouvernement ‹arbeitete›, griff mich dagegen massiv an: ‹Was, Sie verteidigen einen Polen? Sie schädigen die deutschen Interessen. Wer sind Sie denn überhaupt?› Ich sei ein kriegsbeschädigter Frontkämpfer, der die deutschen Interessen nicht nur im Hinterland verteidigt hätte, erwiderte ich.»[13]

Die Polizei drang auch in den Bereich der Justiz ein, so als Generalgouverneur Frank auf Wunsch der SS «Standgerichte der Sicherheitspolizei» errichtete, die über polnische Widerstandskämpfer und «Kriegswirtschaftsverbrecher» in geheimen Sitzungen ohne Verteidiger urteilten.

Nazi-Justiz im «Generalgouvernement»

In Krakau hatten die deutschen Besatzer sechs Gerichte geschaffen:

1. das Deutsche Gericht, zuständig für Zivil- und kleinere Strafsachen,
2. das Deutsche Obergericht als Berufungsinstanz,
3. das Deutsche Sondergericht für politische Strafsachen und «Wirtschaftsverbrechen»,
4. ein Feldkriegsgericht des Heeres,
5. ein Feldkriegsgericht der Luftwaffe und
6. ein SS- und Polizeigericht für Strafsachen gegen Angehörige von SS und Polizei.

Außer den Angehörigen der polnischen Polizei, die der deutschen Polizei unterstand, galt für die übrigen Polen in Fällen sogenannter gemeiner Kriminalität und für deren zivilrechtlichen Streitigkeiten weiterhin die polnische Gerichtsbarkeit.

Auch die Angeklagten waren bei den Verhandlungen nicht dabei. Ihre Verurteilung zum Tode erfuhren die Beschuldigten erst, wenn sie zur Hinrichtung abgeholt wurden.

Willkür war Trumpf

Die Polizei konnte Festnahmen und Durchsuchungen selbst ohne schriftlichen Befehl durchführen. Angesichts dieser «Un-Rechtslage» hatte die Justiz eine schwache Position. Die Polizei übergab ihr nur dann einen Fall, wenn es ihr paßte. Willkür war Trumpf. Die Richter, die sich noch um Beweiswürdigung bemühten, standen unter dem Druck der Gestapo, dem sie oft genug nachgaben. Doch gab es auch Juristen, die sich der Macht der Geheimpolizei nicht unterwarfen. Einer von ihnen war der Chef des SS- und Polizeigerichts Krakau, Sturmbannführer Sachs. Nollau erinnert sich:

«Seine Hilfe erbat ich in der Sache des Polizeirates D., der mich beauftragt hatte, ihn zu vertreten. D. hatte durch eine Ungeschicklichkeit seinen Vorgesetzten, den Polizeigeneral Schöngarth, Befehlshaber der Sicherheitspolizei und des SD im Generalgouvernement, verstimmt.

Schöngarth, der wie ein absoluter Herrscher waltete, benutzte einen geringfügigen Anlaß, um den Polizeirat zu ruinieren. Er ließ D. und seine Freundin, ein Fräulein E., beschuldigen, eine Urkundenfälschung begangen zu haben. Obwohl gegen SS-Männer im Offiziersrang normalerweise keine Untersuchungshaft angeordnet wurde, hatten der Polizeirat und seine Freundin schon vier Monate in Haft verbracht, ehe der Erlaß eines Haftbefehls beantragt wurde. Da keine Urkundenfälschung vorlag, ordnete das SS-Gericht die Freilassung des Polizeirates an. Die Freundin wurde nicht entlassen. Sie gehörte der SS nicht an und unterstand daher auch nicht dem SS-Gericht. Ich erreichte es, von General Schöngarth empfangen zu werden, und bat ihn, das Mädchen freizulassen. Der General benutzte die Gelegenheit jedoch nur dazu, um mich zu demütigen. Er sagte: ‹Sie wissen doch, daß Sie bei der Polizei nichts zu suchen haben.› Damit war die Unterredung auch schon zu Ende. Ich bemühte mich aber weiter um die Freilassung von Fräulein E., die, wie mir der Polizeirat D. mitteilte, inzwischen mit unbekanntem Ziel aus Krakau weggebracht worden war.

Ich interessierte deshalb den Chef des SS- und Polizeigerichts für das Schicksal dieses Mädchens. Er sagte mir: ‹Ich kann nur dann etwas tun, wenn Sie die Staatsanwaltschaft des zivilen deutschen Gerichts bewegen, die Strafsache gegen das Mädchen an das SS-Gericht abzugeben.› Daraufhin machte ich den Leiter der deutschen Staatsanwaltschaft, Oberstaatsanwalt Neeb, mit dem Fall des Mädchens bekannt und wies auf den Zusammenhang mit der Strafsache gegen den Polizeirat D. hin. Der Oberstaatsanwalt entsprach meiner Bitte sofort. Nun konnte sich Sturmbannführer Sachs der Sache annehmen. Das Mädchen befand sich inzwischen, wie der Polizeirat durch einen Bekannten aus der Gestapo erfahren hatte, im Polizeigefängnis Kattowitz. Das SS-Gericht wandte sich an das Reichssicherheitshauptamt. Und nun wurde das Mädchen freigelassen.

Erst danach erfuhren wir, was ihm widerfahren war. General Schöngarth hatte sie in aller Heimlichkeit abtransportieren lassen. Unterwegs war sogar der Chauffeur gewechselt worden. Die Fahrt war zunächst ins KZ Auschwitz gegangen. Dort hatte man ihr gesagt, wenn sie den Polizeirat nicht belaste, werde sie im KZ bleiben, was einer Todesdrohung gleichkam.

Diese Willkürakte Schöngarths schienen Folgen zu haben. Er wurde abgelöst und mußte als Soldat bei der Waffen-SS eintreten. Nur wenige Eingeweihte wußten, was sich hinter dem durch die Presse bekanntgemachten ‹Wunsche› des Generals verbarg, zur Truppe zurückzukehren. Meine Genugtuung über diesen Lauf der Dinge war jedoch nicht von Dauer. Nach wenigen Wochen las man in der Zeitung, General Schöngarth sei auf einen hohen Posten in den Niederlanden befördert worden. Nach Kriegsende ist er dort zum Tode verurteilt worden.»

Hilfe für den KZ-Häftling

Für Polen, die im KZ waren, konnte Nollau meist nicht mehr tun als Auskünfte zu beschaffen. Nur wenn Aussicht bestand, das SS- und Polizeigericht einzuschalten, konnte er sich mit derartigen Fällen überhaupt befassen:

«So kam eines Tages die polnische Inhaberin des renommiertesten Krakauer Schlemmerlokals zu mir, in dem ich gelegentlich mit Dr. Markau ein ‹Advokatenfrühstück› zu Schwarzmarktpreisen genossen hatte. Frau X. bat mich, den Fall ihres Schwagers Wilk zu übernehmen, der sich im KZ Auschwitz befand. Was ihm vorgeworfen wurde, wußte sie nicht. Er sei jedenfalls von der Gestapo abgeholt worden. Ich war schon im Begriff, ihr zu sagen, daß ich leider nichts für sie tun könne, da erwähnte sie, ihr Schwager sei polnischer Polizist gewesen. Ich fragte, ob Wilk vom SS- und Polizeigericht abgeurteilt sei. Das wußte sie nicht. Ich nahm mich nun des Falles an, denn für einen polnischen Polizisten war das SS- und Polizeigericht zuständig. Dorthin ging ich und ließ im Register nachsehen, ob Wilk darin verzeichnet sei. Er war dem Gericht unbekannt. Nun machte ich den Chef des Gerichts darauf aufmerksam, daß ein Mann, der seiner Gerichtsbarkeit unterstehe, von der Gestapo nach Auschwitz gebracht worden sei. Sturmbannführer Sachs verlangte von der Gestapo, sie solle den Polizisten Wilk von Auschwitz nach Krakau bringen, damit er vor Gericht gestellt werde. Wenige Tage darauf erschien Frau X. und teilte mir freudestrahlend mit, der Schwager sei in Krakau und befinde sich im Zivilgefängnis. Dort war polnisches Wachpersonal. Deshalb hatte Wilk ihr seine Ankunft auch auf einem mir nicht bekannten Wege melden können.

Nun begann ein ‹normales› Strafverfahren. Als Verteidiger von Wilk erhielt ich Akteneinsicht, der ich folgenden Sachverhalt entnahm: Wilk hatte im Briefkasten seines ländlichen Polizeipostens ein Flugblatt der Widerstandsbewegung ‹Armija Krajowa› (= Heimatarmee) gefunden und es ‹zu den Akten› genommen. Von der Gestapo war das als Unterstützung der Widerstandsbewegung und als ‹KZ-würdig› angesehen worden. Der Anklagevertreter des SS-Gerichtes sah darin eine Unterstützung der Widerstandsbewegung, begangen durch Unterlassung, nämlich durch Nichtweitergabe an die deutsche Polizei. Er beantragte die Todesstrafe gegen Wilk. Ich erklärte dagegen, Wilk habe angesichts der Aussichtslosigkeit, den Verfasser oder die Verbreiter des anonym abgegebenen Flugblattes zu ermitteln, überhaupt nicht daran gedacht, die Widerstandsbewegung zu unterstützen, als er das Flugblatt bei seinen Akten aufbewahrte. Ich beantragte, ihn freizusprechen. Das Gericht zog sich zur Beratung zurück.

Ich ging im Flur des Gebäudes auf und ab. Nach etwa einer halben Stunde trat ein SS-Wachtmeister, eine Art Gerichtsdiener, auf mich zu und überbrachte mir die Bitte des Vorsitzenden, ins Beratungszimmer zu kommen. Ich entsprach dieser ziemlich ungewöhnlichen Bitte. Im Beratungszimmer erklärte mir der Vorsitzende – kein Jurist, sondern ein österreichischer Gendarmerieoberleutnant –: ‹Also, Herr Doktor, wir möchten uns ja Ihrem Antrag anschließen und den Mann freisprechen. Aber was passiert dann? Die Gestapo hat Rücküberstellung beantragt. Sie holt ihn wieder, und der Mann landet in Auschwitz. Was das bedeutet, wissen Sie. Unsere Frage lautet: Wissen Sie eine juristische Möglichkeit, den Mann zu einer mäßigen Kriminalstrafe zu verurteilen, die er in einem zivilen Gefängnis verbüßen könnte?› Der unorthodoxe Vorsitzende brachte mich als Verteidiger in eine schwierige Lage. Wie konnte ich dem Gericht einen Tip geben, durch den eine Verurteilung meines Klienten möglich wurde, nachdem ich eben dessen Freispruch beantragt hatte? Da die Überlegungen des Vorsitzenden jedoch vernünftig waren, mußte ich dem Gericht einen Ausweg zeigen, wenn es mir um das Wohl des Angeklagten ging. Deshalb sagte ich dem Vorsitzenden: ‹Wenn Sie mir abnehmen, daß der Angeklagte nicht daran gedacht hat, die Widerstandsbewegung zu fördern, so könnten Sie ihn wegen Begünstigung im Amte verurteilen, weil die Meldung des Vorfalles doch zur Klärung des Täterkreises hätte führen können.› Das Gericht übernahm diese brüchige Argumentation. Der Vorsitzende verkündete nach fünfzehn Minuten das Urteil: ‹Der Angeklagte wird wegen Begünstigung im Amte zu eineinhalb Jahren Gefängnis verurteilt. Er hat auch die Kosten des Verfahrens zu tragen.›

Wilk dankte mir mit Tränen in den Augen. Er wußte, daß er die achtzehn Monate im Krakauer Zivilgefängnis verbüßen konnte, und er mag gehofft haben, daß die Deutschen vorher abziehen mußten.

Problematische Polizeiprotokolle

Nach meinen Erfahrungen wurde in den Gerichtsverfahren, auch wenn Polen angeklagt waren, die Frage, ob der Angeklagte schuldig war, von den meisten Richtern sorgfältig untersucht.

Allerdings boten die Protokolle über die polizeilichen Vernehmungen keine sicheren Grundlagen für richterliche Urteile. Viele Polizeibeamte wandten, um Geständnisse zu erzielen, Methoden an, die früher jeden Beamten ins Zuchthaus gebracht hätten. ‹Verschärfte Vernehmung› war der Gestapo-Euphemismus für ‹Folter›. Durch ‹verschärfte Vernehmungen› kamen Aussagen zustande, die der Wahrheit direkt zuwiderliefen. Einmal hatten drei Angeklagte bei der Polizei zugegeben, einen Diebstahl ausgeführt zu haben. In der Hauptverhandlung wiesen die Verteidiger jedoch nach, daß sich die Angeklagten zur Zeit der Tat im Gefängnis befanden. Die Angeklagten wurden freigesprochen.

Nach solchen Erfahrungen erklärten manche Richter, sie verließen sich nicht mehr auf die Aussagen der Beschuldigten in den Polizeiprotokollen und würden nur noch das in der Hauptverhandlung selbst Gehörte ihrem

Urteil zugrunde legen. Gegen diesen guten Grundsatz verstießen andere Richter, die es nicht mit der Polizei verderben wollten. Sie hielten sich in der Hauptverhandlung strikt an die Aussagen in den polizeilichen Protokollen. Einzelne Richter ließen die Angeklagten sogar nicht zu Wort kommen, wenn sie einen von den Protokollen abweichenden Sachverhalt vortragen wollten, oder sie luden Polizeibeamte als Zeugen vor, um sich bestätigen zu lassen, daß die Protokolle korrekt zustande gekommen waren. Bei diesen Richtern war der Verteidiger fast einflußlos, da ihr Urteil schon feststand, wenn sie die Hauptverhandlung eröffneten.

Unter den Krakauer Richtern waren diejenigen in der Überzahl, die sich um Gerechtigkeit bemühten. Mancher von ihnen beklagte sich bitter darüber, in welch demütigende Lage die Justiz durch das Überhandnehmen der Polizeigewalt gekommen sei.»

Die Atmosphäre von Willkürherrschaft, von Rechtlosigkeit der Polen und Schwarzhandel als Existenzgrundlage bildete den Nährboden für eine weit verbreitete Korruption. Nollau schildert einen krassen Fall: «In der Hauptverhandlung gegen Dr. Sch., den Leiter einer Bewirtschaftungsstelle für Benzin und Chemikalien in Krakau, häuften sich vor dem Richtertisch Wertobjekte vom Brillantring bis zum Perserteppich. Der Angeklagte hatte sie von Leuten erhalten, die entsprechende Zuteilungen von ihm erwarteten. Dr. Sch. hatte das Zuteilungswesen für die Produkte, über die er verfügte, völlig zentralisiert. Jeder Bewohner des Generalgouvernements, der diese Erzeugnisse benötigte, mußte sich an das Amt des Angeklagten wenden. Dort liefen täglich Tausende von Anträgen ein. Wegen ‹Überlastung› wurden jedoch nur die Anträge der Rüstungsfirmen oder solcher Personen bearbeitet, die sich angemessen in Erinnerung brachten. Dr. Sch. hatte seine Behörde so organisiert, daß sie reichen privaten Gewinn abwarf. Er wurde zum Tode verurteilt.»

Ab Herbst 1944 gingen die Zeiten, in denen deutsche «Herrenmenschen» im besetzten Polen das Recht nach Belieben beugen konnten, zu Ende. Die Rote Armee vertrieb die Nazis und ihre Handlanger, die erhoffte Freiheit brachte sie den Polen allerdings nicht.

Immer für den Angeklagten

Als Verteidiger beim Kriegsgericht

1938 wurde Walter Schlecht (Name geändert) in Hamburg als Anwalt zugelassen. Während des Krieges kam er als Jurist zur Marine und nach einigen anderen Kommandos zu einer Dienststelle in Oslo, die mit dem

Seetransport befaßt war. Für die deutsche Marine fuhren damals viele beschlagnahmte norwegische Schiffe, die je nach Bedarf und Kriegslage requiriert wurden. Walter Schlecht hatte mit den norwegischen Eignern über eine finanzielle Abfindung zu verhandeln, ehe er durch eine persönliche Bekanntschaft mit dem damaligen Leiter des Marinekriegsgerichts, im Zivilberuf Rechtsanwalt in Lübeck, zu seiner Tätigkeit als Verteidiger an einem Kriegsgericht kam.

Eines Tages sprach der Lübecker den Hamburger an und schilderte ihm seine Schwierigkeiten als vorsitzender Richter, wenn die Anklage stets durch einen versierten Kriegsrichter vertreten werde, während die Verteidigung von ungeeigneten, meist jüngeren Juristen übernommen werde. Ob Schlecht bereit sei, dem Gericht regelmäßig zur Verfügung zu stehen und so die Gewichte zwischen Anklage und Verteidigung etwas auszubalancieren? Schlecht willigte ein.

Nach und nach machte er sich mit den Eigenheiten der kriegsgerichtlichen Verfahren und den sich dabei für die Verteidigung bietenden Möglichkeiten vertraut. Seine Bekanntschaft mit dem Richter wirkte sich für Schlecht vorteilhaft aus:

Er konnte sich frei und offen äußern. In politischen Verfahren gab es natürlich deutliche Grenzen. Wenn es um Kritik am Führer ging und die Anklage auf Wehrkraftzersetzung lautete, konnte kein Verteidiger dem Angeklagten beipflichten. Aber es gab Möglichkeiten, zu interpretieren und Rechtfertigungen darzulegen, «außergewöhnliche Erregung» oder «persönliche Mißverhältnisse» zum Beispiel. So etwas ließ einige Anklagen weniger schwerwiegend erscheinen. Manchmal konnten die Milderungsgründe auch erfunden sein. Für die Beschuldigten brachte ein gewiefter Verteidiger auch den Vorteil, die prozessuralen Möglichkeiten ausnutzen zu können; so ließen sich Verhandlungen unter Umständen vertagen oder neue Zeugen heranschaffen.

Auch die Einschaltung des Verteidigers in das Bestätigungsverfahren war ein positiver Umstand. Jedes Kriegsgerichtsurteil mußte vom jeweils zuständigen Oberkommando des Heeres, der Luftwaffe oder der Marine bestätigt werden. In vielen Fällen hob das Oberkommando ein nach seiner Meinung zu mildes Urteil auf und schickte es an das Gericht mit der Maßgabe zurück, hier müsse härter bestraft werden, zum Beispiel mit dem Tod. In der Regel hielten sich die so angewiesenen Gerichte an den Befehl von oben.

Rechtsanwalt Schlecht nahm an fast vierzig Verhandlungen als Verteidiger teil. Nur drei Prozesse endeten mit einem Todesurteil. Die meisten Fälle, mit denen Schlecht befaßt war, hatten mit den nach damaliger Ideologie todeswürdigen Verbrechen nichts zu tun. Zum Beispiel vertrat Schlecht einen deutschen Offizier, der angeklagt war, als Kommandant eines deutschen Tanklagers die Vorschriften nicht strikt genug beachtet zu haben. Ihm wurde vorgeworfen, auf diese Weise Saboteuren die Möglichkeit gegeben zu haben, das Lager in die Luft zu sprengen. Ein anderer Mandant hatte durch fahrlässige Navigation eines der wertvollsten Schiffe der Marine versenkt. Dieser Offizier hatte sehr viel Glück, daß er freigesprochen wurde, denn er hatte das Schiff tatsächlich unglaublich stümperhaft geführt. Mit Hilfe des Beisitzers, der immer aus dem militärischen Rang des Angeklagten stammen mußte, hier also eines Kapitäns, gelang es, den Freispruch mit der Begründung zu erreichen, es sei höhere Gewalt gewesen, die zu dem Unglück geführt habe; daher liege kein fahrlässiges Verhalten des Angeklagten vor.

Als absolut todeswürdig wurde Wehrkraftzersetzung betrachtet. Auch einen solchen Fall hatte Rechtsanwalt Schlecht zu verteidigen. Der Maat Bils hatte ein Führer-Bild von der Wand genommen und zerbrochen, als nach einem Fliegerangriff auf seine Heimatstadt Stettin keinerlei Lebenszeichen von seiner Familie kam. Da sich dies nach dem Attentat auf Hitler vom 20. Juli abspielte, nahm man diesen Fall von Wehrkraftzersetzung besonders ernst. Bils wurde sofort verhaftet und in eine Arrestzelle gesperrt. Dort gab man ihm zur Lektüre eine Zeitschrift, in der detailliert eine Exekution geschildert wurde.

Flucht durchs Klofenster

Das hat Bils verständlicherweise geschockt. Wenig später brach er durch ein Klosettfenster aus und versuchte, mit Hilfe eines norwegischen Kapitäns per Schiff nach Schweden zu gelangen. Das war Fahnenflucht. Die Sache ging schief. Bils kam erneut in Haft. Sein Fall galt als schwerwiegend, die Todesstrafe drohte. Verteidiger Schlecht wußte, daß in den Richtlinien für das Strafmaß bei Wehrkraftzersetzung auch Gesichtspunkte aufgeführt waren, die strafmildernd zu berücksichtigen waren, so daß von der Todesstrafe abgesehen werden konnte. Unter anderem war auch eine «falsche Behandlung durch Vorgesetzte» erwähnt. Demgegenüber stand die Tatsache, daß Bils ins Ausland fliehen wollte. Wegen eines schweren Falles von Wehrkraftzersetzung und einer schwerwiegenden Fahnenflucht wurde zweimal Todesstrafe gegen ihn beantragt.

Gab es da noch einen Ausweg für die Verteidigung? Wehrkraftzersetzung war nur dann strafbar, wenn sie öffentlich geschehen war. Da aber bei der Zerstörung des Führerbildes nur ein einziger Kamerad anwesend gewesen war, argumentierte Schlecht, Öffentlichkeit habe nicht vorgelegen. Und zur Anklage wegen Fahnenflucht erklärte er, durch die rohe Darstellung in der Zeitschrift sei Bils auf Grund eines Schocks ohne Vorsatz geflohen – juristisch nicht unbedingt einleuchtend! Das Gericht zog bei dieser windigen Argumentation jedoch mit und sprach Bils von dem Vorwurf der Wehrkraftzersetzung und der Fahnenflucht frei. Weil er außerdem noch englische Radiosender gehört hatte, sollte er nur für einige Jahre ins Gefängnis.

Das milde Urteil wanderte zur Bestätigung zum Marineoberkommando nach Berlin. Dort wurde es mit der Begründung aufgehoben, auch ein einziger Kamerad sei «Öffentlichkeit», im übrigen seien die Vergehen von Bils doppelt todeswürdig. Eine zweite Verhandlung folgte, der Ankläger plädierte erneut auf Todesstrafe. Der Kamerad, der jetzt als Zeuge geladen war, sagte aus, er habe zum Zeitpunkt des Vorfalls geschlafen und deshalb nicht bemerkt, daß das Führerbild zerschlagen worden sei. Wiederum akzeptierte das Gericht die Einlassung des Verteidigers, ein schlafender Kamerad sei keine «Öffentlichkeit»; es blieb bei der Haftstrafe.

Auch dieses zweite Urteil wurde in Berlin aufgehoben. Bei der notwendigen dritten Verhandlung wurde das Gericht neu besetzt. Den Vorsitz führte ein aus Trondheim herübergekommener Richter. Verhandelt wurde Anfang Mai 1945, unmittelbar nach Hitlers Selbstmord. Obwohl sich die deutsche Niederlage an allen Fronten abzeichnete, war die Kriegsgerichtsorganisation noch intakt. Todesurteile waren noch möglich und sofort vollstreckbar. Denn inzwischen mußten die Urteile nicht mehr in Berlin bestätigt werden. Jetzt war der höchste Kommandant der Seeoffiziere in Oslo zugleich Gerichtsherr mit der Entscheidung über Leben und Tod.

Rippenstoß im Kasino

Der Trondheimer Richter eröffnete die Verhandlung mit unfreundlichem Gesicht und vertage sie sofort mit der Begründung, durch den Tod Adolf Hitlers sei das Gericht so tief erschüttert, daß es sich nicht in der Lage sehe, objektiv über jemanden zu urteilen, der den Führer beleidigt habe. Auf dem Weg zum Mittagessen im Kasino bekam Verteidiger Schlecht von dem Trondheimer Richter einen Rippenstoß mit der Bemerkung: «Ihr Kerl heute morgen hat Glück gehabt. Wir werden uns doch wegen eines solchen Falles nicht mehr die Schnauze verbrennen.» Mit einer unverfänglichen Begründung hatte dieser Richter die Verhandlung auf unbestimmte Zeit vertagt, weil er mit dem baldigen Kriegsende rechnete und einfach nicht mehr urteilen wollte. Dies war keineswegs bei allen Richtern so, einige verhängten noch Todesurteile, als der Krieg bereits dem Ende zuging.[14]

Tod kurz vor Kriegsende

Urteil mit Spätfolgen für den Richter

1940 trat der siebzehnjährige Walter Gröger aus Oberschlesien freiwillig in die Kriegsmarine ein. Nach drei Jahren Dienst nahm er es seinen Vorgesetzten übel, daß sie ihm bisher keinen Urlaub bewilligt hatten. Als er in Norwegen Ende 1943 den Befehl erhielt, sich in Oslo auf dem Schlachtschiff «Scharnhorst» zu melden, ahnte er, daß auf absehbare Zeit wieder nichts aus einem Heimaturlaub werden würde. Der 21jährige reagierte auf seine Weise: Er blieb der Truppe fern, überlegte, nach Schweden zu desertieren, nahm aber davon wieder Abstand. Nach drei Wochen wurde er verhaftet.

Das zuständige Feldkriegsgericht verurteilte ihn am 14. März 1944 zu acht Jahren Zuchthaus wegen «im Felde begangener Fahnenflucht». Zwar hatte der Anklagevertreter die Todesstrafe gefordert, aber die Richtlinien des Führers sahen verschiedene Strafmöglichkeiten für dieses Delikt vor: Todesstrafe, lebenslängliches oder zeitlich begrenztes Zuchthaus. Das Gericht argumentierte für Gröger:

«Dafür, daß der Angeklagte aus Furcht vor persönlicher Gefahr gehandelt hat, liegen keine Anhaltspunkte vor. Da auch die Lage des Einzelfalles die Manneszucht als solche nicht gefährdete, ist die Todesstrafe nicht geboten ... Den Angeklagten belastet seine erhebliche disziplinare Vorbestrafung. Es war aber auch zu berücksichtigen, daß der Angeklagte sich seit der letzten Disziplinarstrafe ein Jahr lang straflos geführt hat. Zu berücksichtigen war auch, daß der Angeklagte als Angehöriger der 21. SStA das EK II erworben hat. Das Führungsbuch des Angeklagten ist auf der ‹Scharnhorst› verlorengegangen. Aus der Auszeichnung muß aber geschlossen werden, daß der Angeklagte nicht nur sich tapfer gezeigt, sondern sich auch gut geführt hat. Es spricht vieles dafür, daß der Angeklagte, der unbestreitbar disziplinar auf eine schiefe Ebene geraten war, sich wieder abgefangen hatte.» [15]

Die nächste Instanz, Kapitän zur See Runge, empfahl die Bestätigung dieses Diensturteils, aber der Flottenchef Admiral Schniewind, die nächsthöhere Instanz, zog das Urteil am 17. Juni 1944, also drei Monate später, mit der Begründung ein, es hätte «auf Todesstrafe erkannt werden sollen».

Gnadenlos und treu zum Führer

Ein zweites Verfahren mußte nun stattfinden. Irgendwer mußte es aber zunächst gut mit Walter Gröger meinen, denn es begann erst am 16. Januar 1945, also ein dreiviertel Jahr nach dem ersten Entscheid. In der Zwischenzeit beobachtete er den deutschen Rückzug an allen Fronten als Insasse des Osloer Kriegswehrmachtgefängnisses in Akershus. Sein zuständiger Gefängnischef beurteilte ihn am 20. Januar 1945:

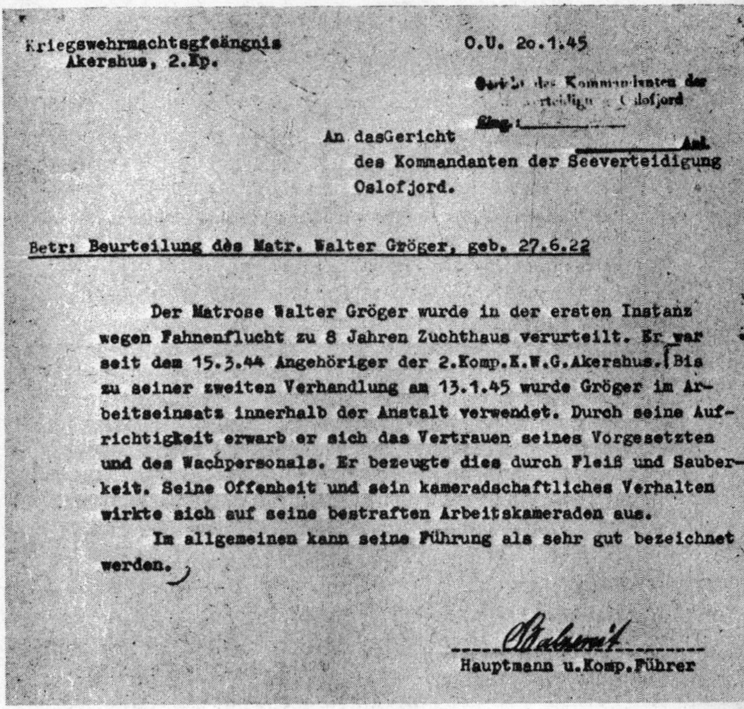

Kriegswehrmachtsgefängnis
Akershus, 2.Kp.

O.U. 2o.1.45

An das Gericht
des Kommandanten der Seeverteidigung
Oslofjord.

Betr: Beurteilung des Matr. Walter Gröger, geb. 27.6.22

Der Matrose Walter Gröger wurde in der ersten Instanz wegen Fahnenflucht zu 8 Jahren Zuchthaus verurteilt. Er war seit dem 15.3.44 Angehöriger der 2.Komp.K.W.G.Akershus. Bis zu seiner zweiten Verhandlung am 13.1.45 wurde Gröger im Arbeitseinsatz innerhalb der Anstalt verwendet. Durch seine Aufrichtigkeit erwarb er sich das Vertrauen seines Vorgesetzten und des Wachpersonals. Er bezeugte dies durch Fleiß und Sauberkeit. Seine Offenheit und sein kameradschaftliches Verhalten wirkte sich auf seine bestraften Arbeitskameraden aus.

Im allgemeinen kann seine Führung als sehr gut bezeichnet werden.

Hauptmann u.Komp.Führer

Ein unbefangener Jurist hätte auf Grund der Vorgeschichte, der schon eingetretenen Verzögerung, der Beurteilung durch den Gefängnisvorsteher und der allgemeinen Kriegslage nun zweierlei Möglichkeiten gehabt: Er hätte den Prozeß weiter hinausschleppen können – offensichtlich hatte ja bisher keiner, auch nicht Admiral Schniewind, auf einen Abschluß gedrängt – oder das alte Urteil durchaus bestätigen können. Aber bei dem zweiten Verfahren übernahm der Marinestabsrichter Dr. Hans Filbinger die Vertretung der Anklage. Natürlich konnte er die Todesstrafe beantragen, aber laut Kriegsverfahrensordnung hätte er auch die Möglichkeit gehabt, davon Abstand zu nehmen.

«Hält ein richterlicher Militärjustizbeamter eine Weisung oder Entscheidung nicht für rechtmäßig, so hat er seine Bedenken vorzutragen und sie in den Akten zu vermerken, wenn seine Vorstellung erfolglos bleibt. Der Gerichtsherr trägt dann allein die Verantwortung.» (Aus § 7 der Kriegsverfahrensordnung von 1938)

Filbinger forderte die Todesstrafe. Am 16. Januar 1945 erging folgendes Urteil:

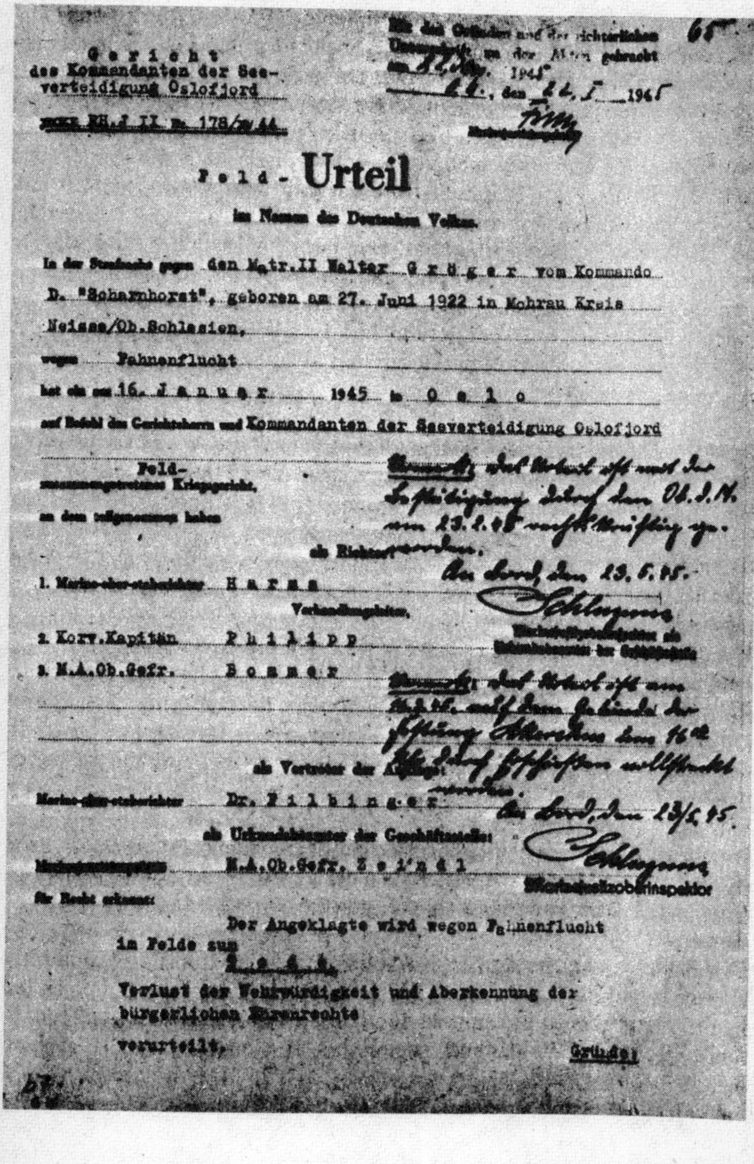

Gericht
des Kommandanten der Seeverteidigung Oslofjord

Feld-Urteil

im Namen des Deutschen Volkes.

In der Strafsache gegen den Matr.II Walter Gröger vom Kommando D. "Scharnhorst", geboren am 27. Juni 1922 in Mohrau Kreis Neisse/Ob.Schlesien,

wegen Fahnenflucht

hat das am 16. Januar 1945 in Oslo

auf Befehl des Gerichtsherrn und Kommandanten der Seeverteidigung Oslofjord

Feld-
zusammengetretene Kriegsgericht,

an dem teilgenommen haben

als Richter:

1. Marine-ober-stabsrichter Harms
Verhandlungsleiter,

2. Korv.Kapitän Philipp

3. M.A.Ob.Gefr. Bommer

als Vertreter der Anklage:

Marine-ober-stabsrichter Dr. Filbinger

als Urkundsbeamter der Geschäftsstelle:

M.A.Ob.Gefr. Zeindl

für Recht erkannt:

Der Angeklagte wird wegen Fahnenflucht im Felde zum Tode, Verlust der Wehrwürdigkeit und Aberkennung der bürgerlichen Ehrenrechte verurteilt.

Gründe:

An Bord, den 23.5.45.

An Bord, den 23.5.45.

Marinejustizoberinspektor

Grögers Verteidiger, Dr. Werner Schön, richtete noch ein Gnadengesuch an das Gericht des Kommandanten der Seeverteidigung Oslofjord – umsonst. Am 15. März 1945 – sieben Wochen vor Kriegsende – verfügte Dr. Filbinger die Vollstreckung für den 16. März. An diesem Tag wurde Gröger das Urteil bekanntgegeben. Er unterzeichnete die Kenntnisnahme:

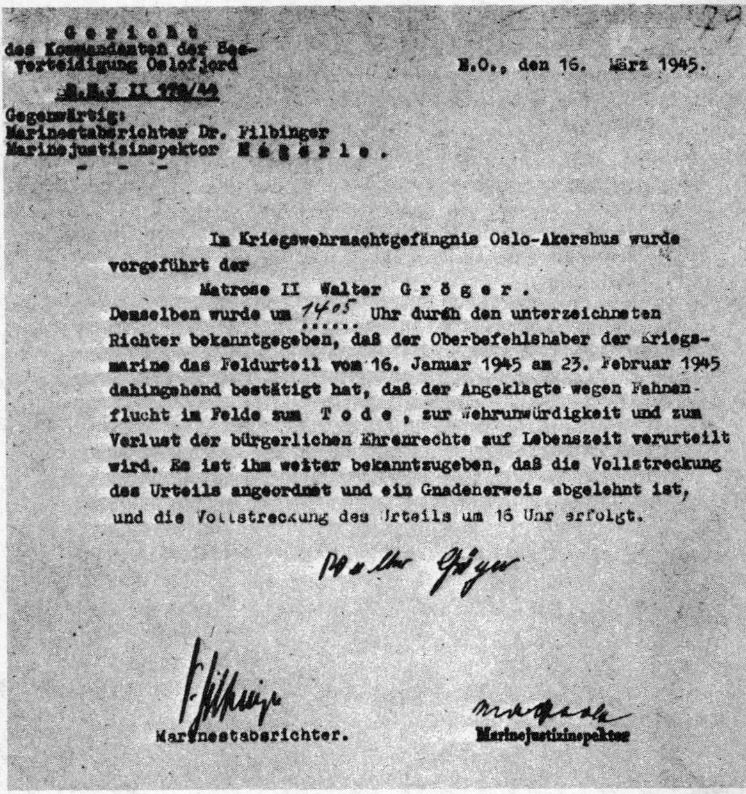

G e r i c h t
des Kommandanten der Seeverteidigung Oslofjord

[illegible]

O., den 16. März 1945.

Gegenwärtig:
Marinestabsrichter Dr. Filbinger
Marinejustizinspektor H ä g e r l e.

– – –

Im Kriegswehrmachtgefängnis Oslo-Akershus wurde vorgeführt der

Matrose II Walter G r ö g e r.

Demselben wurde um 14 05 Uhr durch den unterzeichneten Richter bekanntgegeben, daß der Oberbefehlshaber der Kriegsmarine das Feldurteil vom 16. Januar 1945 am 23. Februar 1945 dahingehend bestätigt hat, daß der Angeklagte wegen Fahnenflucht im Felde zum T o d e, zur Wehrunwürdigkeit und zum Verlust der bürgerlichen Ehrenrechte auf Lebenszeit verurteilt wird. Es ist ihm weiter bekanntzugeben, daß die Vollstreckung des Urteils angeordnet und ein Gnadenerweis abgelehnt ist, und die Vollstreckung des Urteils um 16 Uhr erfolgt.

Walter Gröger

Filbinger
Marinestabsrichter.

Marinejustizinspektor

Dr. Filbinger ernannte sich selbst zum leitenden Offizier für das Vollstreckungsverfahren, d. h. er war dabei, als Gröger erschossen wurde. 1978 holte die Vergangenheit ihn ein. Inzwischen Ministerpräsident des Landes Baden-Württemberg und stellvertretender Bundesvorsitzender der CDU, konnte er sich nur mühsam an dieses Bluturteil erinnern. Es führte mit anderen Entscheidungen des Marinerichters Filbinger aus den Jahren 1944/45 zu seinem Rücktritt als Politiker.

Quellenhinweise und Anmerkungen

Wir danken den Verlagen der benutzten Literatur für die uns freundlicherweise erteilte Genehmigung. Wir zitieren die Quelle vollständig nur bei ihrer ersten Erwähnung.

Die Autoren

Kultur

1 Eggebrecht, Axel: Der halbe Weg, Zwischenbilanz einer Epoche, Reinbek, Rowohlt Taschenbuch Verlag 1981, S. 285 ff.

2 Zuckmayer, Carl: Als wär's ein Stück von mir, Frankfurt, S. Fischer 1966, S. 457 ff.

3 Prieberg, Fred K.: Musik im NS-Staat, Frankfurt, Fischer Taschenbuchverlag 1982, S. 162.

4 Schäfer, Hans Dieter: Das gespaltene Bewußtsein, Deutsche Kultur und Lebenswirklichkeit 1933 bis 45, München/Wien, Carl Hanser 1981, S. 7 ff.

5 Glaser, Hermann: Das Dritte Reich, Bericht und Dokumente, Freiburg, Herderbücherei 1961, S. 81.

6 *Prager Presse* vom 12. Mai 1933, zit. nach Sauder, Gerhard (Hg.): Die Bücherverbrennung, Zum 10. Mai 1933, München/Wien, Carl Hanser Verlag 1983, S. 189.

7 *Neue Zürcher Zeitung* vom 11. Mai 1933, zit. nach Sauder, S. 177 f.

8 *Börsenblatt für den Deutschen Buchhandel*, Heft 8, 28. Januar 1983, S. 220.

9 *Börsenblatt für den Deutschen Buchhandel*, 13. Mai 1933, S. 1, zit. nach Sauder, S. 150.

10 *Völkischer Beobachter*, 21./22. Mai 1933, zit. nach Brenner, Hildegard: Die Kunstpolitik des Nationalsozialismus, Reinbek, Rowohlt 1963, S. 46.

11 Der Angriff, 10. Mai 1933, zit. nach Sauder, S. 107.

12 Weißkopf, F. C.: Unter fremden Himmeln, Ein Abriß der deutschen Literatur im Exil 1933 bis 1947, Berlin/Weimar 1981, S. 29.

13 zit. nach Sauder, S. 161.

14 *Unsere Zeit*, 15. Juni 1933, Heft 10, S. 40 ff., zit. nach Sauder, S. 164 ff.

15 zit. nach Berendsohn, Walter A.: Die Humanistische Front, Einführung in die deutsche Emigranten-Literatur, Zürich 1946, S. 54.

16 zit. nach Serke, Jürgen: Die verbrannten Dichter, Weinheim/Basel, Beltz 1977, S. 198 f.

17 Merten, Käthe: Berliner Leihbibliotheken 1933, in: *Die neue Weltbühne*, 22. Juni 1933, S. 785 ff.; s. a. Sauder, S. 30 f.

18 zit. nach Glaser, S. 82.

19 In jenen Tagen ..., Schriftsteller zwischen Reichstagsbrand und Bücherverbrennung, Eine Dokumentation, Leipzig/Weimar, Gustav-Kiepenheuer-Verlag 1983, S. 219.

20 zit. nach «In jenen Tagen», S. 124.

21 Loerke, Oskar; Tagebücher 1903 bis 1933, Heidelberg/Darmstadt 1956, S. 261.

22 zit. nach Glaser, S. 84.

23 Castonier, Elisabeth: Stürmisch bis heiter, München, F. A. Herbig Verlagsbuchhandlung 1964, S. 238ff.

24 Das Gespräch mit Willy Sommerfeld wurde im Mai 1983 geführt.

25 Prieberg, S. 196.

26 vgl. Stuckenschmidt, H. H.: Zum Hören geboren, München, R. Piper-Verlag, 1979, zit. nach dtv-Bärenreiter-Ausgabe, S. 134ff.

27 Eggebrecht, S. 326ff.

28 vgl. Leiser, Erwin: «Deutschland erwache!» Propaganda im Film des Dritten Reiches, Reinbek, Rowohlt Taschenbuch Verlag 1978, S. 59ff.

29 Enderle, Luiselotte: Erich Kästner, Reinbek, Rowohlt Taschenbuch Verlag 1966, S. 64ff.

30 Die Information in diesem Kapitel verdanken wir Peter Rautenberg, Hamburg. – Vgl. Drewniak, Bogusław: Das Theater im NS-Staat, Düsseldorf, Droste-Verlag 1983.

31 Schüddekopf, Charles (Hg.): Der alltägliche Faschismus, Frauen im Dritten Reich, Berlin/Bonn, J. H. W. Dietz Verlag 1982, S. 101ff.

Kirche

1 vgl. Kuessner, Dietrich (Hg.): Kirche und Nationalsozialismus in Braunschweig, Braunschweig, Magni-Buchladen 1980, S. 14ff.

2 zit. nach Zipfel, Friedrich: Kirchenkampf in Deutschland, Berlin, de Gruyter 1965, S. 36ff.

3 zit. nach Kupisch, K. (Hg.): Quellen zur Geschichte des deutschen Protestantismus 1817–1945, München und Hamburg 1965, S. 267f.; zit. nach Quellenbuch zur Kirchengeschichte, Bd. III, Frankfurt, Berlin, Bonn, München 1968, S. 110.

4 Lenz, Hans-Friedrich: Sagen Sie, Herr Pfarrer, wie kommen Sie zur SS? Gießen/Basel, Brunnenverlag 1982, S. 22ff.

5 Die Darstellung folgt Vinke, Hermann: Gustav Heinemann, Hamburg, Dressler-Verlag 1979, S. 42ff.

6 Teich, Hans: Hildesheim und seine Antifaschisten, Selbstverlag Hildesheim 1979, S. 85f.

7 ebd., S. 86.

8 Gollwitzer, Hellmut: Aus der Bekennenden Kirche, in: Löwenthal, Richard, Patrik von zur Mühlen (Hg.): Widerstand und Verweigerung in Deutschland 1933 bis 1945, Berlin/Bonn, J. H. W. Dietz Verlag 1982, S. 129ff.

9 Galinski, Dieter/Lachauer, Ulla (Hg.): Alltag im Nationalsozialismus 1933 bis 1939, Jahrbuch zum Schülerwettbewerb Deutsche Geschichte um den Preis des Bundespräsidenten, Braunschweig, Westermann-Agentur Pedersen 1982, S. 113f.

10 Zum Kampf der Nazis gegen die Bekenntnisschulen Focke/Reimer, Alltag unterm Hakenkreuz, Reinbek, Rowohlt Taschenbuch Verlag 1979, S. 108ff.

11 Nach dem Bericht Wurms zitiert in Beckmann, Johannes (Hg.): Kirchliches Jahrbuch für die Evangelische Kirche in Deutschland 1933–1945, Gütersloh 1948, S. 343ff.

12 Zum katholischen Widerstand vgl. Roon, Ger van, Widerstand im Dritten Reich, München, C. H. Beck 1979, S. 99ff.

13 Dirks, Walter: Katholiken zwischen Anpassung und Widerstand, in Löwenthal/Zur Mühlen, S. 140ff.

14 Die Darstellung folgt Kleinöder, Evi: Verfolgung und Widerstand der katholischen Jugendvereine. Eine Fallstudie über Eichstätt. In: Broszat, Martin u. a. (Hg.): Bayern in der NS-Zeit, Band II, München/Wien Oldenbourgverlag 1979, S. 175ff. – Adolf Kolping, 1813–1865, gründete als katholischer Priester 1846 in Elberfeld den ersten Gesellenverein, aus dem sich die Deutsche Kolpingfamilie mit ihren caritativen Einrichtungen entwickelte.

15 Zur Ausschaltung der konfessionellen Jugendverbände Focke/Reimer, Alltag unterm Hakenkreuz, S. 32ff.

16 DJK = Deutsche Jugendkraft (katholischer Sportverband)

17 zit. nach Bayer, Ingeborg (Hg.): Ehe alles Legende wird, Baden-Baden, Signal-Verlag 1979, S. 89ff.

18 vgl. Materialien zur Geschichte des Nationalsozialismus in Niedersachsen, Beilage zum Schulverwaltungsblatt in Niedersachsen, Heft 8 – 1978, S. 16ff.; Galinski/Lachauer (Hg.), S. 286ff.

19 In den folgenden Jahren gab es noch mehrfach Auseinandersetzungen zwischen Nazis und Katholiken um die Entfernung von Kruzifixen. Dazu: Focke/Reimer, Alltag unterm Hakenkreuz, S. 111ff.

20 Das Gespräch mit Monsignore Albs wurde im Mai 1983 geführt.

21 vgl. Teich, S. 86f.

22 Zur Situation der Juden in der Nazi-Zeit allgemein Focke/Reimer, Alltag der Entrechteten, Reinbek, Rowohlt Taschenbuch Verlag 1980, S. 96ff.; zu den Ereignissen des 9. November 1938 S. 105ff.

23 Grüber, Heinrich: Erinnerungen aus sieben Jahrzehnten, Köln, Kiepenheuer und Witsch 1968, S. 104ff.

24 zit. nach Fabricius, Volker: Kirche im Nationalsozialismus. Zwischen Widerstand und Loyalität, Frankfurt, Berlin, München, Diesterweg-Verlag 1982, S. 14.

25 Die Zitate stammen aus der Fernsehproduktion «Es gab nicht nur den 20. Juli» des Westdeutschen Rundfunks. Autor: Paul Karalus. Erstsendung 1979. Zur Situation im KZ Dachau Focke/Reimer, Alltag der Entrechteten, S. 153ff.

26 Schlaich, Ludwig, Lebensunwert, Kirche und Innere Mission Württembergs im Kampf gegen die «Vernichtung lebensunwerten Lebens», Stuttgart 1947, S. 17ff.

27 ebd., S. 34f.

28 Portmann, Heinrich (Hg.): Bischof Graf von Galen spricht, Freiburg, Herder 1946, S. 68ff.

29 Die Darstellung folgt dem Erlebnisbericht Maria Lahusens in der Reihe «Beiträge zum Thema Widerstand» der Landeszentrale für politische Bildungsarbeit Berlin/Gedenk- und Bildungsstätte Stauffenbergstraße Nr. 12, Berlin 1979.

Presse

1 Frei, Norbert: Nationalsozialistische Eroberung der Provinzpresse. Gleichschaltung, Selbstanpassung und Resistenz in Bayern, Stuttgart, Deutsche Verlagsanstalt 1980, S. 18ff.

2 *Vorwärts*, Sondernummer vom 7. Oktober 1976, S. 81.

3 vgl. Schulze, Volker: *Vorwärts* 1876–1940, in: Grunwald, Günter/Friedhelm Merz (Hg.): *Vorwärts* 1876–1976, Berlin/Bonn, J. H. W. Dietz 1976, S. XIV.

4 Meyer, Enno: Auf dem Wege zur Macht, Die NSDAP, ihre Wegbereiter und ihre Gegner in einer norddeutschen Stadt 1930–1933, Frankfurt, Hirschgraben-Verlag 1981, S. 43.

5 *Vorwärts*, Sondernummer 1976, S. 40ff.

6 Zahlen von 1938

7 Frei, Norbert: Nationalsozialistische Eroberung der Provinzzeitungen. In: Broszat u. a., S. 45ff.

8 Die Dokumente sind entnommen: Schnabel, Thomas (Hg.): Lokalmodelle nationalsozialistischer Machtergreifung, Dokumente, Bilder, Unterrichtsmodelle, Heidelberg, C. F. Müller-Verlag 1983, S. 134.

9 ebd., S. 136.

10 ebd., S. 134.

11 ebd., S. 136.

12 ebd., S. 144.

13 ebd., S. 144f.

14 zit. nach Altmeyer, Karl A.: Katholische Presse unter NS-Diktatur, Berlin, Morus-Verlag 1962, S. 39.

15 ebd., S. 37f.

16 ebd., S. 38.

17 ebd., S. 40.

18 aus: Widerstand 1933–1945, Sozialdemokraten und Gewerkschafter gegen Hitler, Archiv der sozialen Demokratie der Friedrich-Ebert-Stiftung, Bonn 1980, S. 54.

19 vgl. *Vorwärts* Nr. 47 vom 13. November 1980, S. 28.

20 Wulf, Joseph: Presse und Funk im Dritten Reich, Eine Dokumentation, Reinbek, Rowohlt Taschenbuch Verlag 1964, S. 81f. – vgl. Sänger, Fritz: Politik der Täuschungen, Mißbrauch der Presse im Dritten Reich, Weisungen, Informationen, Notizen 1933–1939, Wien, Europaverlag 1975.

21 Petersen, Jürgen: Journalist im Dritten Reich. In: Frankfurter Hefte 3, 1981, S. 41ff. – Vgl. Boveri, Margret, Wir alle lügen, Eine Hauptstadtzeitung unter Hitler, Olten/Freiburg, Walter-Verlag 1965.

22 Petersen in: *Frankfurter Hefte* 4, 1981, S. 41ff.

Justiz

1 Abendroth, Wolfgang: Ein Leben in der Arbeiterbewegung, Frankfurt, Suhrkamp 1976, S. 141ff.

2 vgl. Focke/Reimer, Alltag der Entrechteten, S. 90.

3 Abendroth, ebd.

4 zit. nach Büttner, Ursula/Werner Jochmann: Hamburg auf dem Weg ins Dritte Reich, Entwicklungsjahre 1931–1933, Landeszentrale für politische Bildung, Hamburg 1983, S. 144f.

5 Johe, Werner, Die gleichgeschaltete Justiz, Frankfurt, Europäische Verlagsanstalt 1967, S. 58ff.

6 Johe, S. 203ff.

7 Güstrow, Dietrich: Tödlicher Alltag, Strafverteidiger im Dritten Reich, Berlin, Severin und Siedler 1981, S. 9ff. Zum Schicksal jüdischer Rechtsanwälte siehe Focker/Reimer: Alltag der Entrechteten, S. 88ff.

8 Staff, Ilse (Hg.): Justiz im Dritten Reich, Eine Dokumentation, Frankfurt, Fischer Taschenbuch Verlag 1978, S. 167ff.

9 Güstrow, S. 17ff.

10 Staff, S. 170ff.

11 Hillermeier, Heinz (Hg.): «Im Namen des Deutschen Volkes», Todesurteile des Volksgerichtshofes, Darmstadt/Neuwied, Luchterhand 1980, S. 48ff.

12 «... für immer ehrlos», Aus der Praxis des Volksgerichtshofes, Beiträge zum Thema Widerstand Nr. 8 der Landeszentrale für politische Bildungsarbeit Berlin/ Gedenk- und Bildungsstätte Stauffenbergstraße, 3. Auflage, Berlin 1981, S. 22ff.

13 Nollau, Günther: Das Amt, München, C. Bertelsmann 1978, zit. nach der Goldmann-Taschenbuchausgabe, S. 39ff.

14 Die Informationen zu diesem Kapitel verdanken wir Jörg Goebeler, Hamburg.

15 von dem Knesebeck, Rosemarie (Hg.): In Sachen Filbinger gegen Hochhuth, Reinbek, Rowohlt Taschenbuch Verlag 1980, S. 33ff.

Nationalsozialismus

Eine Auswahl zum Thema

I. Brodersen/K. Humann/S. v. Paczensky
1933: Wie die Deutschen Hitler zur Macht verhalfen
Ein Lesebuch für Demokraten (5118)

5 Millionen Deutsche: «Wir sollten wieder einen Führer haben . . .»
SINUS-Studie über rechtsextremistische Einstellungen bei den Deutschen (4929)

Erwin Leiser
«Deutschland erwache!»
Propaganda im Film des Dritten Reiches (783)

H.-G. Stümke/Rudi Finkler
Rosa Winkel, Rosa Listen
Homosexuelle und «Gesundes Volksempfinden» von Auschwitz bis heute (4827)

4836

5348

Herausgegeben von Freimut Duve

aktuell rororo

C 2004/7